Fälle
Grundrechte
Staatsorganisationsrecht

2017

Ralf Altevers
Rechtsanwalt und Repetitor

ALPMANN UND SCHMIDT Juristische Lehrgänge Verlagsges. mbH & Co. KG
48143 Münster, Alter Fischmarkt 8, 48001 Postfach 1169, Telefon (0251) 98109-0
AS-Online: www.alpmann-schmidt.de

Altevers, Ralf
Fälle
Grundrechte
Staatsorganisationsrecht
9., überarbeitete Auflage 2017
ISBN: 978-3-86752-553-4

Verlag Alpmann und Schmidt Juristische Lehrgänge
Verlagsgesellschaft mbH & Co. KG, Münster

Unterstützen Sie uns bei der Weiterentwicklung unserer Produkte.
Wir freuen uns über Anregungen, Wünsche, Lob oder Kritik an:
feedback@alpmann-schmidt.de

Benutzerhinweise

Die Reihe „Fälle" ermöglicht sowohl den Einstieg als auch die Wiederholung des jeweiligen Rechtsgebiets anhand von Klausurfällen. Denn unser Gehirn kann konkrete Sachverhalte besser speichern als abstrakte Formeln.

Ferner erfordern Prüfungsaufgaben regelmäßig das Lösen von konkreten Fällen. Hier muss dann der Kandidat beweisen, dass er das Erlernte auf den konkreten Fall anwenden kann und die spezifischen Probleme des Falles entdeckt. Außerdem muss er zeigen, dass er die richtige Mischung zwischen Gutachten- und Urteilsstil beherrscht und an den Problemstellen überzeugend argumentieren kann. Während des Studiums besteht die Gefahr, dass man zu abstrakt lernt, sich verzettelt und letztlich gänzlich den Überblick über das wirklich Wichtige verliert.

Nutzen Sie die jahrzehntelange Erfahrung unseres Repetitoriums. Seit mehr als 60 Jahren wenden wir konsequent die Fallmethode an. Denn ein **prüfungsorientiertes Lernen** muss „hart am Fall" ansetzen. Schließlich sollen Sie keine Aufsätze oder Dissertationen schreiben, sondern eine überzeugende Lösung des konkret gestellten Falles abgeben. Da wir nicht nur Skripten herausgeben, sondern auch in mündlichen Kursen Studierende ausbilden, wissen wir aus der täglichen Praxis, „wo der Schuh drückt".

Die Lösung der „Fälle" ist kompakt und vermeidet – so wie es in einer Klausurlösung auch sein soll – überflüssigen, dogmatischen „Ballast". Die Lösungen sind, wie es gute Klausurlösungen erfordern, komplett durchgegliedert und im Gutachtenstil ausformuliert, wobei die unproblematischen Stellen unter Beachtung des Urteilsstils kurz ausfallen.

Beispiele für die Gewichtung der **Punktvergabe** in einer Semesterabschlussklausur finden Sie hier:

goo.gl/uXJx4p

goo.gl/E0KMJX

goo.gl/LmdtkF

Wir vermitteln hier die Klausuranwendung. Die Reihe „Fälle" **ersetzt nicht die Erarbeitung der gesamten Rechtsmaterie** und ihrer Struktur. Übergreifende Aufbauschemata für das gesamte Öffentliche Recht finden Sie in unserem „Aufbauschemata Öffentliches Recht". Ferner empfehlen wir Ihnen zur Erarbeitung der jeweiligen Rechtsmaterie unsere Reihe „Basiswissen". Mit dieser Reihe gelingt Ihnen der erfolgreiche Start ins jeweilige Rechtsgebiet: verständlich dargestellt und durch zahlreiche Beispiele, Übersichten und Aufbauschemata anschaulich vermittelt. Eine darauf aufbauende Darstellung des Stoffes auf Examensniveau liefert unsere Reihe „Skripten". Sofern die RÜ zitiert wird, handelt es sich um unsere Zeitschrift „RechtsprechungsÜbersicht", in der monatlich aktuelle, examensverdächtige Fälle gutachterlich gelöst erscheinen.

Viel Erfolg!

Klausurtechnik und -taktik

A. Oberste Klausurregel

„Ruhe bewahren – Sinne schärfen – Konzentration hochhalten"

B. Technischer Ablauf:

Der technische Ablauf einer Klausur besteht optimalerweise aus vier Akten:

1. Akt:	Vollständiges Erfassen des Sachverhalts
2. Akt:	Erstellen einer vollständigen Lösungsskizze (Gliederung)
3. Akt:	Niederschrift des Gutachtens
4. Akt:	Durchlesen der eigenen Lösung und „feilen" an Lösung

C. Die Klausurbearbeitung

I. Sachverhalt aufbereiten

- Den Sachverhalt sorgfältig mindestens **zwei- bis dreimal vollständig lesen**.
- **Sachverhaltsskizze und/oder Zeitstrahl** erstellen.
- Dabei auf gesondertem Blatt die ersten Ideen („Art. ... , Verfahren vor dem BVerfG" etc.) notieren.

⇨ **Klausurtipp:** Die ersten Ideen sind häufig die besten!

II. Fragestellung erarbeiten

Die Fragestellung („Fallfrage") muss genau herausgearbeitet und bei der Lösung stets beachtet werden. Sie gibt den Prüfungskatalog vor. Sie müssen dabei insbesondere

- prozessuale Fragestellungen beachten (Ist z.B. nach dem Erfolg einer Verfassungsbeschwerde gefragt oder aber noch unklar, welches Verfahren einschlägig ist?),
- Aufgliederung nach Sachverhaltsteilen, Personen und erfragten Rechtsfolgen berücksichtigen und Ihre Lösung daran ausrichten,
- einen eventuell beigefügten Bearbeitungsvermerk beachten, aus dem sich ergeben kann, dass einzelne Fragestellungen oder Grundrechte nicht geprüft werden sollen.

III. Fall rechtlich durchdringen

Die rechtliche Durchdringung des Falles und die Erstellung der Lösungsskizze vollziehen sich in **zwei Phasen:**

1. Brainstorming (kreative Phase)

- Auffinden und Ordnen der fallverdächtigen Rechtsnormen.
- Alle Gesetze – auch wenn hinlänglich bekannt – lesen, um nichts zu vergessen.

⇨ **Klausurtipp: Auch immer „zwei Art. bzw. §§ davor und zwei dahinter prüfen"!!!**

2. Disziplinierte Prüfung (Arbeitsphase)

- Saubere Prüfung der für lösungsrelevant erkannten Rechtsnormen

IV. Der Sachverhalt ist mitteilsam und heilig!!!

1. Eine Klausurlösung muss einen „roten Faden" haben, d.h. die Lösung muss schlüssig aufgebaut sein. Ein Teil muss sich aus dem anderen ergeben. Wenn es bei der Lösung nicht richtig weitergeht, dürfen Sie den Sachverhalt nicht dem gewünschten Ergebnis anpassen, sondern müssen Ihren eigenen Lösungsansatz überprüfen.

2. Ausnahmen:

- Im Sachverhalt **nicht genannte Formalien** dürfen als gegeben angenommen werden (z.B. formgerechte Klageerhebung).
- Bei Lücken im Sachverhalt ist eine **lebensnahe Auslegung** erlaubt; aber nur, wenn sie für die Lösung auch wirklich erforderlich ist.
- An **Rechtsansichten der Beteiligten** ist man nicht gebunden, vielmehr können sie ein Tipp des Klausurstellers, aber auch eine Falle sein! Jedenfalls können Sie die Rechtsansichten als Hinweis auf die Prüfungspunkte ansehen, mit denen Sie sich auseinandersetzen sollen.

V. Schwerpunktbildung

1. Bei der Anfertigung der Skizze sollten Sie bereits darauf achten, dass Sie problemorientiert prüfen, d.h. Unproblematisches kurz halten und die **Schwerpunkte** vertieft prüfen. Kennzeichnen Sie diese Bereiche farblich oder mit einem „P", damit Sie diese Abschnitte auch in der Reinschrift ausführlich darstellen.

2. Sortieren Sie als abwegig erkanntes direkt aus.

Merke: Immer kritikfähig in Bezug auf die eigene Lösung bleiben!!!

VI. Prüfungsreihenfolge

1. Beginnen Sie die Prüfung mit dem sachnächsten/speziellsten Grundrecht (z.B. Art. 12 GG vor Art. 2 Abs. 1 GG).

2. Beachten Sie logische Vorränge.

- Verfahrensrechtliche Vorränge beachten (erst Zulässigkeit, dann Begründetheit einer Verfassungsbeschwerde)
- Spezielle Freiheitsrechte vor allgemeiner Handlungsfreiheit
- Spezielle Gleichheitsrechte vor allgemeinem Gleichheitssatz

VII. Handwerkliches Können bei der Erstellung der Lösung

1. Bewahren Sie bei der **Subsumtion** immer den Pendelblick zwischen der zu prüfenden Norm, der Fragestellung, dem Sachverhalt und dem Gesetzestext. So vermeiden Sie abstrakte Erörterungen und verfügen stets über **konkrete Prüfungsaufhänger**.

2. Bezeichnen Sie die von Ihnen geprüfte **Norm** so **konkret** wie möglich (nicht „Art. 5 GG", sondern „Art. 5 Abs. 1 S. 1 Fall 1 GG") und prüfen Sie die Norm vollständig. Springen Sie auf keinen Fall unmittelbar auf das im konkreten Fall problematische Merkmal der Norm!

3. Halten Sie den **Gutachtenstil** ein! Bilden Sie einen Obersatz, definieren Sie das Merkmal und subsumieren Sie dann den konkreten Sachverhalt unter die Definition. Stellen Sie im Anschluss das (Zwischen-)Ergebnis fest („Somit ...").

   Vermeiden Sie dagegen weitgehend den Urteilsstil! Dieser zeichnet sich dadurch aus, dass das Ergebnis vorangestellt wird („Art. 12 Abs. 1 GG ist verletzt, weil ..."). Nur völlig offensichtlich erfüllte Merkmale dürfen ausnahmsweise im Urteilsstil oder durch schlichte Feststellung bearbeitet werden. Gehen Sie aber sehr zurückhaltend mit dem Urteilsstil um!

4. Achten Sie auf eine **klare und geraffte Argumentation** („dafür/dagegen; zu folgen ist"). Vermeiden Sie langatmige Ausführungen, die nicht unmittelbar zur Lösung beitragen.

5. Stellen Sie **Meinungsstreite** nie isoliert, sondern nach vorheriger Herleitung aus dem Merkmal der Norm dar. Benennen Sie die jeweilige Auffassung und ihre wesentlichen Argumente und subsumieren Sie im Anschluss den konkreten Sachverhalt unter die jeweilige Meinung. Eine Entscheidung des Meinungsstreits mit eigenen Argumenten ist nur erforderlich, wenn beide Auffassungen zuvor zu unterschiedlichen Ergebnissen gelangen!

6. **Merkmale der geprüften Norm** dürfen Sie ausnahmsweise **offenlassen**, wenn die Norm wegen eines anderen, gleichrangigen Merkmals nicht erfüllt ist. Falls das ausgelassene Merkmal problembehaftet ist, sollten Sie das Problem aber kurz aufwerfen (nicht zwingend: auch entscheiden), um Problembewusstsein zu zeigen.

7. Verwenden Sie **Gliederungspunkte**. Nur so wird dem Prüfer klar, dass Sie die Systematik der Norm und damit den Prüfungsaufbau beherrschen. Überschriften sind i.d.R. entbehrlich, sind aber dort gleichwohl hilfreich, wo sie die grobe Einteilung der Prüfung und damit die Struktur Ihrer Lösung verdeutlichen (z.B. Zulässigkeit und Begründetheit einer Verfassungsbeschwerde, Bezeichnung nacheinander geprüfter Grundrechte).

8. Bilden Sie **Schwerpunkte**! Stellen Sie die bereits in der Lösungsskizze als Schwerpunkt markierten Merkmale der Norm und die Subsumtion ausführlich dar. So können Sie dem Prüfer zeigen, dass Sie erkannt haben, wo die wesentlichen Punkte des Falles liegen. Unproblematisches müssen Sie hingegen kurz erörtern.

INHALTSVERZEICHNIS

1. Teil: Grundrechte

1. Freiheitsgrundrechte

Fall 1: Art. 1 GG – Menschenwürde
(nach BayVGH, Beschl. v. 21.02.2003 – 4 CS 03.462)

Professor P zeigt in seiner Ausstellung „Körperwelten" als Ausstellungsobjekte tote Menschen. Diese wurden durch Plastination konserviert. Während einige Exponate wissenschaftlich neutral gezeigt werden, werden andere Körper „künstlerisch verfremdet" dargestellt. Insbesondere werden diese Exponate in „normalen" Lebenssituationen gezeigt.

Die Körper wurden P von den Betroffenen schon zu Lebzeiten im Wege einer „Körperspende" zur Verfügung gestellt. Verletzt die Ausstellung die Menschenwürde?

Das Zurschaustellen der plastinierten Körper könnte die durch Art. 1 Abs. 1 GG geschützte Menschenwürde verletzen. Dann müsste ein Eingriff in den Schutzbereich des Art. 1 GG vorliegen, der verfassungsrechtlich nicht gerechtfertigt ist.

I. Es muss zunächst ein **Eingriff in den Schutzbereich** des Art. 1 Abs. 1 GG gegeben sein. Nach Art. 1 Abs. 1 GG ist die Würde des Menschen unantastbar.

1. Dabei ist zunächst fraglich, ob dem Toten überhaupt noch das Grundrecht der Menschenwürde zusteht, ein **Toter** also **grundrechtsfähig** ist. Grundsätzlich ist nur der lebende Mensch grundrechtsfähig. Allerdings würde es mit dem Gebot der Unverletzlichkeit der Menschenwürde unvereinbar sein, wenn der „Mensch, dem Würde kraft seines Personseins zukommt, in diesem allgemeinen Achtungsanspruch nach seinem Tode herabgewürdigt und erniedrigt werden dürfte".[1] Das heißt, dass der Mensch auch nach dem Tode nicht zum bloßen Anschauungsobjekt gemacht oder einer Behandlung ausgesetzt werden darf, die seine Subjektsqualität prinzipiell infrage stellt.[2]

Vgl. zur Grundrechtsfähigkeit Verstorbener auch Fall 30 „Mephisto"

Insofern steht auch dem Verstorbenen das Grundrecht der Würde des Menschen zu.

2. Die Darstellung der plastinierten Körper müsste aber auch die **Würde antasten**.

a) Der Begriff der Menschenwürde ist vom BVerfG in früheren Entscheidungen nach der sogenannten **Objektformel** beurteilt worden. Danach widerspricht es der Würde des Menschen, wenn er zum bloßen Objekt staatlichen Handelns gemacht wird.

Beachte: Während ein Eingriff in die anderen Grundrechte nicht automatisch eine Verletzung des Grundrechtes darstellt, darf die Menschenwürde nicht **angetastet** werden, sodass jeder Eingriff zugleich eine Verletzung bedeutet.

In neuerer Zeit hat das BVerfG die Auslegung des Begriffs Menschenwürde allein anhand der Objektformel aufgegeben und mehr auf die **Umstände des Einzelfalles und auf bestimmte Fallgruppen** abgestellt. Danach ist Voraussetzung für eine Würdeverletzung, dass der Betroffene einer Be-

1 BVerfGE 30, 173 (Mephisto).
2 BVerfGE 27, 1; 50, 166.

handlung ausgesetzt wird, die seine Subjektqualität prinzipiell infrage stellt, oder dass in der Behandlung im konkreten Fall eine willkürliche Missachtung der Würde des Menschen liegt. Die Behandlung des Menschen muss also, wenn sie die Menschenwürde berühren soll, Ausdruck der Verachtung des Wertes, der dem Menschen kraft seines Personseins zukommt, also eine in diesem Sinne verächtliche Behandlung sein.

b) Hinsichtlich der wissenschaftlich neutralen, anatomischen Darstellung ist zu bedenken, dass die anatomische Darstellung lebloser menschlicher Körper eine gängige Umgangsform darstellt. Durch die anonymisierte Form der Darstellung wird das Andenken an eine bestimmte Person nur am Rande betroffen. Vielmehr sollen durch die Präsentation des Körpers der Körperaufbau, die Funktionen des Körpers und die Lage der menschlichen Organe verdeutlicht werden. Damit wird durch die anatomische Art der Anschauung eine klare Trennung zwischen dem Körper und der Persönlichkeit des Toten vollzogen. Demzufolge sind die Toten in ihrem Achtungsanspruch insoweit nicht betroffen.

c) Etwas anderes könnte bezüglich der künstlerisch verfremdeten Präsentation der Körper in „normalen" Lebenssituationen gelten. Insofern dient die Darstellung nicht mehr reinen Lehrzwecken, sondern wird eher provokativ verstanden. Dabei ist aber zu berücksichtigen, dass die Betroffenen noch zu Lebzeiten einer solchen Verwendung ihres Körpers zugestimmt haben. Gerade dieser geäußerte Wunsch ist Ausdruck der Person als Subjekt. Soweit sich die Darstellung im Rahmen dieses Wunsches hält und nicht aus anderen Gründen als herabwürdigend einzuordnen ist, ist der Achtungsanspruch der Verstorbenen auch nicht verletzt.

II. Die Ausstellung der leblosen Körper stellt demzufolge nicht eine Antastung der Menschenwürde i.S.d. **Art. 1 Abs. 1 GG dar. Art. 1 GG ist folglich nicht verletzt**.

Fall 2: Art. 2 Abs. 1 GG – Elfes
(nach BVerfGE 6, 32)

Herr E, der seit längerer Zeit als Kommunal- und Landespolitiker tätig war, äußerte sich als führendes Mitglied der Partei „Bund der Deutschen" Anfang der 1950er Jahre mehrfach im In- und Ausland. Er und seine Partei traten vehement gegen die deutsche Wiedervereinigungs- und Wehrpolitik ein.

Als E die Verlängerung seines Reisepasses beantragte, wurde dies mit der Begründung abgelehnt, der E gefährde durch sein Auftreten im Ausland erhebliche Belange der Bundesrepublik Deutschland. Gestützt wurde dies auf § 7 Abs. 1 Nr. 1 PaßG.

Ist E in seinen Grundrechten verletzt?

Bearbeiterhinweis: § 7 PaßG ist formell und materiell verfassungsgemäß.

A. E könnte durch die Versagung der Passverlängerung in seinem **Grundrecht auf Freizügigkeit aus Art. 11 GG** verletzt sein. Danach genießen alle Deutschen Freizügigkeit **im ganzen Bundesgebiet**. E kann auch ohne einen Reisepass innerhalb der Bundesrepublik Deutschland seinen Aufenthalt nehmen. Die Ausreise aus der Bundesrepublik Deutschland ist nicht von der Freizügigkeit geschützt. Der Schutzbereich des Art. 11 GG ist daher nicht betroffen.

§ 7 Abs. 1 Nr. 1 PaßG: „Der Paß ist zu versagen, wenn Tatsachen die Annahme rechtfertigen, dass der Paßbewerber die innere und äußere Sicherheit oder sonstige erhebliche Belange der BRD gefährdet, ..."
§ 7 Abs. 2 PaßG: „Von der Paßversagung ist abzusehen, wenn sie unverhältnismäßig ist, ..."

B. Durch die Versagung der Passverlängerung könnte E in seiner **allgemeinen Handlungsfreiheit aus Art. 2 Abs. 1 GG** verletzt sein.

I. Dann müsste der **Schutzbereich** des Art. 2 Abs. 1 GG **betroffen** sein. Nach Art. 2 Abs. 1 GG hat jeder das Recht auf die freie Entfaltung seiner Persönlichkeit. Darunter ist eine allgemeine Handlungsfreiheit zu verstehen, d.h. die Freiheit, zu tun oder zu unterlassen, was man will.[3]

E möchte aus der Bundesrepublik Deutschland ausreisen. Dies wird ihm wegen der Versagung des Passes verwehrt, sodass E nicht mehr tun kann, was er will.

Der Schutzbereich des Art. 2 Abs. 1 GG ist damit betroffen.

II. Es müsste ein **Eingriff** in den Schutzbereich gegeben sein. Für Eingriffe in den Schutzbereich des Art. 2 Abs. 1 GG genügt nicht jede Beschränkung des Schutzbereiches durch den Staat im Sinne des neuen, weiten Eingriffsbegriffs. **Erforderlich** ist, wegen der weiten Fassung des Schutzbereiches, eine **finale (zielgerichtete) und unmittelbare Beschränkung** des Freiheitsbereiches. Durch die Versagung der Passverlängerung verhindert der Staat zielgerichtet und unmittelbar eine Ausreise des E. Damit ist ein Eingriff in den Schutzbereich des Art. 2 Abs. 1 GG gegeben.

3 H.M., seit BVerfGE 6, 32 (Elfes).

III. Dieser Eingriff könnte **Verfassungsrechtlich gerechtfertigt** sein.

1. Dafür müsste eine **Einschränkungsmöglichkeit** (Schranke) bestehen.

Schrankentrias

Die allgemeine Handlungsfreiheit wird gemäß Art. 2 Abs. 1 GG durch die Rechte anderer, die **verfassungsmäßige Ordnung** und durch das Sittengesetz eingeschränkt. Dabei erfasst die verfassungsmäßige Ordnung nach h.M. die gesamte verfassungsmäßige Rechtsordnung, also alle verfassungsgemäßen Normen. Die Einschränkungsmöglichkeit ist demnach als einfacher Gesetzesvorbehalt zu verstehen.

Die Versagung des Passes beruht auf § 7 PaßG, einem Parlamentsgesetz.

2. Fraglich ist, ob der Eingriff durch die Passversagung, gestützt auf § 7 PaßG, eine **verfassungsgemäße Konkretisierung** der Schranke ist.

a) Von der **formellen und materiellen Verfassungsmäßigkeit** des § 7 PaßG ist auszugehen.

A.A. war das BVerfG im Originalfall. Dabei sind allerdings die Besonderheiten des Zeitpunktes der Originalentscheidung im Jahre 1957 zu berücksichtigen.

b) Daneben müsste aber auch die **Passversagung im konkreten Fall verfassungsgemäß** sein.

Fraglich ist, ob die **tatbestandlichen Voraussetzungen** der Passversagung vorliegen. Ein Pass darf gemäß § 7 Abs. 1 Nr. 1 PaßG versagt werden, wenn eine Gefährdung erheblicher Belange der BRD gegeben ist. Eine solche liegt vor, wenn wesentliche staatliche Interessen gefährdet werden. Der Vergleich mit dem Merkmal der inneren und äußeren Sicherheit macht deutlich, dass die gefährdeten Belange eine sehr hohe Qualität aufweisen müssen.

Mit anderer Begründung hätte das Tatbestandsmerkmal auch bejaht werden können. Dann wäre die Passversagung allerdings als unverhältnismäßig i.S.v. § 7 Abs. 2 PaßG anzusehen.

E vertritt sehr kritische Positionen bezüglich zweier wichtiger politischer Fragen in der BRD. Dabei ist jedoch zu berücksichtigen, dass in einer Demokratie gerade hinsichtlich wichtiger politischer Fragen unterschiedliche Ansichten vertretbar sind und auch vertreten werden müssen. Zwar mag es der Bundesregierung unliebsam sein, dass E im In- und Ausland solch gegenläufige Interessen vertritt. Dies gefährdet aber noch nicht erhebliche Belange der BRD.

Daher ist die **Passversagung verfassungsrechtlich nicht gerechtfertigt**. Sie verletzt E in seinem Grundrecht aus Art. 2 Abs. 1 GG.

Fall 3: Art. 2 Abs. 1 i.V.m. Art. 1 Abs. 1 GG – Allgemeines Persönlichkeitsrecht

(nach BVerfGE 101, 361 [Caroline])

In der Presse wird immer wieder über Prinzessin Caroline von Monaco (C) berichtet. Auch die B-GmbH hat in der Vergangenheit mehrfach unter Beifügung von Fotos über C Berichte veröffentlicht. Unter anderem wurden Urlaubsfotos der C mit ihren beiden minderjährigen Kindern während eines Urlaubes an einem eigens abgesperrten Strandabschnitt gezeigt.

Eine zivilgerichtliche Unterlassungsklage der C gegen die B-GmbH war letztinstanzlich erfolglos. Während C der Meinung ist, auch sie habe zumindest in ihrer privaten Umgebung das Recht, „in Ruhe gelassen zu werden", vor allem, wenn ihre Kinder anwesend sind, führte der BGH als letztinstanzliches Gericht aus, sie sei eine Person der Zeitgeschichte und müsse solche Einschränkungen hinnehmen.

Ist C durch das letztinstanzliche Urteil in ihrem Allgemeinen Persönlichkeitsrecht verletzt?

Hinweis: Es ist von der Verfassungsmäßigkeit des § 23 KUG auszugehen.

Die C könnte durch das letztinstanzliche Urteil in ihrem Allgemeinen Persönlichkeitsrecht (APR) aus Art. 2 Abs. 1 i.V.m. Art. 1 Abs. 1 GG verletzt sein. Dies ist der Fall, wenn das letztinstanzliche Urteil in den Schutzbereich des Grundrechtes in einer verfassungsrechtlich nicht gerechtfertigten Weise eingreift.

I. Fraglich ist, ob der **Schutzbereich** des APR **betroffen** ist. Als besondere Ausformung der allgemeinen Handlungsfreiheit wird das APR aus Art. 2 Abs. 1 GG unter Rückgriff auf Art. 1 Abs. 1 GG abgeleitet. Es wird durch verschiedene Fallgruppen ausgestaltet und konkretisiert. Dazu gehört auch das **Recht am eigenen Bild**, wonach das Verfügungsrecht des Einzelnen über öffentliche Darstellungen der eigenen Person gewährleistet ist.

Die B-GmbH veröffentlichte Urlaubsfotos der C mit ihren Kindern ohne Einwilligung der C. Das Recht der C am eigenen Bild ist daher berührt.

II. Das letztinstanzliche Urteil beschränkt das Recht der C am eigenen Bild final und unmittelbar und stellt damit einen **Eingriff in den Schutzbereich** des Art. 2 Abs. 1 i.V.m. Art. 1 Abs. 1 GG dar.

III. Dieser Eingriff könnte **verfassungsrechtlich gerechtfertigt** sein.

1. Dann müsste zunächst eine **Einschränkungsmöglichkeit** (Schranke) bestehen. Das APR wird aus Art. 2 Abs. 1 GG hergeleitet. Dieser ist über die gesamte verfassungsmäßige Ordnung einschränkbar. Wegen des Rückgriffs auf Art. 1 Abs. 1 GG ist das APR allerdings lediglich durch **Parlamentsgesetze** einschränkbar. Daneben gelten die verfassungsimmanenten Schranken.

Hinweis: Nach § 23 KUG dürfen Bilder von Personen der Zeitgeschichte ohne Einwilligung veröffentlicht werden, wenn nicht ein berechtigtes Interesse entgegensteht.

Das Urteil wird auf § 23 KUG gestützt. Das KUG stellt als Parlamentsgesetz eine zulässige Schranke des APR dar.

2. Fraglich ist, ob der Eingriff durch das letztinstanzliche Urteil, welches auf § 23 KUG beruht, eine **verfassungsgemäße Konkretisierung** der Einschränkungsmöglichkeit darstellt.

a) § 23 KUG selbst als Grundlage für das Urteil ist verfassungsgemäß.

b) Gemäß § 23 KUG dürfen Bilder von **Personen der Zeitgeschichte** auch ohne Einwilligung veröffentlicht werden, wenn nicht ein **berechtigtes Interesse** entgegensteht. Die Prinzessin C steht als Person des öffentlichen Lebens unabhängig von einem konkreten Anlass im Blickpunkt der Öffentlichkeit und ist daher eine Person der Zeitgeschichte. Insofern gilt es, das „berechtigte Interesse" der C an einer Unterbindung der Veröffentlichung sowie das in § 23 KUG zum Ausdruck kommende Informationsinteresse der Allgemeinheit und die Pressefreiheit der B-GmbH aus Art. 19 Abs. 3, 5 Abs. 1 S. 2 GG gegeneinander abzuwägen.

Das APR entwickelt insbesondere wegen seiner **Bezüge zur Menschenwürde** eine **hohe Schutzwirkung**. Dabei ist vorliegend zu berücksichtigen, dass nicht nur das Recht am eigenen Bild, sondern auch die Privatsphäre der C geschützt werden soll. Zwar müssen Personen der Zeitgeschichte weitergehende Angriffe auf ihre Persönlichkeitsrechte hinnehmen als andere. Die Bilder stammen aber von einem eigens für C abgesperrten Strandabschnitt, wodurch deutlich wird, dass sich die C hier mit ihrer Familie „unbeobachtet" von der Öffentlichkeit bewegen wollte. In die Abwägung ist des Weiteren der familiäre Bezug zu den minderjährigen Kindern einzustellen. Der Schutzgehalt des APR von Eltern wird durch Art. 6 Abs. 1 und 2 GG verstärkt, soweit es um die Veröffentlichung von Abbildungen geht, die die spezifisch elterliche Hinwendung zu den Kindern zum Gegenstand haben.[4] So verstärkt Art. 6 Abs. 1, 2 GG noch die starke Geltung des APR im konkreten Fall.

Demgegenüber ist das **Interesse der Allgemeinheit an Informationen** zu sehen. Die Veröffentlichung auch von Bildberichten über gesellschaftlich hochgestellte Persönlichkeiten dient der Meinungsbildung. Insoweit muss C selbst Einschränkungen ihrer Privatsphäre hinnehmen, soweit noch eine ernsthafte und sachbezogene Information der Öffentlichkeit gegeben ist und nicht lediglich die Neugier befriedigt wird. Durch die Verstärkung des Grundrechtsschutzes über Art. 6 GG wegen der ebenfalls abgebildeten Kinder kann dies so aber nicht mehr gelten. Diese stehen nicht ebenfalls und im gleichen Umfang als Personen der Zeitgeschichte im Blickpunkt der Öffentlichkeit, sodass im vorliegenden Fall die Abwägung zugunsten des APR ausgeht.

Dementsprechend überwiegt das APR der C. Der Veröffentlichung der Bilder steht ein berechtigtes Interesse der C gegenüber. Der Eingriff durch das Urteil erfolgte nicht in verfassungsgemäßer Weise. Der Eingriff ist verfassungsrechtlich nicht gerechtfertigt.

C ist in ihrem allgemeinen Persönlichkeitsrecht aus Art. 2 Abs. 1 i.V.m. Art. 1 Abs. 1 GG verletzt.

4 Vgl. BVerfGE 101, 361.

Fall 4: Art. 2 Abs. 1 i.V.m. Art. 1 Abs. 1 GG – Grundrecht auf Gewährleistung der Vertraulichkeit und Integrität informationstechnischer Systeme
(nach BVerfG, Urt. v. 27.02.2008 – 1 BvR 370/07 u. 595/07, RÜ 2008, 249)

Das Land L hat sein Verfassungsschutzgesetz (VSG) formell ordnungsgemäß um eine Regelung erweitert. Gemäß § 5 Abs. 2 Nr. 11 VSG darf die zuständige Behörde heimlich auf informationstechnische Systeme (z.B. Computer, Laptops, PDAs oder Mobiltelefone) zugreifen, wenn tatsächliche Anhaltspunkte dafür vorliegen, dass dadurch Erkenntnisse über verfassungsfeindliche Bestrebungen gewonnen werden können. Unter einem heimlichen Zugriff ist die heimliche Infiltration (z.B. durch einen Trojaner) zu verstehen, die es ermöglicht, die Nutzung zu überwachen und den Inhalt der Speichermedien zu durchsuchen (sogenannte Online-Durchsuchung).

Sind Art. 10, 13 GG oder das allgemeine Persönlichkeitsrecht verletzt, wenn das VSG formell verfassungsgemäß ist?

A. Durch § 5 Abs. 2 Nr. 11 VSG könnte das **Fernmeldegeheimnis aus Art. 10 GG** verletzt sein. Das Fernmeldegeheimnis schützt aber lediglich den **Kommunikationsvorgang**, also die Frage, wer mit wem zu welchem Zeitpunkt kommuniziert. Durch die Online-Durchsuchung wird aber das System insgesamt ausgespäht, also auch einzelne auf einem Rechner gespeicherte Dateien usw., sodass der Schutz des Art. 10 GG nicht ausreicht.

B. Daneben könnte das **Wohnungsgrundrecht aus Art. 13 GG** verletzt sein. Das Grundrecht der Wohnung betrifft allerdings ausschließlich den Schutz der Wohnung und bietet ebenfalls keinen ausreichenden Schutz vor einer Online-Durchsuchung. Insbesondere bei Laptops oder Handys geschieht der Eingriff unabhängig vom Standort des Systems.

C. Fraglich ist, ob eine Verletzung des **allgemeinen Persönlichkeitsrechts aus Art. 2 Abs. 1 i.V.m. Art. 1 Abs. 1 GG** in seiner Ausprägung als **Recht auf informationelle Selbstbestimmung** gegeben ist. Das Recht auf informationelle Selbstbestimmung betrifft nur die Erhebung einzelner personenbezogener Daten, aus denen mittels elektronischer Datenverarbeitung weitere Informationen erzeugt und Schlüsse gezogen werden können. Der Zugriff durch die Online-Durchsuchung auf das **gesamte** System geht weit über die Erhebung einzelner Daten hinaus.

D. In Betracht kommt eine Verletzung des **allgemeinen Persönlichkeitsrechts** in seiner Ausprägung als **Grundrecht auf Gewährleistung der Vertraulichkeit und Integrität informationstechnischer Systeme** gemäß Art. 2 Abs. 1 i.V.m. Art. 1 Abs. 1 GG.

Beachte: Das Grundrecht auf Gewährleistung der Vertraulichkeit und Integrität informationstechnischer Systeme ist **nachrangig**. Nur wenn die bestehenden Grundrechte zu einem Schutz nicht ausreichen, kommt ein Schutz über das neue „Online-Grundrecht" in Betracht.

I. Dann müsste ein **Eingriff in den Schutzbereich** gegeben sein.

1. Das allgemeine Persönlichkeitsrecht schützt Elemente der Persönlichkeit, die zwar durch die besonderen Freiheitsgarantien nicht geschützt sind, diesen in ihrer konstituierenden Bedeutung für die Persönlichkeit aber gleichstehen. Die Nutzung informationstechnischer Systeme, durch die eine Vielzahl neuer Gefahren für die Persönlichkeit auftreten kann, ist heute von zentraler Bedeutung für die Entfaltung der Persönlichkeit der Menschen. Durch eine Auswertung der vielfältigen Daten, die auf solchen Systemen gespeichert sind, kann ein Profil der Persönlichkeit des Betroffenen erstellt werden. Daraus resultiert ein grundrechtlich erhebliches Schutzbedürfnis, welches in seiner Bedeutung denen anderer Freiheitsgarantien entspricht.

Damit schützt das Grundrecht auf Gewährleistung der Vertraulichkeit und Integrität informationstechnischer Systeme gemäß Art. 2 Abs. 1 i.V.m. Art. 1 Abs. 1 GG das Interesse daran, dass die vom System erzeugten und gespeicherten Daten vertraulich bleiben. **Dieser Schutzbereich ist durch die Online-Durchsuchung betroffen**.

2. § 5 Abs. 2 Nr. 11 VSG ermöglicht der zuständigen Behörde den heimlichen Zugriff auf informationstechnische Systeme und stellt damit einen **Eingriff** in den Schutzbereich dar.

II. Dieser Eingriff in den Schutzbereich könnte **verfassungsrechtlich gerechtfertigt** sein.

Das Grundrecht auf Gewährleistung der Vertraulichkeit und Integrität informationstechnischer Systeme, hergeleitet aus Art. 2 Abs. 1 i.V.m. Art. 1 Abs. 1 GG, unterliegt den Beschränkungen des Art. 2 Abs. 1 GG, der sogenannten **Schrankentrias**. Fraglich ist demnach, ob § 5 Abs. 2 Nr. 11 VSG Ausdruck der verfassungsmäßigen Ordnung, also formell und materiell verfassungsmäßig ist.

1. Die **formelle Verfassungsmäßigkeit** des VSG ist gegeben.

2. Das VSG müsste auch **materiell verfassungsmäßig**, insbesondere **verhältnismäßig** sein.

a) Dann müsste mit dem Gesetz ein **legitimer Zweck** verfolgt werden. Zweck der Online-Durchsuchungen ist es, Gefahren für die öffentliche Sicherheit abzuwehren und den Terrorismus zu bekämpfen. Diese Zwecke sind verfassungsrechtlich nicht zu beanstanden.

b) Das Gesetz müsste auch **geeignet** sein. Eine Maßnahme ist geeignet, wenn die Zielerreichung zumindest gefördert wird. Die Möglichkeiten der Online-Durchsuchung fördern den Zweck, Gefahren abzuwehren und den Terrorismus zu bekämpfen und sind somit geeignet.

c) Weniger belastende, gleich wirksame Mittel sind nicht erkennbar, sodass das VSG auch **erforderlich** ist.

d) Des Weiteren müsste § 5 Abs. 2 Nr. 11 VSG auch **angemessen** sein. Dann dürfte der zu erreichende Zweck nicht erkennbar außer Verhältnis stehen zu dem eingesetzten Mittel.

aa) Die Online-Durchsuchung ermöglicht es der Behörde, auf den gesamten Datenbestand des Betroffenen zuzugreifen. Dabei werden der Behörde detaillierte Informationen zugänglich, mit denen ein genaues Persönlichkeitsabbild des Betroffenen hergestellt werden kann. Auch intimste Daten werden der Behörde zugänglich gemacht. Dabei ist erschwerend zu berücksichtigen, dass eine heimliche Infiltration vorliegt, gegen die sich der Betroffene nicht zur Wehr setzen kann. Insofern handelt es sich um einen **besonders schwerwiegenden Eingriff**.

bb) Ein solch schwerwiegender Eingriff kann nur angemessen sein, wenn dadurch ein **überragend wichtiges Rechtsgut** geschützt werden soll. Dazu zählen neben Leib, Leben und Freiheit einer Person solche Güter der Allgemeinheit, deren Bedrohung die Existenz des Staates oder die Grundlagen der Existenz des Menschen betrifft.

Die Online-Durchsuchung ist nur angemessen, wenn ein überragend wichtiges Rechtsgut betroffen ist, tatsächliche Anhaltspunkte für eine konkrete Gefahr vorliegen und eine vorbeugende Kontrolle durch eine unabhängige Instanz stattfindet.

Zudem müssen **tatsächliche Anhaltspunkte** für das Vorliegen einer **konkreten Gefahr** gegeben sein. Eine bloße Vermutung der Behörde reicht für einen solch gravierenden Eingriff nicht aus.

Letztlich ist bei heimlichen, schwerwiegenden Eingriffen in die Grundrechte der Bürger eine **vorbeugende Kontrolle durch eine unabhängige Instanz** geboten. D.h., dass vor Durchführung der Maßnahme ein unabhängiger Richter über die Zulässigkeit der Maßnahme zu entscheiden hat.

cc) Fraglich ist, ob § 5 Abs. 2 Nr. 11 VSG diesen Anforderungen gerecht wird.

Die zuständigen Behörden können nach § 5 Abs. 2 Nr. 11 VSG **heimlich** informationstechnische Systeme **infiltrieren**, wenn tatsächliche Anhaltspunkte dafür vorliegen, dass dadurch Erkenntnisse über verfassungsfeindliche Bestrebungen gewonnen werden können. Damit wird die Maßnahme zwar von dem Vorliegen tatsächlicher Anhaltspunkte abhängig gemacht. Eine **konkrete Gefahrensituation** ist für den Eingriff jedoch **nicht** erforderlich.

Zudem wird die Online-Durchsuchung gemäß § 5 Abs. 2 Nr. 11 VSG nicht von der vorherigen Entscheidung und Kontrolle einer unabhängigen Instanz, wie z.B. eines Richters, abhängig gemacht. Damit widerspricht § 5 Abs. 2 Nr. 11 VSG den Anforderungen, die die Angemessenheit an einen solch schwerwiegenden Eingriff in das Grundrecht auf Gewährleistung der Vertraulichkeit und Integrität informationstechnischer Systeme stellt. § 5 Abs. 2 Nr. 11 VSG ist nicht verhältnismäßig. Der Eingriff in Art. 2 Abs. 1 i.V.m. Art. 1 Abs. 1 GG ist verfassungsrechtlich nicht gerechtfertigt.

Das allgemeine Persönlichkeitsrecht ist verletzt.

Fall 5: Art. 4 GG – Glaubens-/Religionsfreiheit (Sportunterricht)
(nach BVerwGE 94, 82)

Die 13-jährige A ist Schülerin auf dem städtischen Gymnasium. Sie ist Muslimin und sehr gläubig. Dementsprechend hält sie sich auch an die Lehren des Koran. Aus einer Sure des Koran geht hervor, dass Frauen ihre Reize nicht zur Schau stellen dürfen und ihre Körperkonturen nicht zeigen dürfen. Aus diesem Grunde beantragt der Vater V der A beim Schulleiter die Befreiung vom Sportunterricht.

Der Schulleiter verweigert dies, gestützt auf eine verfassungsgemäße Ermächtigungsgrundlage. Wenn A in Deutschland lebe, müsse sie sich auch an die hier herrschenden Moralvorstellungen, Sitten und Gebräuche halten. Zudem gehöre es zum Erziehungsauftrag der Schule, die Schüler zu selbstständigem Denken und Handeln zu erziehen. Die A müsse erkennen, dass das Gebot des Koran sie als Frau „diskriminiere".

Ist Art. 4 GG verletzt?

I. Es müsste zunächst der **Schutzbereich** des Art. 4 GG **betroffen** sein. Nach Art. 4 Abs. 1 GG sind die Freiheit des Glaubens, des Gewissens und die Freiheit des religiösen und weltanschaulichen Bekenntnisses unverletzlich. Gemäß Art. 4 Abs. 2 GG wird die ungestörte Religionsausübung gewährleistet. Art. 4 Abs. 1 und 2 GG stellen ein **einheitliches Grundrecht** der genannten Freiheiten dar.

1. Dann müsste der islamische Glaube zunächst eine **Religion** i.S.d. Art. 4 Abs. 1, 2 GG darstellen. Art. 4 GG schützt jede spezifische Äußerung des religiösen oder weltanschaulichen Lebens. Es werden auch Überzeugungen geschützt, die anderen Kulturkreisen entstammen. Folglich ist auch der islamische Glaube Religion i.S.d. Art. 4 GG.

2. Fraglich ist jedoch, ob der Schutz des Art. 4 GG auch die Weigerung der A erfasst, am Sportunterricht teilzunehmen. Die **Religionsfreiheit** schließt das Recht des Einzelnen ein, **sein gesamtes Verhalten an den Lehren seines Glaubens auszurichten und seiner inneren Überzeugung nach zu handeln**. Dazu gehört aus der Sicht der A auch, keine enge Sportkleidung zu tragen und damit ihren Körper zur Schau zu stellen. Somit ist das Verhalten der A vom Schutzbereich der Religionsfreiheit erfasst.

II. Durch die Weigerung, A zu befreien, **greift** der Schulleiter final und unmittelbar in den Schutzbereich des Art. 4 GG **ein**.

III. Dieser Eingriff könnte **verfassungsrechtlich gerechtfertigt** sein.

1. Dafür müsste zunächst eine **Einschränkungsmöglichkeit** (Schranke) bestehen.

Art. 4 GG ist nach dem Wortlaut weder durch verfassungsunmittelbare Schranken noch durch einen Gesetzesvorbehalt einschränkbar. Doch auch schrankenlose Grundrechte werden über die Grundrechte Dritter und andere Werte von Verfassungsrang beschränkt, den sogenannten **verfassungsimmanenten Schranken**. Dementsprechend unterliegt Art. 4 GG nach h.M. den verfassungsimmanenten Schranken.[5]

---

5 Vgl. im Einzelnen AS-Skript Grundrechte (2017), Rn. 220 ff.

Als ein solcher Wert von Verfassungsrang kommt hier der **staatliche Bildungs- und Erziehungsauftrag aus Art. 7 Abs. 1 GG** in Betracht.

2. Fraglich ist, ob der Eingriff durch die Weigerung des Schulleiters eine **verfassungsgemäße Konkretisierung** der Schranke, also in Umsetzung des Art. 7 Abs. 1 GG, ist.

a) Die **Ermächtigungsgrundlage**, auf die der Schulleiter seine Ablehnung stützt, ist laut Sachverhalt **verfassungsgemäß**.

b) Die **Anwendung** durch den Schulleiter müsste jedoch auch **im Einzelfall verfassungsgemäß** sein. Dabei sind sich Art. 7 Abs. 1 GG und Art. 4 GG grundsätzlich gleichgeordnet. Daher müssen die verschiedenen Grundrechte im Sinne einer „**praktischen Konkordanz**" gegeneinander abgewogen werden.

Die durch Art. 7 Abs. 1 GG statuierte staatliche Schulaufsicht umfasst nicht nur die organisatorische Gliederung der Schule, sondern auch die inhaltliche Festlegung der Ausbildungsgänge und der Unterrichtsziele; der Staat kann daher in der Schule grundsätzlich unabhängig von den Vorstellungen und Wünschen der Eltern eigene Erziehungsziele verfolgen. Dem Staat steht es daher frei, als Inhalt und Ziel des Sportunterrichts nicht allein die Förderung der Gesundheit der Schüler sowie die Entwicklung von sportlichen Fertigkeiten und Fähigkeiten, sondern zusätzlich z.B. die Einübung sozialen Verhaltens anzustreben und derart den Sportunterricht inhaltlich anzureichern und aufzuwerten (koedukativer Unterricht).

Bei der Wahrnehmung des mit Verfassungsrang ausgestatteten Bildungs- und Erziehungsauftrags muss der Staat die – gleichrangigen – Grundrechte von Eltern und Schülern beachten; dies sind vor allem Art. 6 Abs. 2 S. 1 GG sowie Art. 4 Abs. 1 und 2 GG. A hat sich zur Begründung ihres geltend gemachten Anspruchs auf vollständige Befreiung vom koedukativen Sportunterricht auf ihre Glaubens- und Gewissensfreiheit berufen. Der Schutz der aus dem Koran gewonnenen Überzeugung ist nicht davon abhängig, ob sie im islamischen Raum allgemein oder nur von Strenggläubigen geteilt wird.

Der Konflikt kann bei einer **Abwägung** aller zu berücksichtigenden Gesichtspunkte in der Weise zu einem schonenden Ausgleich gebracht werden, dass der A ein Anspruch auf vollständige Befreiung vom Sportunterricht nur für den Fall zugestanden wird, dass der Sportunterricht für Mädchen ihres Alters ausschließlich in der Form eines koedukativen Unterrichts angeboten wird. Der aus Art. 7 Abs. 1 GG folgende Erziehungsauftrag wird dann nicht infrage gestellt, wenn der Staat dem Anliegen der A schon mit den ihm zu Gebote stehenden organisatorischen Mitteln Rechnung tragen kann. Das ist ihm in der Weise möglich, dass er anstelle eines koedukativ erteilten Sportunterrichts einen nach Geschlechtern getrennten Sportunterricht anbietet. Dadurch wird die Erfüllung des dem Staat obliegenden Erziehungsauftrags weder insgesamt noch auch nur in Bezug auf die Erteilung von Sportunterricht ernsthaft gefährdet.

Die Abwägung kann im Einzelfall argumentativ durchaus ein anderes Ergebnis ergeben. So hat das Bundesverwaltungsgericht in seinem Urteil vom 11.09.2013 (RÜ 2013, 801) ein anderes Ergebnis im Einzelfall angenommen. Maßgeblich kann z.B. sein, ob die Schülerin ansonsten am Sportunterricht teilnimmt, etwa mit langen Ärmeln, Hosen und Kopftuch. Dann wäre kein gravierender Unterschied zu einem Burkini im Schwimmunterricht erkennbar.

Damit liegen die Voraussetzungen für eine Befreiung vor. Die Weigerung des Schulleiters, die A vom Sportunterricht zu befreien, stellt folglich einen verfassungsrechtlich nicht gerechtfertigten Eingriff in Art. 4 GG dar.

Art. 4 GG ist demnach verletzt.

Fall 6: Art. 4 GG – Glaubens-/Religionsfreiheit (Kopftuchverbot)
(nach BVerfG, Beschl. v. 27.01.2015 – 1 BvR 471/10, RÜ 2015, 319)

Durch das Gesetz zur Sicherung der staatlichen Neutralität des Bundeslandes L ist eine neue Vorschrift in das Landesschulgesetz (SchulG) aufgenommen worden.

§ 86 Abs. 3 SchulG lautet:

„Lehrkräfte haben in Schule und Unterricht politische, religiöse und weltanschauliche Neutralität zu wahren. Insbesondere dürfen sie Kleidungsstücke, Symbole oder andere Merkmale nicht tragen oder verwenden, die objektiv geeignet sind, das Vertrauen in die Neutralität ihrer Amtsführung zu beeinträchtigen oder den politischen, religiösen oder weltanschaulichen Frieden in der Schule zu gefährden."

Ist § 86 SchulG verfassungsgemäß?

Bearbeiterhinweis: Art. 5 und 33 GG sind nicht zu prüfen.

§ 86 SchulG müsste **formell** und **materiell verfassungsgemäß** sein.

A. Im Hinblick auf die **formelle Verfassungsmäßigkeit** stellt sich lediglich die Frage der **Gesetzgebungskompetenz** des Landes für § 86 Abs. 3 SchulG. In Betracht kommt eine konkurrierende Gesetzgebungskompetenz des Bundes aus Art. 74 Abs. 1 Nr. 27 GG. Danach hat der Bund die konkurrierende Gesetzgebungskompetenz für die Statusrechte und -pflichten der Beamten der Länder. Darunter fallen Regelungen hinsichtlich der Voraussetzungen der Begründung oder Beendigung eines Dienstverhältnisses, die Arten der beamtenrechtlichen Verhältnisse oder Abordnungen und Versetzungen von Beamten. Durch § 86 Abs. 3 SchulG wird Lehrkräften verboten, bestimmte religiöse Kleidungsstücke und Symbole zu tragen und zu verwenden. Dies betrifft nicht die Statusrechte eines Beamten, sodass es sich nicht um eine Regelung i.S.d. Art. 74 Abs. 1 Nr. 27 GG handelt.

Für die **Regelungen des Schulrechtes ist daher die Gesetzgebungskompetenz der Länder gemäß Art. 70 Abs. 1 GG** gegeben. § 86 Abs. 3 SchulG ist formell verfassungsgemäß.

B. Daneben müsste § 86 SchulG auch **materiell verfassungsgemäß** sein. Die Norm dürfte insbesondere nicht gegen Grundrechte verstoßen. Hier könnte ein Verstoß gegen **Art. 4 GG** gegeben sein.

I. Dann müsste der **Schutzbereich betroffen** sein. Art. 4 Abs. 1 GG schützt die Glaubens- und Gewissensfreiheit sowie die Freiheit des religiösen und weltanschaulichen Bekenntnisses. Nach Art. 4 Abs. 2 GG wird die ungestörte Religionsausübung gewährleistet. Die Glaubensfreiheit erfasst nicht nur die innere Freiheit, zu glauben oder nicht zu glauben, sondern auch die Freiheit, seinen Glauben zu bekennen. **Insofern bilden Art. 4 Abs. 1 und 2 GG ein einheitliches Grundrecht der Glaubens- und Bekenntnisfreiheit, welches die Freiheit der Religionsausübung mit umfasst.**

Zu dieser umfassend gewährten Freiheit gehört auch das Recht des Einzelnen, sein gesamtes Verhalten an den Lehren seines Glaubens auszurichten und seiner inneren Überzeugung gemäß zu handeln. Diese Handlungsfreiheit ist durch das Verbot, bestimmte Kleidungsstücke oder Symbole zu tragen, betroffen.

II. Es müsste ein **Eingriff** gegeben sein. Durch das gesetzliche Verbot des § 86 Abs. 3 SchulG wird **final und unmittelbar** das Tragen und Verwenden bestimmter Kleidungsstücke und Symbole verboten, die objektiv geeignet sind, den religiösen Frieden zu gefährden. Demnach wird (sogar) **im klassischen Sinne** in das Grundrecht aus Art. 4 Abs. 1, 2 GG eingegriffen.

III. Der Eingriff in den Schutzbereich des Art. 4 Abs. 1, 2 GG ist **verfassungsrechtlich gerechtfertigt**, wenn er sich als verfassungskonforme Verwirklichung einer im GG angelegten Grundrechtsschranke darstellt.

1. Dann müsste das Grundrecht zunächst einschränkbar sein (**Einschränkungsmöglichkeit**, Schranke). Nach dem Wortlaut des Art. 4 GG wird das Grundrecht ohne besondere Schranken gewährleistet. Teilweise wird aus Art. 140 GG i.V.m. Art. 136 Abs. 1 WRV ein einfacher Gesetzesvorbehalt abgeleitet. Dagegen spricht jedoch, dass dann gemäß Art. 136 Abs. 1 WRV lediglich die Religionsfreiheit einem Gesetzesvorbehalt unterliegen würde, nicht aber die in Art. 4 Abs. 1 GG ebenfalls geschützte Gewissensfreiheit. Dann wäre die Gewissensfreiheit stärker geschützt als die anderen Freiheiten des Art. 4 Abs. 1, 2 GG. Somit unterliegt die Glaubens- und Bekenntnisfreiheit nicht einem Gesetzesvorbehalt, sondern den verfassungsimmanenten Schranken.[6]

Dies sind die Grundrechte Dritter sowie andere Werte von Verfassungsrang. Die Einschränkung der vorbehaltlos gewährleisteten Glaubensfreiheit bedarf überdies einer **hinreichend bestimmten gesetzlichen Grundlage.**[7] Die Glaubensfreiheit ist demzufolge zum Schutze der Grundrechte Dritter und anderer Werte mit Verfassungsrang durch ein Parlamentsgesetz einschränkbar.

2. Der Eingriff in die Glaubensfreiheit ist **verfassungsrechtlich gerechtfertigt**, wenn § 86 Abs. 3 SchulG eine **verfassungsgemäße Konkretisierung** der Einschränkungsmöglichkeit darstellt. Dies ist der Fall, wenn er formell und materiell verfassungsgemäß ist.

a) Wie oben bereits festgestellt, bestehen gegen die **formelle Verfassungsmäßigkeit** keine Bedenken.

b) Fraglich ist, ob § 86 Abs. 3 SchulG auch **materiell verfassungsgemäß** ist.

aa) Die Vorschrift müsste **hinreichend bestimmt**, klar und justiziabel sein. Die Verwendung interpretationsbedürftiger unbestimmter Rechtsbegriffe begegnet insoweit keinen Bedenken. Denkbare Alternative wäre gewesen, in der gesetzlichen Bestimmung bestimmte Kleidungsstücke, Symbole oder Merkmale, die verboten werden sollen, beispielhaft oder abschließend aufzulisten. Eine Norm ist aber bestimmt genug, wenn von den Fachgerichten im Rahmen einer Einzelfallentscheidung zu überprüfen ist, ob diese abstrakten Vorgaben im Einzelfall rechtmäßig angewendet wurden. Dem Gesetzgeber steht es im Rahmen seiner Einschätzungsprärogative

6 Vgl. AS-Skript Grundrechte (2017), Rn. 220 ff.

7 BVerfGE 108, 282 (Kopftuch I); BVerfG, Beschl. v. 27.01.2015 – 1 BvR 471/10, RÜ 2015, 319 (Kopftuch II).

grundsätzlich frei, bei der Normgestaltung auch unbestimmte Rechtsbegriffe zu verwenden und somit den Behörden und Gerichten Interpretationsspielräume zu eröffnen.

bb) Zu den kollidierenden Grundrechten Dritter gehört zunächst die **negative Glaubensfreiheit der Schüler und Eltern**. Art. 4 GG schützt nicht nur die positive, sondern auch die negative Glaubensfreiheit. Das bedeutet, dass auch die Freiheit besteht, eine Religion sowie religiöse Symbole abzulehnen. Diese negative Freiheit wird beeinträchtigt durch eine vom Staat geschaffene Lage, in der der Einzelne ohne Ausweichmöglichkeiten dem Einfluss eines bestimmten Glaubens, den Handlungen, in denen sich dieser manifestiert, und den Symbolen, in denen er sich darstellt, ausgesetzt wird.

Hinsichtlich der Wirkung religiöser Ausdrucksmittel ist allerdings danach zu unterscheiden, ob das in Frage stehende Zeichen auf Veranlassung der Schulbehörde oder aufgrund einer eigenen Entscheidung von einzelnen Lehrerinnen und Lehrern verwendet wird. Der Staat, der eine mit dem Tragen eines Kopftuchs verbundene religiöse Aussage einer einzelnen Lehrerin hinnimmt, macht diese Aussage nicht schon dadurch zu seiner eigenen und muss sie sich auch nicht als von ihm beabsichtigt zurechnen lassen. Die Schülerinnen und Schüler werden lediglich mit der ausgeübten positiven Glaubensfreiheit der Lehrkräfte in Form einer glaubensgemäßen Bekleidung konfrontiert, was im Übrigen durch das Auftreten anderer Lehrkräfte mit anderem Glauben oder anderer Weltanschauung in aller Regel relativiert und ausgeglichen wird. Insofern spiegelt sich in der bekenntnisoffenen Gemeinschaftsschule die religiös-pluralistische Gesellschaft wider.

cc) Daneben begrenzt als Wert von Verfassungsrang der **Grundsatz der politischen, religiösen und weltanschaulichen Neutralität des Staates** die Glaubensfreiheit der Lehrer. Das Grundgesetz begründet für den Staat in Art. 4 Abs. 1, Art. 3 Abs. 3 S. 1, Art. 33 Abs. 3 GG sowie durch Art. 136 Abs. 1 und 4 und Art. 137 Abs. 1 WRV i.V.m. Art. 140 GG die Pflicht zu weltanschaulich-religiöser Neutralität. Der Staat hat auf eine am Gleichheitssatz orientierte Behandlung der verschiedenen Religions- und Weltanschauungsgemeinschaften zu achten **und darf sich nicht mit einer bestimmten Religionsgemeinschaft identifizieren**. Das bedeutet aber nicht, dass religiös motivierte äußere Zeichen (wie das Tragen bestimmter Kleidung) von vornherein unzulässig wären.

In der Abwägung ist dabei aber zu berücksichtigen, dass § 86 Abs. 3 SchulG kein generelles Verbot enthält, Kleidung zu tragen oder Symbole zu verwenden, die einen religiösen Bezug aufweisen. Vielmehr sind lediglich diejenigen Symbole verboten, die objektiv geeignet sind, das Vertrauen in die Neutralität oder den Schulfrieden zu beeinträchtigen.

dd) Nach **Art. 6 Abs. 2 GG** sind Pflege und Erziehung der Kinder das natürliche **Recht der Eltern** und die zuvörderst ihnen obliegende Pflicht. Dies ist auch vom Staat zu berücksichtigen, wenn er die Rechtsverhältnisse in der Schule regelt. Es müssen Vorkehrungen getroffen werden, wonach in der Schule nicht die religiösen und weltanschaulichen Grundsätze verletzt werden, nach denen die Eltern ihre Kinder erziehen wollen. Nach Art. 7 Abs. 1 GG steht das gesamte Schulwesen unter der Aufsicht des Staates.

Dies bedeutet, dass dem Staat eine umfassende Gestaltungsfreiheit zusteht, aber auch eine besondere Fürsorgepflicht für die Schüler. Wenn ein Lehrer eine bestimmte politische oder religiöse Anschauung offen zur Schau trägt, eventuell gar werbend, widerspricht dies dem Bildungs- und Erziehungsauftrag sowie der Fürsorgepflicht des Staates.

ee) Die vorgenannten kollidierenden Grundrechte und sonstige Verfassungsgüter stehen der (positiven) Glaubensfreiheit in einer multipolaren Konfliktsituation gegenüber. Verfassungsrechtliches Gebot ist es in solchen Fällen, **praktische Konkordanz** herzustellen, also die widerstreitenden Interessen in einen **schonenden Ausgleich** zu bringen.

Bei der danach gebotenen Abwägung ist hier zu berücksichtigen, dass das Kopftuchverbot **schwerwiegend** in die Glaubensfreiheit der betroffenen Musliminnen eingreift. Dies ist insbesondere dann der Fall, wenn eine muslimische Lehrerin das Tragen eines Kopftuches aus religiösen Gründen als für sich verbindlich ansieht. Dann berührt ein Kopftuchverbot die persönliche Identität (Art. 2 Abs. 1 i.V.m. Art. 1 Abs. 1 GG), so dass ein Verbot dieser Bedeckung im Schuldienst für sie sogar den Zugang zum Beruf verstellen kann (Art. 12 Abs. 1 GG). Dass auf diese Weise derzeit faktisch vor allem muslimische Frauen von der qualifizierten beruflichen Tätigkeit als Pädagoginnen ferngehalten werden, steht zugleich in einem rechtfertigungsbedürftigen Spannungsverhältnis zum Gebot der tatsächlichen Gleichberechtigung von Frauen (Art. 3 Abs. 2 GG). Vor diesem Hintergrund greift ein gesetzliches Bekundungsverbot in das Grundrecht auf Glaubens- und Bekenntnisfreiheit trotz der zeitlichen und örtlichen Begrenzung auf den schulischen Bereich mit ganz erheblichem Gewicht ein.

Dem steht in § 86 Abs. 3 SchulG die **lediglich abstrakte** und zudem landesweit unterschiedslos angenommene Gefahr gegenüber, dass das Kopftuch den Schulfrieden stört. Insofern erweist sich die Vorschrift als unzumutbare und damit unangemessene Beschränkung der Glaubensfreiheit.[8]

ff) Fraglich ist aber, ob § 86 Abs. 3 SchulG **verfassungskonform ausgelegt** werden kann. Sollte durch religiöse Bekundungen **im konkreten Fall** der **Schulfrieden** gestört werden, dann müssten Lehrerinnen und Lehrer zum Schutze der Grundrechte der Schüler/Eltern sowie der staatlichen Neutralität eine Einschränkung ihrer Glaubensfreiheit hinnehmen.[9] Solche konkrete Gefahren sind z.B. dann anzunehmen, wenn es in der Schule schon zu einer beachtlichen Zahl von Konflikten gekommen ist.

Demzufolge ist § 86 Abs. 3 SchulG, bei verfassungskonformer Auslegung, materiell verfassungsgemäß und konkretisiert in verfassungskonformer Weise die verfassungsimmanenten Einschränkungsmöglichkeiten des Art. 4 Abs. 1, 2 GG. Die Regelung verstößt nicht gegen Art. 4 GG.

---

8 BVerfG, Beschl. v. 27.01.2015 – 1 BvR 471/10, RÜ 2015, 319.
9 BVerfG, Beschl. v. 27.01.2015 – 1 BvR 471/10, RÜ 2015, 319.

Fall 7: Art. 5 Abs. 1, Abs. 2 GG – Meinungsäußerung
(nach BVerfGE 93, 266 [Soldaten sind Mörder])

V ist anerkannter Kriegsdienstverweigerer und verteilte im November 1989 von ihm verfasste Flugblätter. Darauf heißt es u.a.: „Soldaten sind potentielle Mörder – weltweit, auch bei der Bundeswehr". Aufgrund einer Strafanzeige wurde V letztinstanzlich gemäß § 185 StGB wegen Beleidigung zu einer Geldstrafe verurteilt.

Ist V in seinem Grundrecht aus Art. 5 Abs. 1 S. 1 GG verletzt?

I. Dann müsste zunächst der **Schutzbereich** betroffen sein. Art. 5 Abs. 1 S. 1 GG schützt das Recht, seine Meinung frei zu äußern. In der Abgrenzung zu den beweisbaren Tatsachen stellen Meinungen Werturteile dar. Bei der Aussage des V, alle Soldaten seien potentielle Mörder, handelt es sich nicht um eine beweisbare Tatsache, sondern um eine wertende Aussage. Der Schutzbereich der Meinungsfreiheit aus Art. 5 Abs. 1 S. 1 GG ist daher betroffen.

II. Durch das Urteil, welches die Aussage des V sanktioniert, greift der Staat final unmittelbar in den geschützten Freiheitsbereich ein. Es liegt ein **Eingriff** im klassischen Sinne vor.

III. Dieser Eingriff könnte **verfassungsrechtlich gerechtfertigt** sein.

1. Dafür müsste eine **Einschränkungsmöglichkeit** (Schranke) bestehen. Art. 5 Abs. 1 S. 1 GG ist gemäß Art. 5 Abs. 2 GG u.a. zum **Schutz der persönlichen Ehre** einschränkbar. Diese Einschränkungsmöglichkeit hat der Gesetzgeber u.a. im Beleidigungstatbestand, § 185 StGB, aufgegriffen.

2. Fraglich ist, ob der Eingriff durch die strafgerichtliche Verurteilung, beruhend auf § 185 StGB, eine **verfassungsgemäße Konkretisierung** der Schranke ist.

a) Von der **formellen** und **materiellen Verfassungsmäßigkeit** des § 185 StGB ist auszugehen.

b) Des Weiteren müsste aber auch das **Urteil selbst verfassungsgemäß** sein.

Das BVerfG ist keine **Superrevisionsinstanz** und prüft deshalb grundsätzlich kein einfaches Recht.

Das Bundesverfassungsgericht ist keine Superrevisionsinstanz. Es überprüft Urteile daher grundsätzlich nicht auf die Vereinbarkeit mit dem einfachen Recht, sondern lediglich, ob eine **spezifische Verfassungsverletzung** gegeben ist. Eine solche spezifische Verfassungsverletzung ist gegeben, wenn ein Grundrecht in der Entscheidung überhaupt nicht berücksichtigt wurde (**Anwendungsdefizit**), ein Grundrecht zwar berücksichtigt wurde, aber Schutzbereich, Schranken oder die Verhältnismäßigkeit wesentlich verkannt wurden (**Fehlbewertung**) oder gegen die **Justizgrundrechte** verstoßen wurde.

Eine Überprüfung der spezifischen Verfassungsverletzungen setzt jedoch voraus, dass die Urteilsgründe bekannt sind. In Ermangelung von Urteilsgründen ist eine spezifische Prüfung hier nicht möglich.

Auch die Rspr. ist gemäß Art. 20 Abs. 3 GG an Recht und Gesetz gebunden. Eine Verurteilung des V wegen Beleidigung gemäß § 185 StGB wäre damit wegen **Verletzung des Rechtsstaatsprinzips** jedenfalls dann keine verfassungsgemäße Konkretisierung, wenn es einfachgesetzlich nicht rechtsmäßig wäre. Fraglich ist daher, ob die Voraussetzungen des § 185 StGB gegeben sind.

Dafür müsste § 185 StGB tatbestandlich korrekt angewandt worden und die Verurteilung im konkreten Falle verhältnismäßig sein, und zwar auch insoweit, als dass das Grundrecht des V auf freie Meinungsäußerung selbst wiederum den Straftatbestand beschränkt und dieser im „Lichte des Grundrechtes" ausgelegt und angewandt werden muss.

In der Klausur müssen für eine Prüfung spezifischer Verfassungsverletzungen die Urteilsgründe mitgeteilt werden. Sollte dies nicht der Fall sein, wird (hilfsweise) doch einfachgesetzlich die Rechtmäßigkeit geprüft. Sollte das Urteil rechtswidrig sein, verstieße es automatisch gegen Art. 20 Abs. 3 GG und kann nicht in verfassungsrechtlich gerechtfertigter Weise in das Grundrecht eingreifen.

Dieser Berücksichtigung des Art. 5 Abs. 1 S. 1 GG trägt § 193 StGB Rechnung, wonach eine Beleidigung bei der Wahrnehmung berechtigter Interessen ausgeschlossen ist.

Ob V außer der Bundeswehr auch deren Soldaten unter einer Sammelbezeichnung beleidigt haben kann, ist zweifelhaft, weil der Kreis der Betroffenen groß und eine konkrete Beziehung der Äußerung des V auf bestimmte Soldaten nicht erkennbar ist. Nach h.M. können Einzelpersonen unter einer Gesamtbezeichnung beleidigt werden, wenn der Kreis der Betroffenen klar abgrenzbar aus der Allgemeinheit hervortritt und die Zuordnung des Einzelnen zweifelsfrei ist.[10] Bei den im aktiven Dienst der Bundeswehr stehenden Soldaten ist das der Fall. Außer der Bundeswehr als Institution ist daher auch der einzelne Soldat von der Äußerung betroffen.

Die Bezeichnung eines Menschen als „Mörder" oder „potentieller Mörder" ist eine schwerwiegende Ehrkränkung, da mit diesem Wort in der Umgangssprache ein besonders verabscheuungswürdiger Verbrechertyp assoziiert wird.

Möglicherweise lässt die Äußerung des V aber auch eine abweichende, nicht ehrenrührige Deutung zu. In diesem Fall muss das Grundrecht auf freie Meinungsäußerung (Art. 5 Abs. 1 GG) bereits bei der Auslegung berücksichtigt werden, um zu verhindern, dass aus Furcht vor Bestrafung zulässige Äußerungen unterbleiben.[11] Vorliegend bezogen sich die Äußerungen des V ihrem Wortlaut nach nicht auf einzelne Soldaten oder speziell auf diejenigen der Bundeswehr. Das Bundesverfassungsgericht schließt daraus, dass sich seine Äußerung genauso gut gegen das Soldatentum schlechthin gerichtet haben kann, das von V verurteilt wurde, weil es mit dem Töten anderer Menschen verbunden sei. Deshalb muss bei der Anwendung von § 185 StGB auf herabsetzende Äußerungen unter einer Sammelbezeichnung stets geprüft werden, ob durch sie überhaupt die „persönliche" Ehre der einzelnen Gruppenangehörigen beeinträchtigt wird.

In seinem Flugblatt hat V zwar ausdrücklich die Soldaten angesprochen. Dass sich seine Äußerung gleichwohl auf alle Soldaten der Welt bezog, hat er jedoch dadurch zum Ausdruck gebracht, dass er den Worten „auch bei der Bundeswehr" unmittelbar das Wort „weltweit" vorangestellt hat. Bei verfassungskonformer Auslegung enthält das von ihm verteilte Flugblatt somit keine Kränkung der Bundeswehr oder ihrer einzelnen Soldaten. Demzufolge entfällt unter Berücksichtigung der Meinungsfreiheit eine Beleidigung.

Das Urteil stellt keine verfassungsgemäße Konkretisierung der Schranken des Art. 5 Abs. 1 S. 1 GG dar. V ist in seinem Grundrecht aus Art. 5 Abs. 1 S. 1 GG verletzt.

---

10 BGHSt 11, 206, 207.

11 BVerfGE 43, 130, 136; BVerfG NJW 1994, 2943 m.w.N.

Fall 8: Art. 5 Abs. 1, Abs. 2 GG – Meinungsäußerung, Schmähkritik
(nach BVerfG, Beschl. v. 29.06.2016 – 1 BvR 2646/15, RÜ 2016, 650)

Rechtsanwalt R vertrat als Strafverteidiger den V, der Beschuldigter in einem Ermittlungsverfahren wegen Veruntreuung von Spendengeldern war, das ein großes Medieninteresse erregte. Bei der Verkündung des Haftbefehls gegen V kam es zu einer heftigen Auseinandersetzung zwischen der ermittelnden Staatsanwältin S und R, der der Ansicht war, sein Mandant werde zu Unrecht verfolgt. Am Abend desselben Tages führte Journalist J ein Interview mit R. Auf hartnäckiges Nachfragen des J und weil R immer noch verärgert über den Verlauf der Ermittlungen war, bezeichnete R die S in dem Telefonat mit J u.a. als „dahergelaufene", „durchgeknallte", „widerwärtige, boshafte, dümmliche" und „geisteskranke Staatsanwältin". R wurde daraufhin wegen Beleidigung (§ 185 StGB) zu einer Geldstrafe verurteilt. Die Äußerungen seien ehrverletzend. Durch sie wären der S in übertriebener Weise negative Eigenschaften und Verhaltensweisen zugeschrieben und ihr der sittliche und soziale Geltungswert abgesprochen worden. Eine Rechtfertigung nach § 193 StGB greife nicht ein. Anlass, Kontext und Zielrichtung der Äußerungen seien nicht mehr der Kampf um das Recht gewesen, sondern Ausdruck einer persönlichen Fehde gegen die ermittelnde Staatsanwältin, die als Schmähkritik nicht von der Meinungsfreiheit nach Art. 5 Abs. 1 S. 1 GG gedeckt sei.

Hätte eine zulässige Verfassungsbeschwerde des R Erfolg?

Die zulässige Verfassungsbeschwerde des R hat Erfolg, wenn sie begründet ist. Die Verfassungsbeschwerde ist begründet, soweit R durch die strafrechtliche Verurteilung in verfassungsspezifischer Weise in seinen Grundrechten verletzt ist (vgl. § 95 Abs. 1 BVerfGG). Hier kommt eine Verletzung der **Meinungsäußerungsfreiheit** aus Art. 5 Abs. 1 S. 1 Fall 1 GG in Betracht.

I. Dann müsste der **Schutzbereich** des Grundrechts **betroffen** sein. Nach Art. 5 Abs. 1 S. 1 Fall 1 GG hat jeder das Recht, seine **Meinung** in Wort, Schrift und Bild frei zu äußern und zu verbreiten. Dabei ist der Begriff „Meinung" weit zu verstehen. Darunter fallen alle Werturteile, aber auch Tatsachenbehauptungen, wenn und soweit sie zur Bildung von Meinungen beitragen können. Zu beachten ist, dass Art. 5 Abs. 1 Satz 1 GG nicht nur sachlich differenzierte Äußerungen schützt, sondern gerade Kritik auch pointiert, polemisch und überspitzt erfolgen darf. Die Aussagen des R stellen Werturteile in Bezug auf S dar, die grundsätzlich von der Meinungsfreiheit geschützt sind, auch wenn R die Worte sehr scharf gewählt hat. Damit ist der Schutzbereich betroffen.

II. Die strafgerichtliche Verurteilung sanktioniert die Äußerungen und stellt damit einen **Eingriff** in den Schutzbereich dar.

III. Dieser Eingriff könnte **verfassungsrechtlich gerechtfertigt** sein.

1. Dann müsste zunächst eine Einschränkungsmöglichkeit (**Schranke**) gegeben sein. Nach Art. 5 Abs. 2 GG finden die in Art. 5 Abs. 1 GG gewährten Freiheiten u.a. ihre Schranke in den **allgemeinen Gesetzen**. Dies sind solche, die sich nicht gegen eine Meinung als solche richten, sondern allgemein dem Schutz eines in der Rechtsordnung anerkannten Rechtsgutes dienen. Zu den allgemeinen Gesetzen zählen auch die §§ 185, 193 StGB.

2. Fraglich ist, ob das strafrechtliche Urteil, welches auf §§ 185, 193 StGB beruht, die Einschränkungsmöglichkeit in **verfassungsgemäßer Weise konkretisiert**.

a) Die strafrechtlichen **Vorschriften** als Grundlage der Verurteilung sind **verfassungsgemäß**.

b) Auch das **Urteil selbst** müsste verfassungsgemäß sein. Entscheidend ist damit, ob die Strafgerichte die §§ 185, 193 StGB grundrechtskonform angewendet haben. Dabei ist jedoch zu beachten, dass das BVerfG keine **Superrevisionsinstanz** ist, also nicht die Anwendung des einfachen Rechts, sondern lediglich das Vorliegen von **spezifischen Grundrechtsverletzungen** prüft.

Teilweise wird die Frage der spezifischen Grundrechtsverletzung schon im Rahmen der Zulässigkeit (Beschwerdebefugnis) geprüft, weil es um die Kennzeichnung der möglichen Grundrechtsverletzung durch die gerichtlichen Entscheidungen gehe. Dagegen spricht indes, dass Reichweite und Wirkung der Grundrechte materielle Fragen sind, die zur Begründetheitsprüfung gehören (so auch BVerfG).

Eine solche verfassungsspezifische Verletzung der Grundrechte ist insbesondere dann gegeben, wenn eines der in Betracht kommenden Grundrechte gar nicht berücksichtigt wurde (**Anwendungsdefizit**), oder wenn die Auslegung und Anwendung des Rechts auf einer grundsätzlich falschen Anschauung von der Bedeutung und Tragweite eines Grundrechts beruhen (**Fehlbewertung**).[12] Eine solche Fehlbewertung liegt u.a. dann vor, wenn die Gerichte bei der Auslegung und Anwendung der einschlägigen einfach-rechtlichen Vorschriften die betroffenen Grundrechte nicht ausreichend interpretationsleitend berücksichtigt haben. Das verlangt **in der Regel eine Abwägung der widerstreitenden grundrechtlich geschützten Belange**, die im Rahmen der auslegungsfähigen Tatbestandsmerkmale des einfachen Rechts vorzunehmen ist und die besonderen Umstände des Einzelfalls zu berücksichtigen hat. Einen **Sonderfall** bilden aber herabsetzende Äußerungen, die sich als **Formalbeleidigung** oder **Schmähung** darstellen. Dann ist ausnahmsweise keine Abwägung zwischen der Meinungsfreiheit und dem Persönlichkeitsrecht notwendig, weil die Meinungsfreiheit regelmäßig hinter dem Ehrenschutz zurücktreten wird. Wegen seiner die Meinungsfreiheit verdrängenden Wirkung ist der Begriff der Schmähkritik **eng auszulegen**. Eine Schmähkritik ist erst dann gegeben, wenn nicht mehr die Auseinandersetzung in der Sache, sondern – jenseits auch polemischer und überspitzter Kritik – die **Diffamierung der Person** im Vordergrund steht.

Die strafrechtliche Verurteilung des R basiert auf der Annahme des Gerichts, es handele sich um eine Schmähkritik, sodass die Meinungsäußerung des R auch ohne Abwägung hinter dem Persönlichkeitsrecht der S zurücktreten müsse. Eine Abwägung der widerstreitenden Grundrechte hat demnach nicht stattgefunden. Das Urteil leidet daher an einer wesentlichen **Fehlbewertung, wenn die Äußerungen des R nicht als Schmähkritik** zu werten wären.

Zwar sind die in Rede stehenden Äußerungen des R ausfallend scharf und beeinträchtigen die Ehre der S in besonderem Maße. Die angegriffene Verurteilung legt aber nicht in einer den besonderen Anforderungen für die Annahme einer Schmähung entsprechenden Weise dar, dass der ehrbeein-

12 Vgl. im Einzelnen AS-Skript Grundrechte (2017), Rn. 737 ff.

trächtigender Gehalt der Äußerungen von vornherein außerhalb jedes in einer Sachauseinandersetzung wurzelnden Verwendungskontextes stand. R reagierte auf einen Anruf von einem mit dem Verfahrensstand vertrauten Journalisten, der ihn in seiner Eigenschaft als Strafverteidiger zu dem Ermittlungsverfahren gegen seinen Mandanten und dessen Inhaftierung befragte. In diesem Kontext ist es **jedenfalls möglich**, dass sich die Äußerungen auf das dienstliche Verhalten der Staatsanwältin, vor allem mit Blick auf die Beantragung des Haftbefehls, bezogen. Für die Annahme einer Schmähkritik reicht es unter diesen Umständen nicht, wenn das Gericht nur darauf abstellt, dass die Äußerungen dabei nicht relativiert wurden oder auf ganz bestimmte einzelne Handlungen der betreffenden Staatsanwältin Bezug nahmen. Es hätte insoweit, in Auseinandersetzung mit der Situation, näherer Darlegungen bedurft, dass sich die Äußerungen von dem Ermittlungsverfahren völlig gelöst hatten oder der Verfahrensbezug nur als mutwillig gesuchter Anlass oder Vorwand genutzt wurde, **um die Staatsanwältin** als solche **zu diffamieren**. Solange solche Feststellungen nicht getroffen sind, hätte R nicht wegen Beleidigung verurteilt werden dürfen, ohne eine **Abwägung zwischen seiner Meinungsfreiheit und dem Persönlichkeitsrecht** der Staatsanwältin vorzunehmen. Die Strafgerichte haben die Äußerungen des R damit **unzutreffend als Schmähkritik eingestuft**, mit der Folge, dass die gebotene Abwägung unterblieben ist. Dadurch haben sie Bedeutung und Tragweite der Meinungsfreiheit verkannt.

Das Urteil verletzt demzufolge das Grundrecht der Meinungsfreiheit des R (Art. 5 Abs. 1 S. 1 Fall 1 GG) in verfassungsspezifischer Weise. Die Verfassungsbeschwerde ist begründet und erfolgreich.

Das BVerfG hebt die angefochtenen Entscheidungen auf und verweist die Sache zur erneuten Entscheidung an das Strafgericht zurück (§ 95 Abs. 2 BVerfGG). Dieses muss die gebotene Abwägung nachholen, kann dabei allerdings mit entsprechender Begründung die Verurteilung wegen Beleidigung aufrechterhalten.

Fall 9: Art. 5 Abs. 1 S. 1 Hs. 2, Abs. 2 GG – Informationsfreiheit

B ist türkischer Staatsangehöriger. Er bewohnt mit seiner Familie eine Mietwohnung in einem Mehrfamilienhaus in E. Das Haus verfügt über eine Gemeinschaftsantenne, über die fünf deutsche Fernsehprogramme empfangen werden können. Anfang 2006 bat B seine Vermieterin, die Wohnungsbaugesellschaft W, der Installation einer Parabolantenne zuzustimmen, damit er auch türkische Fernsehprogramme empfangen könne. W verweigerte ihre Genehmigung, da feststand, dass ein Kabelanschluss verlegt werden würde, mit dem ein türkischer Sender zu empfangen ist.

Vor den Zivilgerichten war B mit der Begründung erfolglos, dass die Errichtung einer Satellitenempfangsanlage nicht zum vertragsgemäßen Gebrauch einer Mietwohnung gehört, sondern es sich dabei vielmehr um eine „Sondernutzung" handelt, die mit Interessen anderer Mieter nicht zu vereinbaren sei. Zudem könne die Informationsbedürftigkeit des B durch türkische Hörfunksendungen, Videobänder und die Übersetzung deutscher Nachrichten ausreichend befriedigt werden. Gegen das letztinstanzliche Urteil erhebt B fristgemäß Verfassungsbeschwerde.

Wird durch das Urteil Art. 5 GG verletzt?

Das angegriffene Urteil könnte B in seinem **Grundrecht auf Informationsfreiheit gemäß Art. 5 Abs. 1 S. 1 Hs. 2 GG** verletzen.

I. Es müsste der **Schutzbereich** des Art. 5 Abs. 1 S. 1 Hs. 2 GG **betroffen** sein. Art. 5 Abs. 1 S. 1 Hs. 2 GG gewährleistet jedermann das Recht, sich aus allgemein zugänglichen Quellen ungehindert zu unterrichten. Für die Persönlichkeitsentfaltung des Einzelnen und die Aufrechterhaltung der demokratischen Ordnung ist die Informationsfreiheit ebenso wichtig wie die Freiheit der freien Meinungsäußerung und der Medienberichterstattung.

Der Schutzbereich der Informationsfreiheit ist jedoch sachlich eingegrenzt. Geschützt sind lediglich **Informationen, die aus allgemein zugänglichen Quellen** stammen. Allgemein zugänglich ist eine Informationsquelle, wenn sie geeignet und bestimmt ist, der Allgemeinheit, also einem individuell nicht bestimmbaren Personenkreis, Informationen zu verschaffen. Dabei macht das GG keinen Unterschied zwischen in- und ausländischen Informationsquellen.

Daher sind auch alle ausländischen Programme, deren Empfang in der Bundesrepublik Deutschland möglich ist, allgemein zugänglich i.S.v. Art. 5 Abs. 1 S. 1 Hs. 2 GG.

Nach Auffassung des BVerfG erstreckt sich der Grundrechtsschutz auch auf die Beschaffung und Nutzung der Empfangsmittel, die eine an die Allgemeinheit gerichtete Information erst individuell erschließen. Ansonsten wäre das Grundrecht in Bereichen, in denen der Informationszugang technische Hilfsmittel voraussetzt, praktisch wertlos. Daher ist die Installation einer Parabolantenne, die den Empfang von Rundfunkprogrammen, die über Satellit ausgestrahlt werden, erst ermöglicht, von dem Grundrecht der Informationsfreiheit gemäß Art. 5 Abs. 1 S. 1 Hs. 2 GG geschützt.

Der Schutzbereich ist betroffen.

II. Das Urteil **greift** zielgerichtet und unmittelbar in die Informationsfreiheit des B **ein**.

III. Das Urteil könnte in **verfassungsrechtlich gerechtfertigter** Weise in das Grundrecht eingreifen.

1. Die Freiheiten des Art. 5 Abs. 1 GG sind durch allgemeine Gesetze **einschränkbar**, Art. 5 Abs. 2 GG. **Allgemeine Gesetze** sind solche, die nicht gezielt bestimmte Kommunikationsinhalte verbieten. Das Urteil wird auf die §§ 535, 536, 242 BGB gestützt. Diese stellen allgemeine Gesetze dar.

2. Fraglich ist, ob das Urteil, welches auf den §§ 535, 536, 242 BGB beruht, eine **verfassungsgemäße Konkretisierung** der Schranke ist.

Soweit die Verfassungsmäßigkeit eines Gesetzes im Sachverhalt nicht problematisiert ist, kann davon ausgegangen werden.

a) Von der **Verfassungsmäßigkeit der Vorschriften** des BGB kann ausgegangen werden.

b) Die **Auslegung** der Zivilrechtsnormen **durch das Zivilgericht** müsste ihrerseits verfassungsgemäß sein. Fraglich ist somit, ob das Zivilgericht bei der Auslegung der §§ 535, 536, 242 BGB („vertragsgemäßer Gebrauch, Treu und Glauben") die Grundrechte des B verkannt hat.

Allerdings könnte die grundrechtlich verbürgte Informationsfreiheit des B mit den ebenfalls über Art. 14 GG grundrechtlich geschützten Interessen an einer optisch ungeschmälerten Erhaltung des Wohnhauses des Vermieters kollidieren.

Diese Interessenkollision ist durch eine die Wertungen der Verfassung beachtende Zuordnung der Rechtspositionen nach den Regeln der **praktischen Konkordanz** aufzulösen. Das bedeutet, dass im konkreten Fall die Rechtspositionen so zu schützen und zu begrenzen sind, dass beide zu optimaler Wirksamkeit gelangen.

Für Parabolantennen gilt dabei insbesondere, dass der Vermieter die Zustimmung zur Errichtung nur dann erteilen muss, wenn er weder eine Gemeinschaftsparabolantenne noch einen Breitbandkabelanschluss bereit stellt.[13] Diese Auslegung beruht auf der Erwägung, dass das grundrechtlich geschützte Informationsinteresse des Mieters im Rahmen der Güter- und Interessenabwägung die Eigentümerinteressen an einem unveränderten Erhalt des Wohnhauses regelmäßig überwiegt. Denn während die Informationseinbußen erheblich seien, ließen sich die meist nur ästhetischen Beeinträchtigungen mildern oder durch gemeinschaftliche Empfangsanlagen ganz vermeiden. Somit führen diese Überlegungen in der Regel zu einem gerechten Interessenausgleich.

Allerdings sind immer die **Besonderheiten des Einzelfalles** zu betrachten. Es muss auch den Besonderheiten der dauerhaft in Deutschland lebenden Ausländer Rechnung getragen werden. Diese haben ein anerkennenswertes Interesse, die Programme ihres Heimatlandes zu empfangen, um sich über das dortige Geschehen unterrichten und die kulturelle und sprachliche Verbindung aufrecht erhalten zu können. Diese Möglichkeit besteht angesichts der kleinen Zahl ausländischer Programme, die in inländische Kabelnetze eingespeist werden, meist nur mittels einer Satellitenemp-

13 BVerfG NJW 1993, 1252, 1253; BVerfG NJW 1994, 1147, 1148.

fangsanlage. Ein Verweis auf türkische Videobänder oder die Übersetzung deutscher Nachrichten entbehrt jeglicher Aktualität und trägt der Informationsfreiheit nicht ausreichend Rechnung, weil Art. 5 Abs. 1 S. 1 Hs. 2 GG jedem das Recht gibt, zu entscheiden, aus welchen allgemein zugänglichen Quellen er sich unterrichten möchte, sodass der Verweis auf anderweitige Informationsmöglichkeiten nicht in die Abwägung einzubeziehen ist. Das gilt auch für den Verweis auf andere, ohne Parabolantenne zu empfangende Fernsehprogramme.

Daher bedeutet die Verweigerung einer Parabolantenne im konkreten Fall, in dem die Heimatprogramme nicht schon über Kabel empfangen werden können, eine erhebliche Beeinträchtigung der Informationsfreiheit, sodass das letztinstanzliche Urteil auf der Verkennung des Grundrechts der Informationsfreiheit des B beruht.

Art. 5 Abs. 1 S. 1 Hs. 2 GG ist verletzt.

Fall 10: Art. 5 Abs. 3 GG – Kunstfreiheit
(nach BVerfGE 83, 130 [Josefine Mutzenbacher])

Der Roman „Josefine Mutzenbacher – Die Lebensgeschichte einer wienerischen Dirne, von ihr selbst erzählt" wurde im Anschluss an zwei strafgerichtliche Entscheidungen 1968 in die Liste jugendgefährdender Schriften als „schwergefährdende Schrift i.S.v. § 6 Nr. 3 GjS" (heute: § 18 JuSchG) aufgenommen. Begründet wurde dies mit der nahezu ausschließlichen Darstellung sexueller Kontakte zwischen Jugendlichen und Erwachsenen, Geschwistern und Eltern in detaillierter Form von der ersten bis zur letzten Seite.

Der R-Verlag hat nunmehr den Roman als Taschenbuch neu herausgebracht. Er beantragt die Streichung des Romans aus der Liste, aufgrund der heute liberaleren Einstellung zum Sexualbereich. Die Bundesprüfstelle hat den Antrag auf Wiederaufgreifen in der Sache abgewiesen und gleichzeitig die Neuauflage wegen § 6 Nr. 3 GjS erneut indiziert. Klagen des R-Verlages blieben in allen Instanzen erfolglos.

Ist der R-Verlag in Art. 5 Abs. 3 GG verletzt?

Anmerkung: *Gehen Sie davon aus, dass das GjS verfassungsgemäß ist.*

I. Dann müsste zunächst der **Schutzbereich** der Kunstfreiheit **betroffen** sein. Gemäß Art. 5 Abs. 3 GG ist Kunst frei. Fraglich ist demnach, was **Kunst** ist.

Das BVerfG verwendet nebeneinander mehrere Kunstbegriffe:

Formeller Kunstbegriff

Nach dem **formellen Kunstbegriff** liegt Kunst dann vor, wenn das Werk Strukturmerkmale aufweist, aufgrund derer es einem bestimmten Werktyp zugeordnet werden kann, z.B. Malerei oder Dichtung.

Materieller Kunstbegriff

Nach dem **materiellen Kunstbegriff** liegt Kunst dann vor, wenn das Werk „das geformte Ergebnis einer freien schöpferischen Gestaltung ist, in dem der Künstler seine Eindrücke, Erfahrungen und Erlebnisse zu unmittelbarer Anschauung bringt, und das auf kommunikative Sinnvermittlung nach außen gerichtet ist".

Offener Kunstbegriff

Nach dem **offenen Kunstbegriff** liegt Kunst vor, wenn das Werk interpretationsfähig und -bedürftig sowie vielfältigen Interpretationen zugänglich ist.

Beachte: Die verschiedenen Kunstbegriffe stehen nebeneinander; ausreichend ist, dass nach einem der Begriffe „Kunst" vorliegt; die Frage ist **nicht** als Streit darzustellen!

Der Roman lässt eine Reihe von Interpretationen zu, die auf eine künstlerische Absicht schließen lassen. Dass der Roman möglicherweise als Pornographie anzusehen ist, nimmt ihm nicht die Kunsteigenschaft. Kunst und Pornographie schließen sich nicht aus. Die Kunsteigenschaft darf nicht von einer staatlichen Stil-, Niveau- und Inhaltskontrolle oder von einer Beurteilung der Wirkungen des Kunstwerks abhängig gemacht werden.[14]

Demzufolge handelt es sich bei dem Roman um Kunst.

Werkbereich und Wirkbereich; die Abgrenzung kann auch im „Eingriff" vorgenommen werden.

Art. 5 Abs. 3 GG schützt sowohl das Recht, sich künstlerisch zu betätigen, den sogenannten **Werkbereich**, als auch das Recht, das künstlerische Werk

14 Vgl. auch BVerfGE 83, 130.

öffentlich zu verbreiten, den sogenannten **Wirkbereich**. Vorliegend ist der Wirkbereich betroffen.

Der Schutzbereich ist somit betroffen.

II. Die Weigerung der Bundesprüfstelle und die diese Entscheidung bestätigenden Urteile greifen final unmittelbar in die Kunstfreiheit des R ein. Ein **Eingriff** ist gegeben.

III. Dieser könnte **verfassungsrechtlich gerechtfertigt** sein.

1. Dafür müsste zunächst eine **Einschränkungsmöglichkeit** (Schranke) gegeben sein.

Nach dem **Wortlaut** des Art. 5 Abs. 3 GG wird die Kunstfreiheit **vorbehaltlos** gewährt. Jedoch können auch Grundrechte ohne Gesetzesvorbehalt nicht schrankenlos gewährleistet werden.

Sie unterliegen den **verfassungsimmanenten Schranken**, sodass Eingriffe gerechtfertigt sind zum Schutze kollidierenden Verfassungsrechts. Als solches kommt hier der Jugendschutz in Betracht. Der Jugendschutz, der in Art. 5 Abs. 2 GG ausdrücklich erwähnt ist, genießt vor allem aufgrund des in Art. 6 Abs. 2 S. 1 GG verbrieften elterlichen Erziehungsrechts Verfassungsrang. Das GjS will Störungen des grundrechtlich gewährleisteten Erziehungsrechts der Eltern vorbeugen. Verfassungsrang kommt dem Kinder- und Jugendschutz daneben aus Art. 1 Abs. 1 i.V.m. Art. 2 Abs. 1 GG zu.

Verfassungsimmanente Schranken = Grundrechte Dritter, andere Werte von Verfassungsrang

Das Gesetz über die Verbreitung jugendgefährdender Schriften (GjS) dient dem Schutz der Jugend und damit einem Ziel von Verfassungsrang.

2. Fraglich ist, ob der Eingriff durch die Entscheidung der Bundesprüfstelle, beruhend auf § 6 GjS, eine **verfassungsgemäße Konkretisierung** der Schranke ist.

a) § 6 GjS ist **formell** und **materiell verfassungsgemäß**.

b) Bei der **konkreten Anwendung** von § 6 GjS könnte die Bundesprüfstelle jedoch Verfassungsrecht verletzt haben.

Zu prüfen ist daher, ob die Entscheidung im konkreten Fall **die widerstreitenden Belange der vorbehaltlos gewährleisteten Kunstfreiheit und des Kinder- und Jugendschutzes zur praktischen Konkordanz gebracht hat**. Keinem der Rechtsgüter kommt dabei von vornherein Vorrang gegenüber dem anderen zu. Dies gilt auch für Schriften, die von § 6 GjS erfasst werden. Auch diese dürfen nur nach einer umfassenden Abwägung mit den widerstreitenden Belangen der Kunstfreiheit in die Liste jugendgefährdender Schriften aufgenommen werden.

Aufseiten des Kinder- und Jugendschutzes hat die Bundesprüfstelle die gesetzgeberische Entscheidung zu akzeptieren, dass Schriften i.S.d. § 1 Abs. 1 GjS überhaupt geeignet sein können, Kinder und Jugendliche in ihrer charakterlich-sittlichen Entwicklung, d.h. in der Herausbildung ihrer Persönlichkeit, zu beeinträchtigen. Dabei ist allerdings zu berücksichtigen, dass der Umgang mit der Sexualität und erotischen Darstellungen auch in der Gesellschaft immer freier geworden ist.

Für die Gewichtung der Kunstfreiheit ist von Bedeutung, in welchem Maße gefährdende Schilderungen in ein künstlerisches Konzept eingebunden sind. Die Kunstfreiheit umfasst auch die Wahl eines jugendgefährdenden, insbesondere Gewalt und Sexualität thematisierenden Sujets sowie dessen Be- und Verarbeitung nach der vom Künstler selbst gewählten Darstellungsart. Sie wird um so eher Vorrang beanspruchen können, je mehr die den Jugendlichen gefährdenden Darstellungen künstlerisch gestaltet und in die Gesamtkonzeption des Kunstwerkes eingebettet sind. Weiterhin kann für die Bestimmung des Gewichts auch dem Ansehen, dass ein Werk beim Publikum genießt, indizielle Bedeutung zukommen. Echo und Wertschätzung, die es in Kritik und Wissenschaft gefunden hat, können Anhaltspunkte für die Beurteilung ergeben, ob der Kunstfreiheit Vorrang einzuräumen ist.

Gerade unter Berücksichtigung der gewandelten gesellschaftlichen Akzeptanz eines lockeren Umganges mit Erotik und Sexualität ist die Kunstfreiheit hier höher zu bewerten. Die Entscheidung der Bundesprüfstelle verstößt dementsprechend gegen Art. 5 Abs. 3 GG.

Der R-Verlag ist in Art. 5 Abs. 3 GG verletzt.

Fall 11: Art. 8 GG – Versammlungsfreiheit
(nach BVerfGE 69, 315 [Brokdorf])

Student S, der bereits mehrfach Demonstrationen an der Uni organisiert hat, ist mit der Hochschulpolitik der Landesregierung nicht einverstanden. Insbesondere die geplante Einführung von Studiengebühren empfindet er als „bodenlose Frechheit". Daher hat er zusammen mit 20 weiteren Studenten den eingetragenen Verein „Contra Studiengebühren" gegründet.

Als S am Morgen des 20.05. erfährt, dass der Wissenschaftsminister am nächsten Tag die Universität besuchen wird, will er eine friedliche Demonstration durchführen, die er allerdings nicht bei der zuständigen Behörde anmeldet. Als sich am nächsten Tag ca. 100 Studenten vor der Uni treffen, wird die Veranstaltung schon nach ein paar Minuten von der zuständigen Behörde unter Hinweis auf § 15 Abs. 3 VersG aufgelöst. Zur Begründung weist die Behörde darauf hin, S habe die Anmeldefrist des § 14 VersG nicht eingehalten. S fühlt sich in seinem Grundrecht aus Art. 8 GG verletzt. Zu Recht?

Anmerkung: *Das VersG ist formell verfassungsgemäß.*

I. Dafür müsste zunächst der **Schutzbereich der Versammlungsfreiheit betroffen** sein. Eine Versammlung ist gegeben, wenn mehrere Personen an einem Ort zusammenkommen, um gemeinsam Meinung zu bilden und zu äußern. Zweck der Zusammenkunft müssen die gemeinsame Meinungsbildung und -äußerung sein, die sich nach h.M. auch auf Privatangelegenheiten beziehen kann. Nicht ausreichend ist allerdings das zufällige Zusammentreffen ohne gemeinsamen Zweck (Ansammlung), z.B. nach einem Verkehrsunfall.

Die ca. 100 Studenten wollen durch die Demonstration gegen die Studiengebühren ihre ablehnende Haltung nach außen tragen und auch Andere gegen die Studiengebühren einnehmen. Die Begriffsmerkmale einer Versammlung sind demzufolge gegeben.

§ 14 Abs. 1 VersG: „Wer die Absicht hat, eine öffentliche Versammlung ... zu veranstalten, hat dies spätestens 48 Stunden vor der Bekanntgabe der zuständigen Behörde ... anzumelden."
§ 15 Abs. 3 VersG: „Sie kann eine Versammlung oder einen Aufzug auflösen, wenn sie nicht angemeldet sind, ..."

II. Es müsste auch ein **Eingriff** in den Schutzbereich gegeben sein. Durch die Auflösung der Versammlung verkürzt die Behörde final unmittelbar durch einen imperativ wirkenden Rechtsakt die Versammlungsfreiheit des S, sodass bereits ein Eingriff im klassischen Sinne gegeben ist.

Es ist zwar umstritten, ob eine Versammlung begrifflich mindestens zwei oder drei Personen oder sogar sieben Personen voraussetzt. Vorliegend kommt es jedoch darauf offensichtlich nicht an, sodass eine Streitdarstellung an dieser Stelle in der Klausur falsch wäre.

III. Dieser Eingriff könnte **verfassungsrechtlich gerechtfertigt** sein

1. Art. 8 Abs. 2 GG enthält **für Versammlungen unter freiem Himmel** eine **Einschränkungsmöglichkeit** (Schranke) im Sinne eines einfachen Gesetzesvorbehalts. Diese Schranke ist hier durch § 15 VersG umgesetzt worden.

2. Fraglich ist, ob der Eingriff durch die Versammlungsauflösung, beruhend auf § 15 Abs. 3 VersG, eine **verfassungsgemäße Konkretisierung** der Schranke ist.

a) Dann müsste zunächst die Ermächtigungsgrundlage für die Auflösung der Versammlung, § 15 VersG, verfassungsgemäß sein.

aa) Das VersG ist **formell verfassungsmäßig**.

bb) Das VersG müsste auch **materiell verfassungsmäßig** sein. Die §§ 14, 15 Abs. 3 VersG müssten, damit sie materiell verfassungsgemäß wären, insbesondere **verhältnismäßig** sein.

(1) Dazu müsste der Gesetzgeber mit den §§ 14 und 15 Abs. 3 VersG einen **legitimen Zweck** verfolgen. Durch die Anmeldung und die Möglichkeit der Auflösung sollen Gefahren abgewehrt werden. Dies stellt einen legitimen Zweck dar.

(2) Daneben muss das Gesetz **geeignet** sein. §§ 14 und 15 Abs. 3 VersG sind geeignet, wenn durch sie der Zweck zumindest gefördert wird. Die Anmeldung ermöglicht der Versammlungsbehörde eine Überprüfung im Vorfeld einer Versammlung und die entsprechenden Reaktionen. Damit fördern sie zumindest die Gefahrenabwehr und sind geeignet.

(3) Ein Mittel ist **erforderlich**, wenn es kein weniger belastendes Mittel gibt, welches den Erfolg mit gleicher Sicherheit herbeiführen würde. Mit der Pflicht zur Anmeldung wird der Polizei die Möglichkeit gegeben, sich auf die zu erwartende Gefahrensituation einzustellen und die notwendigen Vorkehrungen zu treffen. Würde die Polizei erst nach Beginn einer Versammlung erfahren, dass eine solche durchgeführt wird, entstünde eine zeitliche Sicherheitslücke. Insofern ist ein gleich wirksames und milderes Mittel nicht ersichtlich. Die §§ 14 und 15 Abs. 3 VersG sind mithin auch erforderlich.

(4) Des Weiteren müsste das Mittel auch **angemessen** sein. D.h., dass die Nachteile des Grundrechtsträgers nicht außer Verhältnis zu den bezweckten Vorteilen stehen dürfen. Dabei ist die hohe Bedeutung des Art. 8 GG als „demokratie-konstituierendes Grundrecht" zu berücksichtigen.

S hat erst am Morgen vor der Versammlung von dem geplanten Besuch des Ministers erfahren.

Eilversammlung: geplante Versammlung mit Veranstalter, die nicht innerhalb der 48-Stunden-Frist angemeldet werden kann; im Gegensatz zur **Spontanversammlung**, die ohne Veranstalter und nicht geplant ist

Ein Einhalten der Frist von 48 Stunden war dem S daher gar nicht möglich. Würde man in einer solchen Situation einer sogenannten „Eilversammlung" auf der Einhaltung der Frist beharren, wären kurzfristige oder spontane Demonstrationen nicht denkbar. Dies wäre mit der hohen Bedeutung des Art. 8 GG in einer Demokratie nicht vereinbar.

Diese Unvereinbarkeit lässt sich jedoch durch eine **verfassungskonforme Auslegung** beheben. Gemäß Art. 8 Abs. 1 GG ist eine Versammlung anmeldefrei. Daher ist § 14 VersG so auszulegen, dass die Anmeldepflicht bei Spontanversammlungen völlig entfällt und bei Eilversammlungen entsprechend zu kürzen ist.[15]

Angesichts der Möglichkeit der verfassungskonformen Auslegung sind die §§ 14, 15 Abs. 3 VersG demzufolge angemessen und verhältnismäßig. Folglich sind sie auch materiell verfassungsgemäß.

b) Daneben müsste auch eine **verfassungsgemäße Anwendung des Gesetzes im Einzelfall** vorliegen. Gemäß § 15 Abs. 3 VersG kann die zuständige Behörde eine nicht angemeldete Versammlung auflösen. Dabei ist aber wiederum und im Einzelfall der **Grundsatz der Verhältnismäßigkeit** zu beachten.

Wegen der großen Tragweite der Versammlungsfreiheit reicht nach der Rspr. des BVerfG auch bei Eilversammlungen ein Verstoß gegen das formelle Anmeldeerfordernis nicht für eine Auflösung der Versammlung aus. Vielmehr hat die Behörde bei friedlich verlaufenden Demonstrationen stets versammlungsfreundlich zu verfahren. Erforderlich für eine Auflösung ist, dass von der Versammlung unmittelbare Gefahren ausgehen. Die Teilnehmer haben aber lediglich friedlich gegen die Einführung von Studiengebühren demonstriert, sodass eine Auflösung unverhältnismäßig und damit materiell verfassungswidrig ist. S ist in Art. 8 Abs. 1 GG verletzt.

---

15 Vgl. BVerfGE 69, 315.

Fall 12: Art. 8 GG – Versammlungsfreiheit
(nach BVerfG, Urt. v. 22.02.2011 – 1 BvR 699/06, RÜ 2011, 243 [Fraport])

Der Flughafen Frankfurt am Main wird von der Fraport AG betrieben, deren Anteile mehrheitlich (heute zu insgesamt 52%) im Eigentum der öffentlichen Hand stehen, aufgeteilt zwischen dem Land Hessen und der Stadt Frankfurt am Main. Auf dem Flughafen befinden sich neben der für die Abwicklung des Flugverkehrs bestimmten Infrastruktur zahlreiche Einrichtungen zu Zwecken des Konsums und der Freizeitgestaltung, die der Öffentlichkeit allgemein zugänglich sind. Dazu zählen neben Läden und Serviceeinrichtungen auch Bars, Cafés und Restaurants.

K ist Mitglied einer „Initiative gegen Abschiebungen", die sich gegen die Abschiebung von Ausländern unter Mitwirkung privater Fluggesellschaften wendet. Nachdem sie mit fünf weiteren Mitgliedern in der Abflughalle des Frankfurter Flughafens im März 2003 an einem Abfertigungsschalter Flugblätter verteilt hatte, die sich gegen eine Abschiebung richteten, erteilte ihr die Fraport AG ein „Flughafenverbot" mit dem Hinweis, dass gegen sie ein Strafantrag wegen Hausfriedensbruchs gestellt werde, sobald sie erneut „unberechtigt" auf dem Flughafen angetroffen werde. Mit einem erläuternden Schreiben wies sie die K unter Bezugnahme auf ihre Flughafenbenutzungsordnung darauf hin, dass Sammlungen, Werbungen sowie das Verteilen von Flugblättern ihrer Einwilligung bedürfen und dass sie „nicht abgestimmte Demonstrationen im Terminal aus Gründen des reibungslosen Betriebsablaufes und der Sicherheit grundsätzlich nicht" dulde. Versammlungen in den Gebäuden des Flughafens werden in der Benutzungsordnung ausdrücklich für unzulässig erklärt.

K fühlt sich in ihrem Grundrecht aus Art. 8 GG verletzt. Zu Recht?

K ist in ihrem Grundrecht aus Art. 8 GG verletzt, wenn ein verfassungsrechtlich nicht gerechtfertigter Eingriff in das Grundrecht gegeben ist.

I. Dafür müsste zunächst überhaupt eine **Grundrechtsbindung der Fraport AG** bestehen. Grundrechte sind Abwehrrechte des Bürgers „gegen den Staat", nicht Abwehrrechte des Bürgers gegen den Privaten.

Das Demonstrationsverbot für das Gelände des Flughafens Frankfurt durch die Fraport AG und die dies bestätigenden Urteile könnte K daher nur dann in ihrem Grundrecht verletzen, wenn und soweit die zivilrechtlich zu bewertende Fraport AG an Grundrechte gebunden ist.

Zwischen Privaten gelten die Grundrechte nur mittelbar, sogenannte mittelbare Drittwirkung (vgl. AS-Skript Grundrechte, 2017, Rn. 688 ff.).

1. Gemäß **Art. 1 Abs. 3 GG** binden die Grundrechte die Gesetzgebung, vollziehende Gewalt und Rspr. als unmittelbar geltendes Recht. Der Begriff der **„vollziehenden Gewalt"** ist dabei weit zu verstehen. Erfasst werden neben den Behörden auch Beliehene und Verwaltungshelfer, aber auch öffentliche Unternehmen, die in privatrechtlicher Form von einem Hoheitsträger geführt werden.[16]

16 BVerfG, Urt. v. 22.02.2011 – 1 BvR 699/06, RÜ 2011, 243, Rn. 48.

Damit wäre die Fraport AG jedenfalls dann an die Grundrechte gebunden, wenn der Staat zu 100% Anteilseigner wäre.

2. Fraglich ist jedoch, ob dies auch dann gilt, wenn an einem Unternehmen sowohl private als auch öffentliche Anteilseigner beteiligt sind **(gemischtwirtschaftliche Unternehmen)**.

Ein gemischtwirtschaftliches Unternehmen unterliegt dann der unmittelbaren Grundrechtsbindung, wenn es von den öffentlichen Anteilseignern **beherrscht** wird. Dies ist in der Regel der Fall, wenn mehr als die Hälfte der Anteile im Eigentum der öffentlichen Hand stehen. Das Kriterium der Beherrschung mit seiner Anknüpfung an die eigentumsrechtlichen Mehrheitsverhältnisse stellt danach nicht auf konkrete Einwirkungsbefugnisse hinsichtlich der Geschäftsführung ab, sondern auf die Gesamtverantwortung für das jeweilige Unternehmen.[17]

Die Anteile an der Fraport AG stehen zu 52% im Eigentum von Hoheitsträgern, sodass die private AG von öffentlichen Anteilseignern beherrscht wird. Danach ist die Fraport AG an die Grundrechte gebunden.

II. Das durch die Fraport AG ausgesprochene Verbot, im Frankfurter Flughafen ohne Erlaubnis Versammlungen durchzuführen, könnte die K in ihrem **Grundrecht der Versammlungsfreiheit aus Art. 8 Abs. 1 GG** verletzen.

1. Dann müsste zunächst der **Schutzbereich des Art. 8 Abs. 1 GG betroffen** sein. Eine Versammlung ist eine örtliche Zusammenkunft mehrerer Personen zur gemeinschaftlichen, auf die Teilhabe an der öffentlichen Meinungsbildung gerichteten Erörterung oder Kundgebung.

Art. 8 Abs. 1 GG gewährleistet auch das **Recht, selbst zu bestimmen, wann, wo und unter welchen Modalitäten eine Versammlung stattfinden soll**. Als Abwehrrecht, das auch und vor allem andersdenkenden Minderheiten zugutekommt, gewährleistet das Grundrecht den Grundrechtsträgern so nicht nur die Freiheit, an einer öffentlichen Versammlung teilzunehmen oder ihr fern zu bleiben, sondern zugleich ein Selbstbestimmungsrecht über Ort, Zeitpunkt, Art und Inhalt der Veranstaltung.[18]

a) Das bedeutet jedoch nicht, dass eine Versammlung an jedem beliebigen Ort durchgeführt werden kann. So kann eine Versammlung nicht – gegen den Willen des Eigentümers – auf einem Privatgrundstück durchgeführt werden. Das Selbstbestimmungsrecht zur Durchführung einer Versammlung ist aber an Orten eröffnet, die **für die Öffentlichkeit allgemein zugänglich** sind.

b) Darunter fällt zunächst der **öffentliche Straßenraum**. Fraglich ist jedoch, ob dies auch für Orte gilt, an denen in ähnlicher Weise ein öffentlicher Verkehr eröffnet ist.

Wenn heute die Kommunikationsfunktion der öffentlichen Straßen, Wege und Plätze zunehmend durch weitere Foren, wie Einkaufszentren, Ladenpassagen oder sonstige Begegnungsstätten, ergänzt wird, kann die Ver-

---

17 BVerfG, Urt. v. 22.02.2011 – 1 BvR 699/06, Rn. 53, 54.

18 BVerfG. Urt. v. 22.02.2011 – 1 BvR 699/06, Rn. 64.

sammlungsfreiheit für die Verkehrsflächen solcher Einrichtungen nicht ausgenommen werden, soweit eine unmittelbare Grundrechtsbindung besteht oder Private im Wege der mittelbaren Drittwirkung in Anspruch genommen werden können.[19]

Daher ist zu unterscheiden: im Abflugbereich hinter der Sicherheitsschleuse oder im Bereich der Gepäckausgabe gewährleistet Art. 8 GG keinen Schutz, in dem frei zugänglichen Bereich des Terminals (Ladenpassagen, Gastronomiebetriebe etc.) ist der Schutzbereich des Art. 8 GG eröffnet. Damit ist der Schutzbereich des Art. 8 Abs. 1 GG durch das Verbot der Versammlung im Terminal betroffen.

2. Es müsste auch ein **Eingriff** in den Schutzbereich gegeben sein. Durch das Verbot wird der K eine Versammlung im Terminal des Flughafens zielgerichtet (final), unmittelbar und imperativ durch eine rechtsförmige Handlung unmöglich gemacht. Ein Eingriff in den Schutzbereich ist daher zu bejahen.

3. Fraglich ist, ob der Eingriff in das Grundrecht der K **verfassungsrechtlich gerechtfertigt** ist.

Einfacher Gesetzesvorbehalt

a) Dann müsste eine Einschränkungsmöglichkeit **(Schranke)** bestehen. Gemäß Art. 8 Abs. 2 GG kann das Grundrecht für Versammlungen unter freiem Himmel **durch oder aufgrund eines Gesetzes** beschränkt werden.

aa) Die Fraport AG untersagt der K die Durchführung von Versammlungen in Gebäuden des Flughafens, also im Innern. Fraglich ist, ob diese Versammlungen solche „**unter freiem Himmel**" darstellen.

Versammlung „unter freiem Himmel" bedeutet nicht „nicht überdacht". Maßgeblich für die Abgrenzung ist, ob die Räumlichkeit für die Öffentlichkeit **frei zugänglich** ist. Versammlungen „unter freiem Himmel" finden in der unmittelbaren Auseinandersetzung mit einer unbeteiligten Öffentlichkeit statt. Hier besteht im Aufeinandertreffen der Versammlungsteilnehmer mit Dritten ein höheres, weniger beherrschbares Gefahrenpotential als bei Versammlungen, bei denen eine Zutrittsbeschränkung besteht.

K möchte überwiegend im Flughafengebäude demonstrieren. Die Versammlungen sollen aber nicht in eigens für die Demonstration abgesperrten Bereichen stattfinden, zu denen die Öffentlichkeit keinen Zutritt hat, sondern vielmehr inmitten des allgemeinen Flughafenpublikums, mithin in der Öffentlichkeit. K führt daher Versammlungen „unter freiem Himmel" durch, die gemäß Art. 8 Abs. 2 GG dem allgemeinen Gesetzesvorbehalt unterfallen.

bb) Der Gesetzesvorbehalt des Art. 8 Abs. 2 GG wird im vorliegenden Fall durch das **Hausrecht der Fraport AG, gestützt auf §§ 903, 1004 BGB**, umgesetzt.

b) Fraglich ist, ob der Eingriff durch das Demonstrationsverbot, welches auf die §§ 903, 1004 BGB gestützt wird, eine **verfassungsgemäße Konkretisierung** der Einschränkungsmöglichkeit darstellt. Dies ist der Fall, wenn die §§ 903, 1004 BGB verfassungsgemäß und die Einzelentscheidung ebenfalls verfassungsgemäß ist.

---

19 BVerfG. Urt. v. 22.02.2011 – 1 BvR 699/06, Rn. 68.

aa) Von der **Verfassungsmäßigkeit der §§ 903, 1004 BGB** ist auszugehen.

bb) Es müsste auch das **Demonstrationsverbot verfassungsgemäß**, insbesondere **verhältnismäßig** sein.

(1) Für einen verhältnismäßigen Eingriff in die Versammlungsfreiheit bedarf es zunächst eines **legitimen Zwecks**. Für Versammlungen im Bereich eines Flughafens gehören dazu die Sicherheit und Funktionsfähigkeit des Betriebs des Flughafens. Angesichts der Komplexität und der heute im Flugverkehr bestehenden Vernetzung können im Falle der Störung des Betriebs an einem Großflughafen, wie dem Frankfurt/Main Airport, gewichtige Konsequenzen auch für andere Flughäfen ausgelöst werden. Daher können Maßnahmen, die der Sicherheit und Leichtigkeit der Betriebsabläufe sowie dem Schutz der Fluggäste, der Besucher oder der Einrichtungen des Flughafens dienen, grundsätzlich auf das Hausrecht gestützt werden.

(2) Die Untersagung der Versammlungen ist **geeignet** und **erforderlich**. Problematisch könnte die **Angemessenheit** der Maßnahme sein.

In der Abwägung der widerstreitenden Interessen ist dabei zu berücksichtigen, dass Art. 8 GG als Kommunikationsgrundrecht **„schlechthin demokratiekonstituierend"** wirkt. Eine Einschränkung der Versammlungsfreiheit kann daher nur zum Schutze gleichwertiger, elementarer Rechtsgüter zulässig sein. Die Sicherheit und Funktionsfähigkeit des Flughafenbetriebs stellen ein solch elementares Schutzgut dar. Den Gefahren ist aber in erster Linie durch die Erteilung von Auflagen zu begegnen. Eine Untersagung der Versammlung kommt lediglich als ultima ratio, also als letztes Mittel, in Betracht.

Die Fraport AG untersagt durch ihre Flughafenbenutzungsordnung die Durchführung generell und macht alle Arten von Versammlungen in allen Teilen der Gebäude von einer Erlaubnis abhängig. Dabei sind Versammlungen in den öffentlich zugänglichen Ladenpassagen etc. ohne Gefährdung des Flughafenbetriebes möglich.

Insbesondere fehlt es für eine angemessene Regelung daran, dass die Untersagung voraussetzungslos ausgesprochen wird. Sie setzt nicht voraus, dass eine konkrete Gefahr für die Sicherheit des Betriebs abgewehrt werden soll. Ohne Konkretisierung und Einschränkung ist die generelle Möglichkeit, Versammlungen über das Hausrecht zu verbieten, unangemessen.

Das Verbot durch die Fraport AG ist somit unverhältnismäßig. Der Eingriff in Art. 8 GG ist nicht gerechtfertigt. Art. 8 Abs. 1 GG ist verletzt.

Fall 13: Art. 9 GG – Vereinigungsfreiheit
(nach BVerwGE 107, 169)

K ist Außenhandelskaufmann und als solcher Zwangsmitglied in der Industrie- und Handelskammer (IHK). Er hält die Vertretung durch die Kammer für völlig überholt, zumal die Mitglieder ganz unterschiedliche Interessen haben und vielfach in scharfer Konkurrenz zueinander stehen. Insbesondere fühlt er sich nicht ordnungsgemäß durch die Kammer repräsentiert, weil der Vorstand häufig mit Äußerungen an die Öffentlichkeit tritt, die K nicht teilt. Am meisten ärgert ihn, dass er auch noch Beiträge an die IHK leisten muss. K bittet um ein Gutachten zu folgender Frage:

Sind die §§ 2 und 3 IHK-G materiell verfassungsgemäß?

Die §§ 2 und 3 IHK-G könnten gegen die Grundrechte verstoßen.

A. Es könnte ein Verstoß gegen die Berufsfreiheit aus **Art. 12 Abs. 1 GG** gegeben sein. Ein Eingriff in den Schutzbereich des Art. 12 Abs. 1 S. 1 GG liegt nur bei **Eingriffen mit berufsregelnder Tendenz** vor. Die Zwangszugehörigkeit zu einer Kammer ist eine bloße Folge der Ausübung eines Berufes, sie dient aber nicht dazu, Wahl oder Ausübung des Berufes zu reglementieren. Demnach liegt kein Eingriff in das Grundrecht der Berufsfreiheit aus Art. 12 Abs. 1 GG vor.

In der Klausur müsste dies natürlich im normalen Aufbauschema dargestellt werden.

B. Die Zwangsmitgliedschaft in der IHK aus §§ 2, 3 IHK-G könnte jedoch gegen das Grundrecht der **Vereinigungsfreiheit aus Art. 9 Abs. 1 GG** verstoßen.

Dann müsste zunächst der **Schutzbereich** des Art. 9 Abs. 1 GG **betroffen** sein. Danach haben alle Deutschen das Recht, Vereine und Gesellschaften zu bilden. Mit dieser positiven Freiheit korrespondiert die **negative Freiheit**, also das Recht, Vereinigungen nicht beitreten zu müssen oder aus ihnen austreten zu können.

§ 2 Abs. 1 IHK-G: „Zur Industrie- und Handelskammer gehören, ..., natürliche Personen, Handelsgesellschaften, ..., welche im Bezirk der Industrie- und Handelskammer entweder eine gewerbliche Niederlassung oder eine Betriebsstätte oder eine Verkaufsstelle unterhalten (Kammerzugehörige)."
§ 3 Abs. 1 IHK-G: „Die Industrie- und Handelskammer ist Körperschaft des öffentlichen Rechts."

Fraglich ist, ob Art. 9 GG neben zivilrechtlichen Zwangsvereinigungen auch vor hier einschlägigen öffentlich-rechtlichen Zwangsverbänden schützt.

I. Nach der h.M. gilt Art. 9 Abs. 1 GG nur bzgl. privatrechtlicher Vereinigungen, nicht aber für öffentlich-rechtliche Zusammenschlüsse.

Die negative Vereinigungsfreiheit sei das Spiegelbild der positiven Vereinigungsfreiheit. Da es für den Einzelnen kein Grundrecht aus Art. 9 Abs. 1 GG auf Bildung von öffentlich-rechtlichen Verbänden gebe, könne es auch keinen Negativanspruch auf Freiheit von öffentlich-rechtlichen Zwangsverbänden geben.[20]

II. Nach anderer Ansicht gilt Art. 9 Abs. 1 GG auch für öffentlich-rechtliche Zusammenschlüsse.

Es treffe zwar zu, dass dem Einzelnen nicht das Recht zustehe, mit Anderen eine juristische Person des öffentlichen Rechts zu gründen, da die Handlungsform des öffentlichen Rechts als ein Sonderrecht des Staates dem Einzelnen entzogen sei. Dies rechtfertige aber nicht den Umkehrschluss, dass

20 Vgl. BVerfGE 38, 281, 298 (Arbeitnehmerkammern); BVerfG DVBl. 2007, 248 ff.

die negative Vereinigungsfreiheit nur vor privatrechtlichen Zwangsverbindungen schütze. Denn bei dem Schutz vor einer Pflichtmitgliedschaft in Zwangsvereinigungen des öffentlichen Rechts stehe nicht die unzulässige Inanspruchnahme öffentlich-rechtlicher Handlungsformen durch den Einzelnen in Rede.

III. Für die zunächst genannte Auffassung spricht, dass das umfassende System der Zwangsmitgliedschaften in öffentlich-rechtlichen Vereinigungen bereits zum Zeitpunkt des Inkrafttretens des GG vorhanden war. So gab es neben den Industrie- und Handelskammern bereits die Kammern für die freien Berufe, wie z.B. die Rechtsanwaltskammern. Vertreter der letztgenannten Auffassung haben dann aber Schwierigkeiten, die zahlreich geregelten Zwangsmitgliedschaften zu rechtfertigen. Art. 9 GG kennt neben dessen Abs. 2, der hier nicht eingreift, nur die immanenten Schranken. Teilweise wird daher die Schranke des Art. 2 GG entsprechend herangezogen oder von einem „Gemeinschaftsvorbehalt" gesprochen oder es werden die meisten Zwangsverbände für unzulässig gehalten.

Zu folgen ist daher der h.M., da der negative Schutzbereich nicht weitergehen darf als der positive Schutzbereich. Wenn man schon eine dem GG nicht zu entnehmende Schrankenkonstruktion aufbaut, ist es mit der h.M. angebrachter, sämtliche öffentlich-rechtlichen Vereinigungen und Zwangsverbände aus dem Schutzbereich des Art. 9 Abs. 1 GG auszuklammern.

Der Schutzbereich des Art. 9 Abs. 1 GG ist demzufolge nicht eröffnet.

C. In Betracht kommt eine Verletzung der **allgemeinen Handlungsfreiheit aus Art. 2 Abs. 1 GG**.

In der Klausur müsste dies natürlich im normalen Aufbauschema dargestellt werden.

Durch die Zwangsmitgliedschaft wird aber in die allgemeine Handlungsfreiheit des Art. 2 Abs. 1 GG eingegriffen. Dieser ist aber verfassungsrechtlich gerechtfertigt, da die Regelung verhältnismäßig ist. Die öffentliche Wahrnehmung der Arbeitnehmerinteressen in wirtschaftlicher, sozialer und kultureller Hinsicht ist ein Allgemeininteresse, welches eine Zwangsmitgliedschaft in einer Kammer zumutbar erscheinen lässt. Die Grenze der Zulässigkeit ist allerdings dort erreicht, wo ein privatrechtlicher Verband mit freiwilliger Mitgliedschaft die Aufgaben ebenso erfüllen kann.[21]

Die §§ 2 und 3 IHK-G sind materiell verfassungsgemäß.

21 Vgl. BVerfGE 38, 281.

Fall 14: Art. 10 GG – Vorratsdatenspeicherung
(nach BVerfG, Urt. v. 02.03.2010 – 1 BvR 256/08 u.a., RÜ 2010, 243)

§ 113 a des Telekommunikationsgesetzes (TKG) sieht vor, dass Verkehrsdaten, die bei der Inanspruchnahme von Telekommunikationsdiensten entstehen, von den Anbietern der Dienste jeweils für sechs Monate zu speichern sind. Dies gilt für Telefondienste ebenso wie für Internetzugangsdienste und e-Mail-Dienste. Zu speichern sind etwa bei Telefongesprächen die Rufnummern des Anrufenden und des angerufenen Anschlusses sowie Beginn und Ende des Gesprächs. Die anlasslos auf Vorrat gespeicherten Daten dürfen von den Diensteanbietern an die zuständigen Behörden zur Strafverfolgung sowie an den Verfassungsschutz und den Bundesnachrichtendienst (§ 113 b TKG) übermittelt werden. Für die Strafverfolgung gestattet den Zugriff auf die Vorratsdaten § 100 g StPO.

Mehrere Bürger sehen sich durch die Vorratsdatenspeicherung in Art. 10 GG verletzt. Sie halten die anlasslose Speicherung aller Telekommunikationsverbindungen für unverhältnismäßig. Insbesondere machen sie geltend, dass sich aus den gespeicherten Daten Persönlichkeits- und Bewegungsprofile erstellen ließen. Ist Art. 10 GG verletzt?

Hinweis: Das TKG ist formell verfassungsgemäß.

I. Dann müsste zunächst der **Schutzbereich betroffen** sein. Das Fernmeldegeheimnis schützt den privaten und geschäftlichen **Fernmeldeverkehr** vor Eingriffen durch die öffentliche Gewalt. In diesen Schutzbereich fällt auch die Kommunikation mittels neuer Medien, wie SMS, Internet und E-Mails. Geschützt werden dabei nicht nur der Inhalt der Kommunikation, sondern **auch die Vertraulichkeit der näheren Umstände des Kommunikationsvorganges**. Des Weiteren erstreckt sich der Schutz auf den Informations- und Datenverarbeitungsprozess, der sich an die Kenntnisnahme anschließt. Sowohl die Erfassung der Daten als auch ihre Speicherung, der Abgleich mit anderen Daten, die Auswertung und die Übermittlung an Dritte – wie es §§ 113 a, b TKG und § 100 g StPO vorsehen – betreffen damit den Schutzbereich des Fernmeldegeheimnisses aus Art. 10 Abs. 1 GG.

II. Es müsste auch ein **Eingriff** in den Schutzbereich gegeben sein. Ein Eingriff ist zumindest dann gegeben, wenn eine Beschränkung bzw. Verkürzung eines Freiheitsbereiches des Grundrechts **durch den Staat** erfolgt. Der Staat verpflichtet die (privaten) Diensteanbieter gemäß §§ 113 a, b TKG, die Verkehrsdaten zu speichern und an die zuständigen Stellen weiterzugeben. Fraglich ist daher, ob der Eingriff noch dem Staat zugerechnet werden kann.

Die in § 113 a TKG vorgeschriebene Speicherung erfolgt zwar nicht durch den Staat selbst, sondern durch private Diensteanbieter. Diese werden aber als Hilfspersonen für die Aufgabenerfüllung durch staatliche Behörden in Anspruch genommen. § 113 a TKG verpflichtet die privaten Telekommunikationsunternehmen zur Datenspeicherung allein für die Aufgabenerfüllung durch staatliche Behörden zu Zwecken der Strafverfolgung, der Gefahrenabwehr und der Erfüllung nachrichtendienstlicher Aufgaben gemäß § 113 b TKG. Dabei ordnet der Staat die mit der Speicherung verbundene Grundrechtsbeeinträchtigung unmittelbar an, ohne dass den speicherungspflichtigen Unternehmen insoweit ein Handlungsspielraum verbleibt.[22]

§ 113 b TKG und § 100 g StPO ermöglichen den zuständigen Behörden einen Zugriff und die Nutzung der durch den Eingriff in Art. 10 GG gewonnenen Daten aus § 113 a TKG, sodass diese ebenfalls in Art. 10 GG eingreifen.

III. Der Eingriff in den Schutzbereich des Art. 10 GG könnte aber **verfassungsrechtlich gerechtfertigt** sein.

1. Die Rechte des Art. 10 GG stehen gemäß Art. 10 Abs. 2 S. 1 GG unter **Gesetzesvorbehalt**. Dieser Gesetzesvorbehalt wird durch § 113 a, b TKG sowie § 100 g StPO umgesetzt.

2. Der Eingriff ist verfassungsrechtlich nur gerechtfertigt, wenn die angegriffenen Vorschriften die Einschränkungsmöglichkeit in **verfassungsgemäßer Weise konkretisieren**.

a) Die Vorschriften sind **formell verfassungsgemäß**.

b) Die Vorschriften müssten auch **materiell verfassungsgemäß**, insbesondere **verhältnismäßig** sein.

aa) Der Gesetzgeber müsste mit den angegriffenen Vorschriften einen **legitimen Zweck** verfolgen. Zweck der anlasslosen Vorratsdatenspeicherung ist die Effektivierung der Strafverfolgung sowie der Gefahrenabwehr und der Aufgaben der Nachrichtendienste. Dies stellt einen verfassungsrechtlich legitimen Zweck dar.

bb) Die Vorratsdatenspeicherung müsste **geeignet** sein, dieses Ziel zu erreichen. Durch die anlasslose Speicherung der Daten werden in Anbetracht der Tatsache, dass heute die Telekommunikation eine immer größere Bedeutung für die Vorbereitung oder Durchführung von Straftaten erlangt, neue Aufklärungsmöglichkeiten geschaffen, die ohne die Speicherung der Daten nicht bestünden. Insofern wird die Zielerreichung zumindest gefördert.

cc) Daneben müssten die Vorschriften auch **erforderlich** sein. Eine Maßnahme ist erforderlich, wenn von mehreren gleich wirksamen Maßnahmen die den Bürger am wenigsten belastende ausgewählt wird **(„mildestes Mittel")**. Als milderes Mittel käme eine Speicherung der Daten nur bei einem konkreten Tatverdacht in Betracht (sogenanntes Quick-Freezing-Verfahren). Dabei würden jedoch Daten aus der Zeit vor der Anordnung der Speicherung nicht erfasst, sodass dieses Verfahren lückenhaft wäre und daher nicht gleich geeignet.

dd) Letztlich müsste die anlasslose Speicherung von Verkehrsdaten über sechs Monate auch **angemessen**, also verhältnismäßig im engeren Sinne sein. Eine Maßnahme ist unverhältnismäßig, wenn die Nachteile erkennbar außer Verhältnis zu dem erstrebten Erfolg stehen.

Es handelt sich bei einer solchen anlasslosen Speicherung um einen **besonders schweren Eingriff** mit einer erheblichen Streubreite. Erfasst wer-

---

22 BVerfG, Urt. v. 02.03.2010 – 1 BvR 256/08, Rn. 193.

den über den gesamten Zeitraum von sechs Monaten praktisch sämtliche Telekommunikationsverkehrsdaten aller Bürger ohne Anknüpfung an ein zurechenbar vorwerfbares Verhalten.[23] Zwar werden nicht die Inhalte der Kommunikation gespeichert. Aber auch aus den Verkehrsdaten lassen sich vielfältige Rückschlüsse auf gesellschaftliche und persönliche Aktivitäten ziehen. Auch ermöglichen die Daten, Bewegungsprofile von praktisch jeder beliebigen Person zu erstellen. Ein besonderes Gewicht bekommt die Speicherung der Telekommunikationsdaten weiterhin dadurch, dass sie selbst und die vorgesehene Verwendung der gespeicherten Daten von den Betroffenen unmittelbar nicht bemerkt werden, zugleich aber Verbindungen erfassen, die unter Vertraulichkeitserwartungen aufgenommen werden. Hierdurch ist die anlasslose Speicherung von Telekommunikationsverkehrsdaten geeignet, **ein diffus bedrohliches Gefühl des Beobachtetseins**[24] hervorzurufen, das eine unbefangene Wahrnehmung der Grundrechte in vielen Bereichen beeinträchtigen kann.

Um diesen besonders schwerwiegenden Eingriff in die Grundrechte der Bürger zu rechtfertigen, bedarf es bestimmter Anforderungen an die Datensicherheit, den Umfang der Datenverwendung, der Transparenz und des Rechtsschutzes. Es müssen gesetzliche Regelungen **normenklar** ein hohes Maß an Sicherheit verbindlich vorgeben, eine Verwendung der Daten kommt **nur für überragend wichtige Aufgaben** des Rechtsgüterschutzes in Betracht, der Gesetzgeber muss **wirksame Transparenzregeln** schaffen, wonach gerade im Bereich der Strafverfolgung eine heimliche Verwendung der Daten nur in Betracht kommt, wenn sie im Einzelfall erforderlich ist und eine Übermittlung und Verwendung grundsätzlich unter **Richtervorbehalt** gestellt werden.

Insbesondere die Regelung des § 100 g Abs. 1 S. 1 Nr. 2 StPO, wonach jede mittels Telekommunikation begangene Straftat, **unabhängig** von deren Schwere, Auslöser für eine Datenabfrage sein kann, führt dazu, dass die Daten nahezu für alle Straftatbestände nutzbar werden. Daneben lässt § 100 g StPO einen Datenabruf **ohne richterliche Anordnung** und grundsätzlich auch ohne Wissen des Betroffenen zu. Es fehlt demnach an geeigneten Transparenzregeln. Zudem ist der verfassungsrechtlich geforderte Rechtsschutz bereits durch das Verfahren (Richtervorbehalt) nicht gewährleistet. Damit sind die Vorschriften des TKG nicht verhältnismäßig. Art. 10 GG ist verletzt.

---

23 BVerfG, Urt. v. 02.03.2010 – 1 BvR 256/08, Rn. 210.
24 BVerfG, Urt. v. 02.03.2010 – 1 BvR 256/08, Rn. 212.

Fall 15: Art. 12 GG – Beruf
(nach BVerfG NJW 1993, 1575)

N ist Notar. Er ist 69 Jahre alt und wird im nächsten Monat siebzig. Nun muss er durch einen Blick in die BNotO feststellen, dass gemäß §§ 47 Nr. 1, 48 a BNotO das Amt des Notars kraft Gesetzes mit Erreichen der Altersgrenze (Vollendung des 70. Lebensjahres) erlischt. Er meint, dies sei mit Art. 12 Abs. 1 GG nicht zu vereinbaren. Hat N Recht?

Anmerkung: *Evtl. Rückwirkungsprobleme sind nicht zu erörtern.*

I. Dann müsste zunächst der **Schutzbereich betroffen** sein. Art, 12 Abs. 1 GG schützt das Recht, Beruf, Arbeitsplatz und Ausbildungsstätte frei zu wählen. Daneben gewährleistet Art. 12 Abs. 1 S. 2 GG die freie Berufsausübung. Seit dem Apothekenurteil des BVerfG wird das Grundrecht allgemein als einheitliches Grundrecht der Berufsfreiheit verstanden.[25]

Beruf ist jede auf Dauer angelegte, der Schaffung und Erhaltung der Lebensgrundlage dienende Betätigung.

Beruf ist jede auf Dauer angelegte, der Schaffung und Erhaltung der Lebensgrundlage dienende Betätigung. Die Tätigkeit als Notar ist auf Dauer angelegt und dient der Schaffung und Erhaltung der Lebensgrundlage. Der Schutzbereich ist demnach betroffen.

II. Gemäß §§ 47 Nr. 1, 48 a BNotO erlischt das Amt des Notars kraft Gesetzes mit Erreichen der Altersgrenze (Vollendung des 70. Lebensjahres). Das Gesetz als Rechtsakt verkürzt daher final und unmittelbar den Schutzbereich des Art. 12 Abs. 1 GG. Ein **Eingriff** liegt vor.

III. Dieser Eingriff könnte **verfassungsrechtlich gerechtfertigt** sein.

1. Dann müsste eine **Einschränkungsmöglichkeit** (Schranke) bestehen. Nach Art. 12 Abs. 1 S. 2 GG kann die Berufsausübung **durch Gesetz oder aufgrund eines Gesetzes** geregelt werden. Dem Wortlaut nach besteht nur hinsichtlich der Berufsausübung ein Regelungsvorbehalt. Da sich Berufsausübung und -wahl aber nicht immer trennen lassen, geht man von einem einheitlichen Grundrecht der Berufsfreiheit aus, welches sowohl durch Berufsausübungs- als auch durch -wahlregelungen eingeschränkt werden kann.[26] Die Altersgrenze für Notare ist in der BNotO, einem Bundesgesetz, geregelt.

2. Fraglich ist, ob der **Eingriff** durch die §§ 47 Nr. 1, 48 a BNotO eine **verfassungsgemäße Konkretisierung** der Einschränkungsmöglichkeit ist. Dann müssten diese formell und materiell verfassungsgemäß sein.

a) Von der **formellen Verfassungsmäßigkeit** des § 48 a BNotO ist auszugehen.

b) § 48 a BNotO müsste zudem auch im Lichte des Art. 12 GG **materiell verfassungsgemäß**, also insbesondere **verhältnismäßig** sein. Der Grundsatz der Verhältnismäßigkeit wird dabei im Bereich des Art. 12 GG durch die **3-Stufen-Theorie** systematisiert.

25 BVerfGE 7, 377 (Apothekenurteil).
26 BVerfGE 7, 377.

aa) Dafür ist zunächst die **Eingriffsstufe festzustellen**.

Bei der Einführung einer Altersgrenze könnte es sich um eine **Berufswahlregelung** durch eine objektive Zulassungsvoraussetzung handeln, da der Berufstätige keinen subjektiven Einfluss auf das fortschreitende Alter hat.

Nach heute einhelliger Meinung wird aber die Einführung einer Altersgrenze als eine **subjektive Zulassungsvoraussetzung** für die Wahl eines Berufs angesehen. Dies wird damit begründet, dass das Alter eben von der Person des Berufstätigen abhängt.

3-Stufen Theorie: Systematisierung des Grundsatzes der Verhältnismäßigkeit in Art. 12 GG

Durch die Altersgrenze wird die Berufsausübung auch völlig beendet, sodass auch keine Berufsausübungsregelung (1. Stufe) gegeben ist. Die Beendigung der vollständigen Ausübung des Berufs stellt demzufolge eine Berufswahlregelung der zweiten Stufe i.S.d. 3-Stufen-Theorie dar.

1. Stufe: Berufsausübungsregelungen zum Schutze der Gemeinschaftsgüter

bb) Fraglich ist die **Verhältnismäßigkeit der Stufenwahl** und der **konkreten Beschränkung.**

2. Stufe: Berufswahl, subjektive Zulassungsvoraussetzungen zum Schutze wichtiger Gemeinschaftsgüter

(1) Subjektive Zulassungsvoraussetzungen sind nur zulässig, soweit durch sie „**wichtige Gemeinschaftsgüter**" geschützt werden sollen. Das Ziel der Einführung einer Altersgrenze besteht darin, im Interesse funktionstüchtiger Rechtspflege eine geordnete Altersstruktur innerhalb des Notarberufes zu erreichen. Den Rechtssuchenden sollen Notare unterschiedlichen Lebensalters zur Verfügung stehen. Die Nichteinführung einer Altersgrenze würde zu einer Überalterung der Notariate führen und zu einer späteren Aufnahme der Neu-Notare in einem höheren Lebensalter, sodass deren Berufserfahrung bis zum Ende ihrer Tätigkeit geringer wäre.

3. Stufe: Berufswahl, objektive Zulassungsvoraussetzungen zum Schutze überragend wichtiger Gemeinschaftsgüter

Das Mittel, welches der Gesetzgeber gewählt hat, ist die Einführung einer Altersgrenze, die zwingend dazu führt, dass Notarstellen nicht nur durch Tod oder Aufgabe frei werden, sondern durch das Erreichen der Altersgrenze.

(2) Fraglich ist, ob die Wahl der Eingriffsstufe und die Regelung **als solche verhältnismäßig** sind.

(a) Die Einführung einer Altersgrenze ist **geeignet**, um eine Überalterung der Notariate zu verhindern.

(b) Erforderlich ist die Regelung, wenn kein gleich geeignetes, milderes Mittel in Betracht kommt. Ein milderes Mittel, welches den angestrebten Zweck gleich wirksam erreichen könnte, ist indes nicht ersichtlich. Bei insgesamt rückläufigen Beurkundungsvorgängen reicht die Zahl der neu zu schaffenden Notarstellen zusammen mit den aus sonstigen Gründen frei werdenden Notariaten nicht aus, um eine entsprechende Fluktuation zu gewährleisten. Als schonendere Maßnahme käme allenfalls die Einführung einer Höchstaltersgrenze für die erst künftig zu bestellenden Notare in Betracht. Dadurch wäre aber eine Verbesserung der Altersstruktur nicht in absehbarer Zeit erreichbar. Gleiches gilt für die Einführung einer flexiblen Altersgrenze oder die Schaffung von Ausnahmeregelungen, die an die Leistungsfähigkeit des betroffenen Notars bei Vollendung seines 70. Lebensjahres anknüpfen. Sie könnten das gesetzgeberische Ziel nicht mit gleicher Effizienz erreichen, weil sie nur mit großer Verzögerung wirksam würden. Die Einführung einer Altersgrenze ist mithin auch erforderlich.

(c) Des Weiteren muss die Einführung einer Altersgrenze auch **angemessen** sein.

Die Notare, die erst nach Inkrafttreten des Gesetzes zum Notar bestellt werden, können bei ihrer Entscheidung zur Übernahme einer Notarstelle die zeitliche Befristung ihrer Tätigkeit berücksichtigen und ihre Lebens- und Berufsplanung darauf ausrichten.

Schwerer wiegt dagegen die Einführung einer Altersgrenze – wie hier – für die bereits bestellten Notare, die im Vertrauen auf die bisherige Regelung ihrer Lebens- und Berufsplanung die Möglichkeit einer zeitlich unbeschränkten Führung notarieller Amtsgeschäfte zugrunde legen konnten. Diese müssen ihre Planung für das Alter umstellen. Innerhalb der ihnen verbleibenden Amtszeit müssen sie die Voraussetzung für die Sicherung eines angemessenen Lebensstandards nach Vollendung des 70. Lebensjahres schaffen.

Diesem Nachteil steht jedoch ein Gemeinwohlbelang von erheblichem Gewicht gegenüber. „Denn diese, eine geordnete Altersstruktur innerhalb des Notarberufs bezweckende Regelung dient der Funktionsfähigkeit der vorsorgenden Rechtspflege und damit einem besonders wichtigen Gemeinschaftsgut, weil ohne sie dadurch, dass die Zulassungspraxis Bedürftigkeitsgesichtspunkten Rechnung tragen muss und so jüngere Berufsbewerber nur im Rahmen freiwerdender Notariatsstellen Berücksichtigung finden können, dem Rechtssuchenden im zunehmenden Maße nur noch lebensältere Notare zur Verfügung stünden, deren Berufserfahrung wegen ihrer späteren Zulassung geringer wäre.“[27]

Die Einführung der Altersgrenze ist daher auch unter Berücksichtigung der Anwendung auf vorhandene Notare angemessen. Der Eingriff in den Schutzbereich ist verfassungsrechtlich gerechtfertigt. Art. 12 GG ist nicht verletzt.

---

27 BVerfG, Beschl. v. 29.10.1992 – 1 BvR 1581/91, NJW 1993, 1575.

Fall 16: Art. 12 GG – Beruf
(nach BVerfG NVwZ 2001, 790)

Zum Schutz der öffentlichen Sicherheit und Ordnung regelte das Gesetz über die Zulassung öffentlicher Spielbanken vom 14.07.1933, dass mit Erlaubnis der zuständigen Behörden öffentliche und private Spielbanken in bestimmten Kur- und Badeorten zugelassen werden konnten. Wer ohne Erlaubnis öffentlich Glücksspiele veranstaltet, wird nach § 284 StGB bestraft.

Auf dieser Grundlage hat im Bundesland Baden-Württemberg die Spielbank S eine auf 10 Jahre befristete Genehmigung erhalten.

Inzwischen hat das Land ein neues Spielbankengesetz (LSpBG) verabschiedet. Es sieht vor, dass Spielbanken künftig nur noch von Unternehmen betrieben werden dürfen, deren Anteile sämtlich vom Land gehalten werden. S hält die Neuregelung für verfassungswidrig. Der angestrebte Schutz der Bevölkerung vor Ausnutzung der Spielleidenschaft sowie die Abführung der Gewinne für soziale Zwecke würden sich ebenso wirkungsvoll erreichen lassen durch einen „Verkauf" von Konzessionen an Privatunternehmen in Verbindung mit deren wirksamer Überwachung. So greife aber die Regelung in unzulässiger Weise in das Grundrecht aus Art. 12 GG ein. Ist Art. 12 GG verletzt?

Art. 12 GG ist verletzt, wenn ein verfassungsrechtlich nicht gerechtfertigter Eingriff in den Schutzbereich gegeben ist.

I. Dann müsste zunächst der **Schutzbereich** des Art. 12 Abs. 1 GG **betroffen** sein. Art. 12 Abs. 1 GG garantiert das Recht, Beruf, Arbeitsplatz und Ausbildungsstätte frei zu wählen. Daneben gewährleistet Art. 12 Abs. 1 S. 2 GG die freie Berufsausübung. Seit dem Apothekenurteil des BVerfG wird das Grundrecht allgemein als **einheitliches Grundrecht der Berufsfreiheit** verstanden.[28]

Beruf ist jede auf Dauer angelegte, der Schaffung und Erhaltung der Lebensgrundlage dienende Betätigung. Der Betrieb der Spielbank durch S ist auf Dauer angelegt und dient der Schaffung und Erhaltung der Lebensgrundlage.

Beruf ist jede auf Dauer angelegte, der Schaffung und Erhaltung der Lebensgrundlage dienende Betätigung.

Fraglich ist jedoch, wie sich der Umstand auswirkt, dass das öffentliche Veranstalten von Glücksspielen einen Straftatbestand darstellt. Teilweise wird angenommen, dass nur **erlaubte Tätigkeiten** in den Schutzbereich des Art. 12 GG einbezogen werden. Dies würde aber dazu führen, dass der Gesetzgeber durch einfach-gesetzliche Verbotsnormen über den Schutzbereich der Berufsfreiheit disponieren könnte. Aus diesem Grunde wird überwiegend angenommen, dass nur **schlechthin gemeinschädliche** Betätigungen (z.B. Berufsverbrecher) nicht unter den Berufsbegriff fallen. Damit ist der Schutzbereich der Berufsfreiheit betroffen.

II. Das LSpBG verhindert, dass sich Private im Bereich der Spielbanken beruflich betätigen. Ein **Eingriff** durch das Gesetz ist damit gegeben.

---

28 BVerfGE 7, 377.

III. Dieser könnte **verfassungsrechtlich gerechtfertigt** sein.

1. Es müsste eine **Einschränkungsmöglichkeit** (Schranke) gegeben sein. Die Berufsfreiheit steht unter dem Regelungsvorbehalt des Art. 12 Abs. 1 S. 2 GG. Dieser bezieht sich auf das einheitliche Grundrecht der Berufsfreiheit, also auf die Berufswahl und die Berufsausübung. Die Schranke ist vom Gesetzgeber durch das LSpBG umgesetzt worden.

2. Fraglich ist, ob der Eingriff durch das LSpBG eine **verfassungsgemäße Konkretisierung** der Einschränkungsmöglichkeit darstellt.

Dann müsste das LSpBG formell und materiell verfassungsgemäß sein.

a) Von der **formellen Verfassungsmäßigkeit** des LSpBG ist auszugehen.

b) Das Gesetz müsste auch **materiell verfassungsgemäß** sein, also insbesondere **verhältnismäßig** sein. Dabei richtet sich die Verhältnismäßigkeit im Bereich der Berufsfreiheit nach der Systematik der **3-Stufen-Theorie**.

aa) Das durch das LSpBG geschaffene staatliche Monopol macht es Privaten völlig unmöglich, sich als Spielbanken-Betreiber zu betätigen. Betroffen ist daher die Berufswahl („ob"). Ein **Eingriff auf der 3. Stufe** ist gegeben, wenn die Regelung an Umstände anknüpft, die außerhalb der Person liegen (staatliches Monopol = objektive Zulassungsvoraussetzung). Das LSpBG greift folglich auf der dritten Stufe ein.

bb) Eingriffe auf der dritten Stufe müssen als **Ziel den Schutz eines überragend wichtigen Gemeinschaftsguts** verfolgen. Der Schutz der Bevölkerung davor, dass die Spielleidenschaft ausgenutzt wird und dadurch eine Spielsucht gefördert wird, stellt ein solches überragend wichtiges Gemeinschaftsgut dar.

cc) Das LSpBG müsste aber auch **verhältnismäßig** sein. Es könnte insbesondere nicht **erforderlich** sein. Erforderlich ist eine Maßnahme nur dann, wenn von mehreren gleich wirksamen Mitteln das die Allgemeinheit und den Einzelnen am wenigsten belastende Mittel gewählt wird. Statt der absoluten Zugangssperre für Unternehmen in privater Trägerschaft hätte es andere Mittel gegeben, die zur Zielerreichung gleichermaßen geeignet gewesen wären. Denkbar wären etwa eine Erhöhung der Abgabe oder auch eine Versteigerung der Konzessionen als geringer belastende Maßnahmen, um das Angebot zu verknappen.

Daneben könnte das Gesetz auch unangemessen sein. Eine Maßnahme ist unverhältnismäßig im engeren Sinne, wenn nach einer Abwägung der widerstreitenden Interessen der Schaden des Einzelnen und der Nutzen der Allgemeinheit in einem krassen Missverhältnis stehen. Das LSpBG schließt Private aus, obwohl sie seit Jahren der Tätigkeit ohne Beanstandungen nachgehen. Insofern ist das Gesetz im Hinblick auf das zu erreichende Ziel auch unangemessen.

Das LSpBG ist unverhältnismäßig und somit materiell verfassungswidrig.

Damit ist Art. 12 GG verletzt.

Fall 17: Art. 13 GG – Wohnung

S betreibt eine Spielhalle in der Stadt M. In unregelmäßigen Abständen erhält er während der Öffnungszeiten Besuch von Beamten der zuständigen Behörde.

Bei dieser sogenannten „Nachschau" (§ 29 Abs. 2 GewO) überzeugen sich die Beamten vom ordnungsgemäßen Zustand der Räumlichkeiten, des Aufenthaltsraumes für die Angestellten und der sonstigen Nebenräume (Toiletten, Keller). Das kleine Büro des S wird nicht untersucht.

Nachdem S von einem befreundeten Rechtsanwalt erfahren hat, dass § 29 Abs. 2 GewO gegen Art. 13 GG verstößt, bittet S um Erstellung eines diese Frage klärenden Rechtsgutachtens.

Anmerkung: *Von der formellen Verfassungsmäßigkeit des § 29 GewO ist auszugehen.*

Fraglich ist, ob § 29 Abs. 2 GewO gegen Art. 13 GG verstößt.

I. Dann müsste zunächst der **Schutzbereich des Art. 13 GG betroffen** sein. Nach Art. 13 Abs. 1 GG ist die **Wohnung** unverletzlich. Als Wohnung wird jeder Raum angesehen, den der einzelne der allgemeinen Zugänglichkeit entzieht und zum Ort seines Lebens und Wirkens bestimmt. Wegen des engen Zusammenhangs mit dem Grundrecht auf freie Entfaltung der Persönlichkeit gemäß Art. 2 Abs. 1 GG soll Art. 13 GG eine „räumliche Privatsphäre" schützen.

§ 29 Abs. 2 GewO erlaubt die **Nachschau** in den Geschäftsräumen des Gewerbetreibenden. Diese Geschäftsräume sind aber gerade dazu bestimmt, für die Allgemeinheit zugänglich zu sein. Aus diesem Grunde ist fraglich, ob **auch die Betriebs- und Geschäftsräume** in den Schutzbereich des Art. 13 GG fallen. Dies ist umstritten.

§ 29 Abs. 2 GewO lautet: „Die Beauftragten sind befugt, zum Zwecke der Überwachung Grundstücke und Geschäftsräume des Betroffenen während der üblichen Geschäftszeiten zu betreten, dort Prüfungen und Besichtigungen vorzunehmen, sich die geschäftlichen Unterlagen vorlegen zu lassen und in diese Einsicht zu nehmen. ... Das Grundrecht der Unverletzlichkeit der Wohnung (Art. 13 GG) wird insoweit eingeschränkt."

1. Nach h.M. ist das **einschränkungslos zu bejahen**, denn allein der Umstand, dass die Räume der Öffentlichkeit zugänglich sind, bedeutet nicht, dass sie in jeder Hinsicht auch für Hoheitsträger frei und beliebig zugänglich wären, da der Inhaber Maß und Grenzen der Zugänglichkeit seiner Räume bestimmt. Außerdem erfasse ein möglicher Grundrechtsverzicht auch nicht behördliche Nachschaurechte. Nach dieser Ansicht ist der Schutzbereich des Art. 13 GG betroffen.

2. Nach der Gegenmeinung unterfallen Betriebs- und Geschäftsräume wegen ihrer geringen Schutzbedürftigkeit **generell nicht** dem eng auszulegenden Art. 13 Abs. 1 GG, sondern nur dem Schutzbereich von Art. 2 Abs. 1 GG. Danach ist nicht der Schutzbereich des Art. 13 Abs. 1 GG, sondern der Schutzbereich des Art. 2 Abs. 1 GG eröffnet.

3. Nach einer **differenzierenden Auffassung** soll der Schutzbereich von Art. 13 Abs. 1 GG nur für die der Öffentlichkeit nicht zugänglichen Betriebs- oder Geschäftsräume gelten, und im Übrigen Art. 2 Abs. 1 GG. Nach dieser Auffassung gilt der Schutzbereich von Art. 13 Abs. 1 GG nicht für den Schankraum und die Toiletten, wohl aber für die übrigen Räume des S.

4. Für die zunächst genannte Auffassung spricht, dass die Grundrechte zwecks intensiveren Schutzes im Zweifel weit auszulegen sind. Außerdem ist in § 29 Abs. 2 S. 3 GewO ausdrücklich und ohne Einschränkungen in sachlicher oder zeitlicher Hinsicht Art. 13 GG zitiert. Dies spricht dafür, dass auch der Gesetzgeber davon ausgeht, dass durch die Nachschau in den Schutzbereich des Art. 13 Abs. 1 GG eingegriffen wird und daher Betriebs- und Geschäftsräume in den Schutzbereich fallen.

Nach alledem ist der h.M. zu folgen. **Der Schutzbereich des Art. 13 Abs. 1 GG ist durch § 29 Abs. 2 GewO betroffen.**

II. Das Gesetz, das die Behörde dazu ermächtigt, die Betriebs- und Geschäftsräume zu betreten und dort Besichtigungen vorzunehmen, verkürzt den Schutzbereich des Art. 13 GG. Ein **Eingriff** ist gegeben.

III. Dieser Eingriff könnte **verfassungsrechtlich gerechtfertigt** sein.

Der Eingriff in den Schutzbereich von Art. 13 Abs. 1 GG ist gerechtfertigt, wenn die Norm der GewO eine **verfassungsmäßige Konkretisierung** der Grundrechtsschranken von Art. 13 Abs. 1 GG ist. Dabei richtet sich die Rechtfertigung je nach der Art des Eingriffs nach Art. 13 Abs. 2, 3, 4, 5 oder 7 GG.

1. Art. 13 Abs. 2 GG enthält für Durchsuchungen einen qualifizierten Gesetzesvorbehalt. Eine Durchsuchung setzt neben dem Betreten der Wohnung eine Suchhandlung voraus, um Personen oder Sachen zu finden oder einen bestimmten Sachverhalt zu erforschen. Die Nachschau stellt keine Durchsuchung i.S.d. Vorschrift dar. Die Rechtfertigung richtet sich demnach nicht nach Art. 13 Abs. 2 GG.

2. Art. 13 Abs. 7 GG ist der Auffangtatbestand für sonstige Eingriffe. Dabei enthält Art. 13 Abs. 7 Hs. 1 GG eine verfassungsunmittelbare Schranke, während Art. 13 Abs. 7 Hs. 2 GG einen qualifizierten Gesetzesvorbehalt regelt.

Nach dem qualifizierten Gesetzesvorbehalt ist für einen Eingriff ein förmliches Gesetz erforderlich, das der Verhütung dringender Gefahren für die öffentliche Sicherheit oder Ordnung dient. Eine Nachschau gemäß § 29 Abs. 2 GewO wird regelmäßig nicht aufgrund der dort vorausgesetzten konkreten Gefahren vorgenommen, sondern auch dann, wenn keine konkreten Anhaltspunkte für rechtswidriges Handeln bestehen, nämlich zu Routinekontrollen, die die Voraussetzungen des Art. 13 Abs. 7 GG nicht erfüllen. Aus diesem Grunde greift auch nicht die Rechtfertigungsmöglichkeit des Art. 13 Abs. 7 GG durch.

3. Da die ausdrücklichen Schranken von Art. 13 GG durch § 29 Abs. 2 GewO nicht konkretisiert werden, könnte man zum Ergebnis gelangen, dass die Vorschrift verfassungswidrig ist.

Nach überwiegender Auffassung ist dieses Ergebnis aber unbefriedigend, da man sich im Ergebnis einig darüber ist, dass solche Betretungsrechte verfassungsgemäß sein sollen.

Während aus diesem Grunde teilweise der Schutzbereich des Art. 13 GG einengend ausgelegt wird, haben Betriebs- und Geschäftsräume nach der überwiegenden Auffassung während der normalen Betriebs- bzw. Geschäftszeiten nicht dieselbe Schutzbedürftigkeit wie private Wohnräume i.e.S. Folglich seien Eingriffe in den Schutzbereich von Art. 13 Abs. 1 GG auch nicht an den strengen Anforderungen von Art. 13 Abs. 7 GG zu messen („sonstige Eingriffe" i.S.v. Art. 13 Abs. 7 GG), sondern an den folgenden (erleichterten) Voraussetzungen.

a) Eine **besondere gesetzliche Vorschrift** muss zur Betretung ermächtigen. Dies geschieht vorliegend durch die besondere Vorschrift des § 29 Abs. 2 GewO.

b) Die Vorschrift muss **formell verfassungsgemäß** sein. Davon ist nach dem Bearbeitervermerk auszugehen.

c) Das Gesetz muss den **Zweck** des Betretens sowie **Umfang** und **Gegenstand** der Prüfung deutlich erkennen lassen (**Bestimmtheit**). Gemäß § 29 Abs. 2 GewO dürfen die Beauftragten die Räumlichkeiten aus Überwachungszwecken betreten, Prüfungen und Besichtigungen vornehmen. Damit ist der Zweck bestimmt.

d) Die Betretung darf **nur zu den üblichen Betriebs- und Geschäftszeiten**, während der allgemeine Publikumsverkehr eröffnet ist, stattfinden. Dies wird in § 29 Abs. 2 GewO ausdrücklich geregelt, sodass auch diese Voraussetzung eingehalten ist.

Nach h.M. greift § 29 Abs. 2 GewO verfassungsgemäß in den Schutzbereich von Art. 13 Abs. 1 GG ein, sodass durch § 29 Abs. 2 GewO der Art. 13 GG nicht verletzt ist.

Fall 18: Art. 14 GG – Eigentum
(nach BVerfGE 58, 137 [Pflichtexemplar])

Das Landespressegesetz des Bundeslandes L bestimmt in § 9, dass Verleger von jedem Druckwerk ohne Unterschied ein Belegstück unentgeltlich an eine staatliche Bibliothek abliefern müssen. Die Pflicht zur unentgeltlichen Ablieferung gilt somit auch für mit großem Aufwand und in kleiner Auflage hergestellte, teure Druckwerke. Ein Verleger aus dem Land L verlegt bibliophile Bücher in geringen Auflagen sowie Original-Graphiken, z.B. ein Werk mit einer Auflage von nur 70 Stück zu einem Einzelpreis von 650 €. Er hält die sich aus § 9 des Landespressegesetzes ergebende unentgeltliche Pflichtabgabe als nicht mit Art. 14 GG vereinbar. Zu Recht?

Der Eigentumsbegriff des Art. 14 GG ist weiter als der des BGB. So fällt z.B. auch der rechtmäßige Besitz (§ 854 BGB) in den Schutzbereich des Art. 14 GG.

I. Es müsste der **Schutzbereich** des Art. 14 GG betroffen sein. Art. 14 GG schützt das **Eigentum**. Eigentum ist die Summe aller **vermögenswerten Rechte**, die dem Einzelnen **vom Gesetzgeber** zu einem bestimmten Zeitpunkt im Sinne eines **Ausschließlichkeitsrechts** gewährt werden. Der Verleger ist Sacheigentümer i.S.d. § 903 BGB. Das Sacheigentum im Sinne des BGB ist (natürlich) auch i.S.d. Art. 14 GG eigentumsrechtlich geschützt, sodass der Schutzbereich des Art. 14 Abs. 1 GG durch die unentgeltliche Pflichtabgabe betroffen ist.

II. Ein **Eingriff in den Schutzbereich** liegt vor, wenn das Eigentum oder die Nutzungsmöglichkeiten des Eigentums beschränkt werden. Dabei ist zwischen einem Eingriff durch **Enteignung** (Art. 14 Abs. 3 GG) und einem Eingriff durch eine **Inhalts- und Schrankenbestimmung** (ISB, Art. 14 Abs. 1 S. 2, Abs. 2 GG) zu unterscheiden.

Seit dem sogenannten „Nassauskiesungsbeschluss" des BVerfG werden diese **rein formal abgegrenzt.**[29] Danach ist eine Enteignung jede **zielgerichtete** (finale) Entziehung **einer konkreten eigentumsrechtlichen Position** durch Gesetz (Legislativenteignung) oder behördlichen Vollzugsakt (Administrativenteignung) zur Inanspruchnahme für öffentliche Zwecke. Daneben verlangt das BVerfG heute **zwingend**, dass der hoheitliche Zugriff auf das Eigentumsrecht zugleich eine **Güterbeschaffung zugunsten der öffentlichen Hand** oder des sonst Enteignungsbegünstigten bewirkt.[30] Eine ISB legt dagegen abstrakt-generell die Rechte und Pflichten bezüglich des Eigentums fest.

Obwohl die Ablieferungspflicht auf ein einzelnes Belegstück gerichtet ist, enthält die Vorschrift keine Ermächtigung für die Exekutive, durch Einzelakt **auf ein bestimmtes, von ihr benötigtes Vermögensobjekt zuzugreifen**, sondern begründet in genereller und abstrakter Weise eine Naturalleistungspflicht in der Form einer Abgabe. Sie trifft diejenigen, die – in aller Regel in Ausübung eines Berufs – als Verleger Eigentum herstellen und in den Verkehr bringen und ruht auf der Gesamtheit der zu einer Auflage gehörenden und im Eigentum des Verlegers stehenden Druckstücke als ei-

29 BVerfGE 58, 300.
30 BVerfG, Urt. v. 06.12.2016 – 1 BvR 2821/11, RÜ 2017, 114 (Atomausstieg).

ne Art abstrakte Abgabepflicht. **Die Intention des Gesetzgebers** ist demnach nicht auf die Entziehung eines konkreten Eigentumsrechtes, sondern auf die Festlegung abstrakt-genereller Pflichten gerichtet.

Es handelt sich um einen **Eingriff durch eine Inhalts- und Schrankenbestimmung**.

III. Dieser Eingriff könnte **verfassungsrechtlich gerechtfertigt** sein.

1. Das Eigentumsrecht kann gemäß Art. 14 Abs. 1 S. 2 GG durch Gesetze **eingeschränkt** werden. Dieser Gesetzesvorbehalt ist durch das Landespressegesetz umgesetzt worden.

2. Fraglich ist, ob der Eingriff durch das Landespressegesetz eine **verfassungsgemäße Konkretisierung** der Einschränkungsmöglichkeit darstellt.

Dann muss das Landespressegesetz formell und materiell verfassungsgemäß sein.

a) Von der **formellen Verfassungsmäßigkeit** ist auszugehen.

b) Das Landespressegesetz müsste daneben auch **materiell verfassungsgemäß** sein. Fraglich ist, ob gegen den Grundsatz der **Verhältnismäßigkeit** verstoßen wurde. Dabei ist allerdings zu beachten, dass gemäß Art. 14 Abs. 2 GG das Eigentum verpflichtet und zugleich dem Wohle der Allgemeinheit dient (sogenannte Sozialpflichtigkeit des Eigentums).

aa) Es müsste zunächst ein **legitimer Zweck** verfolgt werden. Zweck des Pressegesetzes ist, dass insbesondere für die „Nachwelt" ein Exemplar erhalten bleibt. Dies ist ein legitimer Zweck.

bb) Das Gesetz muss im Hinblick auf diesen Zweck **geeignet** sein. Eine Maßnahme ist geeignet, wenn sie die Zielerreichung zumindest fördert. Die Ablieferung stellt sicher, dass von jedem Druckerzeugnis ein Exemplar archiviert werden kann. Die Maßnahme ist somit geeignet.

cc) Daneben muss das Mittel **erforderlich** sein. Erforderlich ist eine Maßnahme, wenn es keine gleich geeigneten, milderen Mittel gibt. Denkbar wäre, dass die Verlage nicht Originale, sondern lediglich Kopien abgeben würden. Dies wäre allerdings für die meisten Verlage wesentlich umständlicher als die Hergabe eines Originals. Damit ist § 9 Landespressegesetz auch erforderlich.

dd) Des Weiteren muss das Gesetz **angemessen** sein. Dies ist zu verneinen, wenn der bezweckte Vorteil erkennbar außer Verhältnis zu den eintretenden Nachteilen steht. Während die Regelung zur Abgabe eines Pflichtexemplars für Verlage, die große Auflagen herstellen, nur einen geringen Nachteil darstellt, führt diese für Verlage, die sehr teure Bücher in Kleinauflagen herstellen, zu einer gravierenden Vermögenseinbuße. Art. 14 Abs. 2 GG vermag nicht zu rechtfertigen, dass der Verleger eine solche Belastung im Interesse der Allgemeinheit tragen muss. Erst durch seine private Initiative und Risikobereitschaft wird es möglich, künstlerisch, wissenschaftlich und literarisch exklusives Schaffen – wenn auch zu einem hohen Preis – der Öffentlichkeit zu erschließen.

Aus diesem Grunde enthalten heute alle Pressegesetze der Länder eine Regelung, nach der ab einer bestimmten Höhe der Herstellungskosten eine Geldentschädigung an den Verleger zu leisten ist, sog. **ausgleichspflichtige Inhalts- und Schrankenbestimmung**.

Dem Verleger zusätzlich noch die erheblich überdurchschnittlichen Herstellungskosten für ein Pflichtexemplar aufzubürden, widerspricht dem verfassungsrechtlichen Gebot, die Belange des betroffenen Eigentümers mit denen der Allgemeinheit in einen gerechten Ausgleich zu bringen und einseitige Belastungen zu vermeiden. Hieraus ergibt sich, dass bei wertvollen Druckwerken mit niedriger Auflage eine kostenlose Pflichtablieferung die Grenzen verhältnismäßiger und noch zumutbarer inhaltlicher Festlegung des Verlegereigentums überschreitet. Aus diesem Grunde ist die Abgabepflicht insoweit nicht von der Sozialbindung gedeckt und unverhältnismäßig.

Der Eingriff in den Schutzbereich des Art. 14 GG ist mithin verfassungsrechtlich nicht gerechtfertigt. Art. 14 Abs. 1 GG ist verletzt.

Fall 19: Art. 14 GG – Eigentum

Unternehmer U erwirbt für 200.000 € mehrere Grundstücke, die – romantisch gelegen – in die noch völlig unberührte Wald- und Wiesenlandschaft „Ruhrweiher" am Rande eines kleinen Sees in Nordrhein-Westfalen eingebettet sind. U möchte dort ein exklusives Naturhotel errichten. Geplant ist insbesondere, dass „gut betuchte" Gäste in dem Hotel einen Entspannungs- und Wellnessurlaub verbringen können. Noch bevor U seine Pläne verwirklichen kann, stellt die Landesregierung durch eine formell rechtmäßige Verordnung das ganze Gebiet unter Naturschutz.

Nach der VO ist es insbesondere verboten, das Gebiet außerhalb der Straßen und Wege zu betreten, zu zelten, in dem See zu baden oder diesen sonst zu nutzen. U meint, er sei in seinem Eigentumsgrundrecht verletzt, da er seine Grundstücke nunmehr nicht wie geplant nutzen könne.

Ist der U in seinem Grundrecht aus Art. 14 GG verletzt?

Durch die Naturschutz-VO könnte U in seinem **Eigentumsgrundrecht** aus **Art. 14 Abs. 1 GG** verletzt sein.

Dann müsste zunächst ein Eingriff in den Schutzbereich des Art. 14 Abs. 1 GG gegeben sein.

I. Art. 14 Abs. 1 GG gewährleistet das **Eigentum** und das Erbrecht. Eigentum i.S.d. Art. 14 GG sind alle (privaten) vermögenswerten Positionen, die vom Gesetzgeber zu einem bestimmten Zeitpunkt gewährt werden. Dazu zählt insbesondere das Sacheigentum nach dem BGB, aber auch andere vermögenswerte Rechte, wie der Besitz, Forderungen oder Urheberrechte. Dabei ist durch Art. 14 GG nicht nur das Innehaben der Rechtsposition geschützt, sondern **auch die Nutzungsmöglichkeit**. Die Naturschutz-VO betrifft den U in der Nutzung seines Sacheigentums an seinen Grundstücken.

Der **Schutzbereich** ist damit **betroffen**.

II. Ein Eingriff in den Schutzbereich liegt vor, wenn das Eigentum oder die Nutzungsmöglichkeiten des Eigentums beschränkt werden. Dabei ist zwischen einem Eingriff durch **Enteignung** (Art. 14 Abs. 3 GG) und einem Eingriff durch eine **Inhalts- und Schrankenbestimmung** (ISB, Art. 14 Abs. 1 S. 2, Abs. 2 GG) zu unterscheiden.

Während früher die Abgrenzung nach der Schwere des Eingriffs vorgenommen wurde, bestimmt sich die Abgrenzung seit dem sogenannten „Nassauskiesungsbeschluss" des BVerfG **rein formal**.[31] Danach ist eine Enteignung jede zielgerichtete (finale) Entziehung einer konkreten eigentumsrechtlichen Position durch Gesetz (Legislativenteignung) oder behördlichen Vollzugsakt (Administrativenteignung) zur Inanspruchnahme für öffentliche Zwecke. Zwingende Voraussetzung einer Enteignung ist immer auch, dass der hoheitliche Zugriff auf das Eigentumsrecht zugleich eine **Güterbeschaffung zugunsten der öffentlichen Hand** oder des sonst

31 BVerfGE 58, 300.

Enteignungsbegünstigten bewirkt.[32] Eine ISB legt dagegen abstrakt-generell die Rechte und Pflichten bezüglich des Eigentums fest.

Fraglich ist, ob die Naturschutz-VO einen Eingriff i.S. einer Enteignung gemäß Art. 14 Abs. 3 GG darstellt. Dann müssten dem U konkrete eigentumsrechtliche Positionen zielgerichtet entzogen werden. Durch eine solche VO beabsichtigt der Gesetzgeber, die natürlichen Lebensgrundlagen zu schützen. Es geht dem Gesetzgeber nicht darum, einen bestimmten Eigentümer aus einer bestimmten Position zu verdrängen. Zwar hängt der Wert eines Grundstückes immer auch von der Lage, Beschaffenheit und der Nutzungsmöglichkeit ab. Die Intention des Gesetzgebers ist aber darauf gerichtet, unabhängig vom jeweiligen Eigentümer in diesem Bereich Naturschutz zu betreiben. Dadurch werden in abstrakt-genereller Weise die Inhalte des Grundeigentums in diesem Gebiet näher konkretisiert. Dem U wird aber nicht sein Eigentum konkret entzogen. Zudem geht es dem Gesetzgeber hier erkennbar **nicht um eine Güterbeschaffung** zugunsten der öffentlichen Hand. Demzufolge handelt es sich um einen **Eingriff durch Inhalts- und Schrankenbestimmung**.

III. Dieser Eingriff könnte **verfassungsrechtlich gerechtfertigt** sein.

1. Dann müsste zunächst eine **Einschränkungsmöglichkeit** (Schranke) bestehen. Das Eigentumsrecht des Art. 14 GG kann **durch den Gesetzgeber** beschränkt werden, Art. 14 Abs. 1 S. 2 GG. Unter diesen Gesetzesvorbehalt fallen nicht nur Parlamentsgesetze (Gesetze im formellen Sinne), sondern auch Gesetze im materiellen Sinne (Rechtsverordnung, Satzungen). Damit ist die Landesrechtsverordnung eine zulässige Einschränkungsmöglichkeit.

2. Fraglich ist, ob der Eingriff durch die Naturschutz-VO eine **verfassungsgemäße Konkretisierung** der Einschränkungsmöglichkeit darstellt.

Dann muss die Naturschutz-VO sowohl formell als auch materiell verfassungsgemäß sein.

a) Die **formelle Verfassungsmäßigkeit** ist gegeben.

b) Die Naturschutz-VO müsste daneben auch **materiell verfassungsgemäß** sein. Fraglich ist, ob gegen den Grundsatz der **Verhältnismäßigkeit** verstoßen wurde. Dabei ist allerdings zu beachten, dass gemäß Art. 14 Abs. 2 GG das Eigentum verpflichtet und zugleich dem Wohle der Allgemeinheit dient (sogenannte **Sozialpflichtigkeit des Eigentums**).

aa) Die Landesregierung muss zunächst einen **legitimen Zweck** verfolgen. Zweck der Naturschutz-VO ist der Schutz der natürlichen Lebensgrundlagen. Dieser Schutz ist mittlerweile durch Art. 20 a GG als Staatszielbestimmung in das GG aufgenommen worden und stellt demnach einen legitimen Zweck dar.

bb) Die VO muss im Hinblick auf diesen Zweck **geeignet** sein. Eine Maßnahme ist geeignet, wenn sie die Zielerreichung zumindest fördert. Wenn das gesamte Gebiet unter Naturschutz gestellt wird, ein Betreten außerhalb der Straßen und Wege sowie Zelten etc. nicht mehr erlaubt sind, wird dadurch die Natur geschützt. Die Maßnahme ist somit geeignet.

---

32 BVerfG, Urt. v. 06.12.2016 – 1 BvR 2821/11, RÜ 2017, 114 (Atomausstieg).

cc) Daneben muss das Mittel **erforderlich** sein. Erforderlich ist eine Maßnahme, wenn es keine gleich geeigneten, milderen Mittel gibt. Die Natur wird besonders durch die Nutzung beeinträchtigt. Aus diesem Grunde ist ein anderes geeignetes Mittel als ein Verbot nicht erkennbar. Damit ist die VO auch erforderlich.

dd) Des Weiteren muss die VO **angemessen** sein. Auf der einen Seite ist dabei zu berücksichtigen, dass die Grundstücke – wie hier von U – mit erheblichem wirtschaftlichem Aufwand angeschafft wurden. Dies resultiert wohl vorrangig aus der geplanten Nutzung des Grundstücks. Andererseits stellt die Wald- und Wiesenlandschaft ein besonders schutzwürdiges Stück Natur dar. Der Naturschutz ist mittlerweile sogar durch Art. 20 a GG im GG verankert. Zwar hatte U bereits konkrete Planungen betrieben; diese widersprechen aber gerade der durch die Eigenart der näheren Umgebung nahe liegenden Nutzung als Naturpark. Etwas anderes könnte sich allenfalls dann ergeben, wenn der U das Naturhotel bereits gebaut hätte und damit Gesichtspunkte des Bestandsschutzes eine Rolle spielen würden. Damit ist die Naturschutz-VO auch angemessen.

Die ISB ist daher verhältnismäßig. Die VO ist auch materiell verfassungsgemäß. Der Eingriff in den Schutzbereich des Art. 14 GG ist verfassungsrechtlich gerechtfertigt.

Art. 14 Abs. 1 GG ist nicht verletzt.

Fall 20: Art. 11, 2 Abs. 1, 3 Abs. 1 GG

Nachdem der Bundesminister für Verkehr bei einem sonntäglichen Ausflug wieder einmal von einem älteren Verkehrsteilnehmer auf einer Bundesstraße bis auf 70 km/h „heruntergebremst" wurde, überzeugt er seine Kabinettskollegen davon, ein neues Gesetz auf den Weg zu bringen.

Daraufhin beschließt der Bund formell ordnungsgemäß ein neues „Gesetz zur Regelung einer Altersgrenze für Autofahrer (AgfAG)". Das Gesetz sieht vor, dass die Fahrerlaubnis der Klassen B und C1 (Klasse 3 a.F.) mit dem Tage der Vollendung des 75. Lebensjahres automatisch erlischt; der Fahrerlaubnisinhaber muss der Fahrerlaubnisbehörde den Führerschein unverzüglich zur Korrektur vorlegen. Das Gesetz wird damit begründet, dass mit zunehmendem Alter die körperliche Leistungsfähigkeit (Reaktionen, Sehkraft etc.) abnehme und dadurch vermehrt Gefahren im Straßenverkehr auftreten.

Der 74-jährige Rentner F fährt seit über 40 Jahren unfallfrei und ist völlig empört. Er sieht sich in unzulässiger Weise in seiner freien Entfaltung der Persönlichkeit und seiner Bewegungsfreiheit beschränkt. Zum einen wären ältere Verkehrsteilnehmer statistisch gesehen nicht häufiger in Unfälle verwickelt als junge, zumindest bezogen auf schwere Unfälle. Zum anderen hätte der Gesetzgeber auch weniger einschneidende Maßnahmen wählen können, wie z.B. Gesundheitschecks. Außerdem sei es nicht einsichtig, warum das Gesetz nur für die Fahrerlaubnis der Klassen B und C1, nicht aber für die Klasse A (Klasse 1 a.F.) gelte. Dies stelle einen offensichtlichen Verstoß gegen den Gleichbehandlungsgrundsatz dar.

Zwei Monate nach Inkrafttreten des Gesetzes erhebt der F eine Verfassungsbeschwerde gegen das Gesetz, mit der er geltend macht, in seinen Grundrechten aus Art. 2, 3 und 11 GG verletzt zu sein. Hat die zulässige Verfassungsbeschwerde Erfolg?

Anmerkung: *Würde der F auch nach Vollendung des 75. Lebensjahres mit seinem Kfz fahren, würde er sich gemäß § 21 StVG strafbar machen.*

Die Verfassungsbeschwerde ist begründet, wenn der F durch das Gesetz in einem seiner Grundrechte oder grundrechtsgleichen Rechte verletzt ist.

Zum Prüfungsaufbau: Geprüft wird in der Reihenfolge „Freiheitsrechte vor Gleichheitsrechten". Dabei werden innerhalb dieser die speziellen (sachnäheren) vor den allgemeinen geprüft.

I. Es könnte eine **Verletzung der Freizügigkeit des Art. 11 GG** gegeben sein.

Es müsste zunächst der **Schutzbereich** des Art. 11 GG **betroffen** sein. Unter Freizügigkeit versteht man die Freiheit, an jedem Ort innerhalb des Bundesgebietes Aufenthalt und Wohnsitz zu nehmen. Dabei umfasst die Freizügigkeit zwar auch die Möglichkeit, den Weg zwischen dem alten und dem neuen Aufenthaltsort zurück zu legen, nicht jedoch ein bestimmtes Mittel zur Fortbewegung. Durch die Beschränkung der Modalitäten der Fortbewegung durch das AgfAG kann F seinen Wohnsitz bzw. Aufenthaltsort weiterhin frei wählen, sodass der Schutzbereich des Art. 11 GG nicht tangiert ist.

II. Eine **Verletzung des Art. 2 Abs. 2 S. 2 GG**, der **Freiheit der Person**, setzt voraus, dass der Kernbereich der körperlichen Fortbewegungsfreiheit beeinträchtigt wird, z.B. durch eine Ingewahrsamnahme oder Verhaftung. Dieser Schutzbereich wird durch das AgfAG nicht betroffen.

III. Es könnte eine Verletzung der **allgemeinen Handlungsfreiheit aus Art. 2 Abs. 1 GG** gegeben sein.

1. Art. 2 Abs. 1 GG schützt die **allgemeine Handlungsfreiheit**. Das bedeutet, dass „jeder tun und lassen kann, was er will". Durch das AgfAG erlöschen die Fahrerlaubnisse automatisch mit Erreichen der Altersgrenze, sodass sich ein älterer Autofahrer wegen Fahrens ohne Fahrerlaubnis strafbar machen würde. Der **Schutzbereich** des Art. 2 Abs. 1 GG ist damit betroffen.

2. Durch das AgfAG wird zielgerichtet und automatisch, also unmittelbar, die Handlungsfreiheit älterer Autofahrer beschränkt. Ein **Eingriff** in den Schutzbereich ist gegeben.

3. Fraglich ist, ob dieser Eingriff **verfassungsrechtlich gerechtfertigt** ist.

a) Dann müsste eine **Einschränkungsmöglichkeit** (Schranke) bestehen.

sogenannte Schrankentrias

Die allgemeine Handlungsfreiheit wird gemäß Art. 2 Abs. 1 GG durch die Rechte anderer, die verfassungsmäßige Ordnung und durch das Sittengesetz eingeschränkt. Dabei erfasst die **verfassungsmäßige Ordnung** nach h.M. die gesamte verfassungsmäßige Rechtsordnung, also alle verfassungsgemäßen Normen. Die Einschränkungsmöglichkeit ist demnach als einfacher Gesetzesvorbehalt zu verstehen. Dieser wird durch das AgfAG umgesetzt.

b) Die Einschränkung des Grundrechtes durch das AgfAG stellt aber nur dann einen verfassungsrechtlich gerechtfertigten Eingriff in das Grundrecht dar, wenn es die Einschränkungsmöglichkeit **verfassungsmäßig konkretisiert**. Dies ist der Fall, wenn das Gesetz formell und materiell verfassungsgemäß ist.

aa) Das AgfAG ist **formell verfassungsgemäß**.

bb) Es müsste darüber hinaus auch **materiell verfassungsgemäß** sein. Hierfür müsste das AgfAG insbesondere **verhältnismäßig** sein.

(1) Durch die Altersgrenze für Fahrerlaubnisse sollen Sicherheitsrisiken im Straßenverkehr vermieden werden. Dies stellt einen **legitimen Zweck** dar.

(2) Fraglich ist, ob die Altersgrenze **geeignet** ist, um diesen Zweck zu erreichen. Eine Maßnahme ist geeignet, wenn sie die Zielerreichung zumindest fördert. F führt dazu an, statistisch gesehen wären ältere Autofahrer nicht häufiger in Unfälle verwickelt als jüngere, zumindest bezogen auf die schweren Unfälle. Allerdings steht dem Staat bezogen auf die Auswahl der Mittel eine Einschätzungsprärogative zu. Die Einschätzung des Staates, dass die körperliche Leistungsfähigkeit mit zunehmendem Alter abnimmt, ist zumindest nicht grundlegend falsch. Dass Maßnahmen evtl. auch bei Führerschein-Neulingen wünschenswert wären, ist für die Geeignetheit der Maßnahme unerheblich. Daher ist das AgfAG geeignet.

(3) Eine Maßnahme ist **erforderlich**, wenn es keine gleich geeigneten, milderen Mittel gibt. Als milderes Mittel käme z.B. eine stärkere Aufklärung infrage. Dabei dürfte es sich aber nicht um ein gleich geeignetes Mittel handeln. Gleich geeignet dürften hingegen regelmäßige Gesundheitschecks ab einem bestimmten Alter sein. Dabei könnten die zeitlichen Abstände der ärztlichen Untersuchungen mit zunehmendem Alter abnehmen. Dadurch wäre ebenfalls sichergestellt, dass fahruntaugliche Personen nicht mehr am Straßenverkehr teilnehmen dürften, während ältere, noch fahrtüchtige Personen auch weiterhin die Möglichkeit hätten, aktiv am Straßenverkehr teilzunehmen und mobil zu bleiben. Diese Maßnahme ist weit weniger einschneidend als der automatische Entzug der Fahrerlaubnis; damit ist das AgfAG nicht erforderlich. Das AgfAG verstößt gegen den Grundsatz der Verhältnismäßigkeit. Der Eingriff in den Schutzbereich des Art. 2 Abs. 1 GG ist verfassungsrechtlich nicht gerechtfertigt. Das AgfAG ist somit verfassungswidrig.

IV. Durch das AgfAG könnte daneben auch das **allgemeine Gleichheitsgrundrecht aus Art. 3 Abs. 1 GG** verletzt sein. Dies setzt eine ohne sachlichen Grund erfolgende Ungleichbehandlung voraus.

1. Art. 3 Abs. 1 GG schützt vor einer **Ungleichbehandlung** von **wesentlich gleichen** Sachverhalten

Dann müsste zunächst etwas wesentlich Gleiches ungleich behandelt werden. Während nach dem AgfAG die Fahrerlaubnis der Klassen B und C1 (Auto) automatisch mit Erreichen der Altersgrenze erlischt, gilt dies nicht für die Fahrerlaubnis der Klasse A (Motorrad). Diese beiden Klassen sind, bezogen auf die Sicherheitsrisiken im Straßenverkehr, wesentlich vergleichbar. Eine Ungleichbehandlung in diesem Sinne liegt vor.

Da schon nach der „Willkür-Formel" keine Rechtfertigung gegeben ist, erübrigt sich eine Prüfung unter Gesichtspunkten der Verhältnismäßigkeit (sogenannte „Neue Formel").

2. Die Ungleichbehandlung könnte aber **sachlich gerechtfertigt** sein.

Eine Ungleichbehandlung stellt nach der sogenannten „**Willkür-Formel**" des BVerfG dann keine Verletzung des Grundrechtes aus Art. 3 Abs. 1 GG dar, wenn ein sachlicher Grund gegeben ist. Ein sachlicher Grund für eine Differenzierung ist jedoch nicht ersichtlich. Vielmehr ist das Führen von Motorrädern in hohem Alter eher noch kritischer zu beurteilen als das Führen eines Pkw. Damit verletzt das AgfAG auch Art. 3 Abs. 1 GG und ist auch aus diesem Grunde verfassungswidrig.

Nach alledem ist die Verfassungsbeschwerde begründet und hat Erfolg.

Fall 21: Art. 6, 11, 13, 14 GG
(nach BVerfG, Beschl. v. 22.02.2002 – 1 BvR 300/02)

Das PolG des Landes N enthält u.a. folgende, **formell verfassungsgemäße** Vorschriften:

„§ 34 a (Wohnungsverweisung und Rückkehrverbot zum Schutz vor häuslicher Gewalt):

Die Polizei kann eine Person zur Abwehr einer von ihr ausgehenden gegenwärtigen Gefahr für Leib, Leben oder Freiheit einer anderen Person aus einer Wohnung, in der die gefährdete Person wohnt, sowie aus deren unmittelbarer Umgebung verweisen und ihr die Rückkehr in diesen Bereich untersagen. Der räumliche Bereich, auf den sich Wohnungsverweisung und Rückkehrverbot beziehen, ist nach dem Erfordernis eines wirkungsvollen Schutzes der gefährdeten Person zu bestimmen und genau zu bezeichnen. In besonders begründeten Einzelfällen können die Maßnahmen nach S. 1 auf Wohn- und Nebenräume beschränkt werden.

...

Abs. 5: Wohnungsverweisung und Rückkehrverbot enden außer in den Fällen des Satzes 2 mit Ablauf des zehnten Tages nach ihrer Anordnung, soweit nicht die Polizei im Einzelfall ausnahmsweise eine kürzere Geltungsdauer festlegt. ...

§ 7 (Einschränkung von Grundrechten): Durch dieses Gesetz werden die Grundrechte auf Leben und körperliche Unversehrtheit (Art. 2 Abs. 2 S. 1 GG), Freiheit der Person (Art. 2 Abs. 2 GG), Freizügigkeit (Art. 11 GG) und Unverletzlichkeit der Wohnung (Art. 13 GG) eingeschränkt."

Der gewalttätige Ehemann und Familienvater M, der bereits mehrfach auffällig geworden ist, befürchtet Maßnahmen gemäß § 34 a PolG. Er meint, die Vorschrift sei nicht mit seinen Grundrechten vereinbar, insbesondere nicht mit Art. 6 und Art. 14 GG.

Hat er Recht?

Fraglich ist die Vereinbarkeit von § 34 a PolG mit Grundrechten.

A. § 34 a PolG könnte mit der **Freizügigkeit aus Art. 11 GG** unvereinbar sein.

Zum Prüfungsaufbau: Geprüft wird in der Reihenfolge „Freiheitsrechte vor Gleichheitsrechten". Dabei werden innerhalb dieser die speziellen (sachnäheren) vor den allgemeinen geprüft.

I. Dann müsste der **Schutzbereich betroffen** sein.

Freizügigkeit bedeutet, ungehindert durch staatliche Gewalt an jedem Ort innerhalb des Bundesgebietes Aufenthalt oder Wohnsitz nehmen zu können. Dabei bedeutet „Wohnsitz nehmen" die ständige Niederlassung an einem Ort mit dem Willen, den Ort auf Dauer zum Mittelpunkt des Lebens zu machen. Geschützt wird nicht nur die Begründung eines Wohnsitzes, sondern auch die fortdauernde ununterbrochene Nutzung.

§ 34 a PolG lässt unter bestimmten Voraussetzungen eine bis zu 10-tägige Wohnungsverweisung und ein entsprechendes Rückkehrverbot zu, sodass der Schutzbereich von Art. 11 GG durch diese Norm betroffen ist.

II. In diesen geschützten Lebensbereich **greift** § 34 a PolG **ein**.

III. Der Eingriff könnte **verfassungsrechtlich gerechtfertigt** sein.

1. Dafür müsste eine **Einschränkungsmöglichkeit** (Schranke) bestehen. Die Freizügigkeit ist gemäß Art. 11 Abs. 2 GG einschränkbar durch oder aufgrund eines Gesetzes, um strafbaren Handlungen vorzubeugen (qualifizierter Gesetzesvorbehalt). Dieser Gesetzesvorbehalt wird durch § 34 a PolG umgesetzt.

2. Der Eingriff in den Schutzbereich von Art. 11 GG ist dann verfassungsrechtlich gerechtfertigt, wenn § 34 a PolG eine **verfassungsmäßige Konkretisierung** des Gesetzesvorbehaltes in Art. 11 Abs. 2 GG ist. Dann müsste § 34 a PolG **formell und materiell verfassungsgemäß** sein.

a) § 34 a PolG ist **formell verfassungsgemäß**.

b) Die Vorschrift müsste auch **materiell verfassungsmäßig** sein.

aa) Dann müssten zunächst die **Anforderungen des qualifizierten Gesetzesvorbehaltes** aus Art. 11 Abs. 2 GG erfüllt sein.

Nach Art. 11 Abs. 2, letzter Fall GG darf das Grundrecht auf Freizügigkeit u.a. nur für die Fälle eingeschränkt werden, in denen es zur **Vorbeugung strafbarer Handlungen** erforderlich ist. Gemäß § 34 a Abs. 1 S. 1 PolG sind Maßnahmen nach dieser Norm nur zulässig zur Abwehr einer gegenwärtigen Gefahr für Leib, Leben oder Freiheit der zu schützenden Person oder einer anderen Person aus der Wohnung. Damit dient diese Norm der Vorbeugung der Begehung von Straftaten gemäß §§ 212, 223, 239 StGB, sodass die Anforderungen des qualifizierten Gesetzesvorbehaltes (**Kriminalvorbehalt**) erfüllt sind.

Beachte: Das Zitiergebot gilt nur für Art. 2 Abs. 2, 8, 10, 11 und 13 GG.

bb) Auch das **Zitiergebot** gemäß Art. 19 Abs. 1 S. 2 GG ist durch § 7 PolG gewahrt.

cc) § 34 a PolG müsste auch **verhältnismäßig** sein unter Abwägung des öffentlichen Zwecks einerseits und des betroffenen Grundrechts aus Art. 11 GG andererseits.

(1) Dafür müsste die Norm einen **legitimen Zweck** verfolgen.

§ 34 a PolG bezweckt, Opfern häuslicher Gewalt einen verbesserten Schutz vor Gewalttätigkeiten zu bieten, der den häufig erst mit zeitlicher Verzögerung erreichbaren zivilrechtlichen Rechtsschutz flankieren soll. Die Bestimmung dient damit dem Schutz der Grundrechte des Opfers auf Leben, körperliche Unversehrtheit und persönliche Freiheit aus Art. 2 Abs. 2 GG. Dies stellt einen legitimen Zweck dar.

(2) Eine Maßnahme ist **geeignet**, wenn sie die Zielerreichung zumindest fördert. Wenn eine gewalttätige Person aus der Wohnung verwiesen und ihr die Rückkehr verboten wird, kann sie, soweit die Maßnahme eingehalten wird, die gefährdete Person nicht mehr beeinträchtigen. Insofern wird der Zweck zumindest gefördert.

(3) Eine Maßnahme ist **erforderlich**, wenn es keine gleich geeigneten, milderen Mittel gibt. In den Fällen, in denen konkret eine häusliche Gewalt droht, ist es erforderlich, dass sich der Gewalttäter „abkühlt". Eine endgültige Klärung ist durch diese Maßnahme zwar nicht möglich. Sie flankiert jedoch die – insbesondere zivilrechtlichen – anderen Möglichkeiten der gefährdeten Person. § 34 a PolG ist auch erforderlich.

(4) Des Weiteren muss § 34 a PolG auch **angemessen** sein, d.h., dass die mit § 34 a PolG verfolgten Ziele nicht erkennbar außer Verhältnis stehen dürfen zu den Nachteilen der Betroffenen. Eine Wohnungsverweisung ist nur unter den normierten Voraussetzungen zulässig. Die Polizei kann eine Person demnach nur zur Abwehr einer von ihr ausgehenden gegenwärtigen Gefahr für Leib, Leben oder Freiheit einer anderen Person aus einer Wohnung verweisen und ihr die Rückkehr in diesen Bereich untersagen. Dabei ist der räumliche Bereich, auf den sich Wohnungsverweisung und Rückkehrverbot beziehen, nach dem Erfordernis eines wirkungsvollen Schutzes der gefährdeten Person zu bestimmen und genau zu bezeichnen. Zudem ist durch § 34 a Abs. 5 PolG eine zeitliche Beschränkung auf zehn Tage vorgesehen. Die Ausgestaltung der Vorschrift im Einzelnen, namentlich die normierten Eingriffsvoraussetzungen und die zeitliche Beschränkung der ermöglichten behördlichen Anordnungen, ist folglich darauf angelegt, einen verhältnismäßigen Ausgleich der berührten Grundrechtssphären zu erzielen. § 34 a PolG ist auch angemessen und folglich verhältnismäßig.

Art. 11 GG ist durch diese Norm nicht verletzt.

B. § 34 a PolG müsste auch **mit Art. 13 GG vereinbar** sein.

I. Dann müsste der **Schutzbereich betroffen** sein.

Art. 13 Abs. 1 GG gewährleistet das Recht, in der **Wohnung** ungestört und unbeobachtet zu tun und zu lassen, was einem beliebt. Dabei ist „Wohnung" jeder Raum, den der Einzelne der allgemeinen Zugänglichkeit entzieht und zum Ort seines Lebens und Wirkens bestimmt.

Fraglich und umstritten ist, ob Art. 13 GG neben dem Schutz der Privatsphäre innerhalb der Wohnung auch die Nutzung als solche schützt.

1. Nach einer Auffassung gelten Wohnungsverweisungen als nutzungsentziehende Eingriffe primär dem Eigentum bzw. dem Mitbesitz an der Wohnung, sodass ausschließlich Art. 14 GG betroffen ist und nicht Art. 13 GG.[33]

2. Nach h.M. liegt im **Entzug des Besitzrechts an einer Wohnung** dann ein Eingriff, wenn zugleich die Privatheit der Wohnung angegriffen wird.[34] Nach dieser Auffassung ist durch die Wohnungsverweisung für die Dauer von bis zu 10 Tagen der Schutzbereich von Art. 13 Abs. 1 GG betroffen, weil den Normadressaten der bisherige räumliche Rückzugs- und Entfaltungsraum vorübergehend vollständig genommen wird.

3. Für die h.M. spricht insbesondere, dass Grundrechte im Zweifel weit zugunsten des Bürgers auszulegen sind und dass der Schutz des Art. 13 GG wegen der engeren Schranken im Einzelfall weitergehen kann, als der Schutz von Art. 14 Abs. 1 GG mit seinem einfachen Gesetzesvorbehalt. Damit betrifft eine Wohnungsverweisung gemäß § 34 a PolG den Schutzbereich von Art. 13 Abs. 1 GG.

II. Ein **Eingriff** ist gegeben.

III. Dieser Eingriff könnte **verfassungsrechtlich gerechtfertigt** sein.

---

33 So etwa Pieroth/Schlink/Kniesel, Polizei- und Ordnungsrecht, § 16 Rn. 7; Pieroth/Schlink, StaatsR II, Rn. 949 f.

34 So etwa BVerfGE 89, 1, 12.

1. Dann müsste eine **Einschränkungsmöglichkeit** (Schranke) gegeben sein. Für **sonstige Eingriffe** in den Schutzbereich des Art. 13 GG enthält **Art. 13 Abs. 7 Hs. 2 GG einen qualifizierten Gesetzesvorbehalt**. Danach kann das Wohnungsgrundrecht zur Verhütung dringender Gefahren für die öffentliche Sicherheit eingeschränkt werden. Dieser Gesetzesvorbehalt wird durch § 34 a PolG ausgestaltet.

2. § 34 a PolG müsste eine **verfassungsgemäße Konkretisierung** des qualifizierten Gesetzesvorbehaltes des Art. 13 Abs. 7 Hs. 2 GG sein.

a) Die Anforderungen des qualifizierten Gesetzesvorbehaltes aus Art. 13 Abs. 7 Hs. 2 GG sind gegeben.

b) Hinsichtlich der Beachtung der Schranken-Schranken gilt das oben zu Art. 11 GG ausgeführte.

§ 34 a PolG verstößt nicht gegen Art. 13 GG.

C. Daneben könnte eine **Unvereinbarkeit mit Art. 14 GG, dem Eigentumsrecht** gegeben sein.

I. Es müsste der **Schutzbereich betroffen** sein.

Eigentum i.S.v. Art. 14 GG ist die ausschließliche Zuordnung einer vermögenswerten Position durch das einfache Recht zu einem bestimmten Zeitpunkt. Dazu gehört auch die ungestörte Ausübung des Besitz- oder Nutzungsrechtes durch den Eigentümer bzw. Mieter einer Wohnung.

§ 34 a PolG sieht unter bestimmten Voraussetzungen eine Wohnungsverweisung bis zu zehn Tagen vor, sodass der Schutzbereich von Art. 14 GG betroffen ist.

II. Eingriffe in den Schutzbereich von Art. 14 GG können **Inhalts- und Schrankenbestimmungen gemäß Art. 14 Abs. 1 GG oder Enteignungen i.S.v. Art. 14 Abs. 3 GG** sein. Eine Inhalts- und Schrankenbestimmung i.S.v. Art. 14 Abs. 1 GG liegt u.a. dann vor, wenn keine Enteignung i.S.v. Art. 14 Abs. 3 GG gegeben ist.

Enteignung ist jede final-konkret-individuelle Entziehung eigentumsrechtlicher Positionen durch Verwaltungsakt oder Gesetz zur Inanspruchnahme für öffentliche Zwecke, mit der der Staat eine **Güterbeschaffung** zugunsten der öffentlichen Hand oder eines sonstigen Berechtigten bezweckt. Diese Rechtsfolgen werden durch § 34 a PolG und die dadurch mögliche befristete Wohnungsverweisung nicht bewirkt, weil insbesondere für den Zeitraum der Wohnungsverweisung die Wohnung nicht für öffentliche Zwecke in Anspruch genommen wird und weil die Eigentumsbeeinträchtigung zur Verhinderung von Straftaten ein typischer Fall der Sozialbindung des Eigentums i.S.v. Art. 14 Abs. 1, Abs. 2 GG ist.

§ 34 a PolG ermöglicht einen Eingriff in den Schutzbereich von Art. 14 GG in Form der **Inhalts- und Schrankenbestimmung** gemäß Art. 14 Abs. 1 S. 2 GG.

III. Der Eingriff in den Schutzbereich des Art. 14 GG ist, wie oben bereits zu den anderen Grundrechten festgestellt, **verfassungsrechtlich gerechtfertigt**.

§ 34 a PolG verstößt auch nicht gegen Art. 14 GG.

D. Letztlich könnte eine **Unvereinbarkeit mit Art. 6 GG** gegeben sein.

I. Dann müsste der **Schutzbereich betroffen** sein.

Gemäß Art. 6 Abs. 1 GG stehen **Ehe und Familie** unter dem besonderen Schutz der staatlichen Ordnung. Dabei enthält diese Norm nicht nur entsprechend dem Wortlaut eine objektive Schutzpflicht des Staates, sondern auch ein Grundrecht als subjektives Abwehrrecht gegen rechtswidrige staatliche Beeinträchtigungen.

Ehe i.S.v. Art. 6 Abs. 1 GG ist die Vereinigung eines Mannes und einer Frau zu einer auf Dauer angelegten Lebensgemeinschaft; „Familie" ist die umfassende Gemeinschaft der Eltern mit ihren Kindern. Geschützt werden neben dem ehelichen Zusammenleben auch das Zusammenleben der Eltern mit ihren Kindern.

Adressaten und mögliche Adressaten der Wohnungsverweisung gemäß § 34 a PolG sind zu einem nicht unerheblichen Teil Ehemänner und auch Familienväter. Da die Wohnungsverweisung das Recht auf eheliches Zusammenleben bzw. auf Zusammenleben mit den Kindern zumindest zeitweilig unterbrechen kann, ist der Schutzbereich von Art. 6 Abs. 1 GG betroffen.

II. Ein **Eingriff** in den Schutzbereich von Art. 6 Abs. 1 GG liegt immer dann vor, wenn staatliche Maßnahmen Ehe und Familie beeinträchtigen. Da § 34 a PolG eine solche Beeinträchtigung ermöglicht, liegt ein Eingriff in den Schutzbereich von Art. 6 Abs. 1 GG vor.

III. Dieser Eingriff könnte **verfassungsrechtlich gerechtfertigt** sein.

1. Dann müsste zunächst eine **Einschränkungsmöglichkeit** (Schranken) bestehen.

Nach dem Wortlaut ist Art. 6 Abs. 1 GG nicht einschränkbar. Es gelten demnach die verfassungsimmanenten Schranken, also Grundrechte Dritter und andere Werte von Verfassungsrang. § 34 a PolG schützt Leben, körperliche Unversehrtheit und Freiheit der gefährdeten Personen und damit Grundrechte Dritter.

2. Die **Schranken-Schranken** sind, wie oben bereits festgestellt, eingehalten.

§ 34 a PolG ist auch mit Art. 6 Abs. 1 GG vereinbar.

E. Art. 2 Abs. 1 GG tritt im Wege der **Konkurrenz** hinter den speziellen Freiheitsrechten zurück.

§ 34 a PolG ist mit den Grundrechten vereinbar.

2. Gleichheitsgrundrechte

Fall 22: Art. 3 Abs. 1 GG
(nach VG Bremen, Beschl. v. 16.08.2006 – 6 V 1583/06 und OVG Hamburg, Beschl. v. 27.10.2005 – 3 Bs 61/05)

Nach vielfachen Diskussionen über die Einführung von Studiengebühren hat sich auch das Land B, ein Stadtstaat, dazu entschieden, solche für ein Studium an der Hochschule in B zu erheben. Daher erlässt das Land B formell ordnungsgemäß ein neues Studienkontengesetz.

Dabei wird gemäß §§ 2, 3 Studienkontengesetz die Höhe des einem Studierenden gewährten Studienguthabens davon abhängig gemacht, ob der Betroffene seinen Wohnsitz innerhalb oder außerhalb des Landes B hat. Bei mehreren Wohnungen ist der Hauptwohnsitz maßgeblich. Während Studierende mit Wohnsitz in B (sogenannte „Landeskinder") bis zum 14. Fachsemester von der Gebührenpflicht ausgenommen werden, werden Studierende mit einem Wohnsitz außerhalb des Landes B bereits ab dem 3. Fachsemester zu Studiengebühren herangezogen. Diese belaufen sich dann auf 500 € pro Semester.

Jurastudent J möchte im kommenden Semester sein Studium der Rechtswissenschaften an der Universität B aufnehmen. Er wohnt bei seinen Eltern in einer Kleinstadt „vor den Toren" von B. Er meint, die §§ 2, 3 Studienkontengesetz verstießen gegen Art. 3 GG. Das Land B wolle nur erreichen, dass möglichst viele Studierende ihren Wohnsitz nach B verlagern. Dies stelle keinen hinreichenden Grund für eine Ungleichbehandlung dar.

Das Land B ist der Auffassung, nur durch eine Wohnsitznahme wäre ein zügiges und effizientes Studium gewährleistet. Daher wäre die Regelung gerechtfertigt.

Ist durch die Regelungen des Studienkontengesetzes der Art. 3 GG verletzt?

Es könnte eine Verletzung des allgemeinen Gleichheitssatzes, Art. 3 Abs. 1 GG, gegeben sein.

I. Dann müsste eine **Ungleichbehandlung von wesentlich gleichen Sachverhalten bestehen, die sachlich nicht gerechtfertigt** ist.

1. Für die Feststellung des „wesentlich gleichen Sachverhalts" ist zunächst ein **Vergleichspaar** zu bilden. Dabei stellt sich hier zunächst die Frage, ob Studierende mit einem Wohnsitz in B, die sogenannten „Landeskinder", und Studierende mit einem Wohnsitz außerhalb von B **wesentlich** vergleichbare Gruppen sind. Zwei Personengruppen sind wesentlich gleich, wenn sie unter einen **gemeinsamen Oberbegriff** gefasst werden können. Der gemeinsame Oberbegriff ist der eines „Studierenden an der Hochschule in B". Im Hinblick auf diese Obergruppe sind alle Studierenden unabhängig vom Wohnsitz wesentlich gleich.

2. Diese Teile des Vergleichspaares müssten **ungleich behandelt** werden.

Studierende mit einem Wohnsitz außerhalb des Landes B werden eher zu einer Studiengebühr herangezogen als „Landeskinder", sodass eine Ungleichbehandlung gegeben ist.

II. Die Ungleichbehandlung könnte aber **sachlich gerechtfertigt** sein.

Eine Ungleichbehandlung ist sachlich nicht gerechtfertigt, wenn bezogen auf die betroffenen Personen oder Sachbereiche ein vernünftiger, einleuchtender Grund für die Regelung fehlt. Eine Ungleichbehandlung darf folglich **nicht willkürlich** sein.

Klausurhinweis: Im Rahmen der Prüfung des allgemeinen Gleichheitssatzes sollte die „Willkür-Formel" angewendet werden.

1. Fraglich ist, ob der durch eine Studiengebührenregelung nach dem Wohnsitz verfolgte Lenkungszweck einen sachlich vernünftigen Grund für die Ungleichbehandlung darstellt. Studierende mit Wohnsitz außerhalb des Landes B werden wahrscheinlich ihren Wohnsitz in das Land B verlagern, um der Zahlung von Studiengebühren zu entgehen. Dies erhöht die Einwohnerzahl im Land B. Dabei fehlt es jedoch an einem Bezug zu dem geregelten Benutzungsverhältnis. Die Benutzung der Hochschule und der Wohnsitz weisen für sich genommen keine Bezugspunkte auf, wonach eine Differenzierung gerechtfertigt wäre.

Aus der Sicht des Landes B wird durch den Wohnsitz in B allerdings auch das Studium beschleunigt und effizienter gestaltet. Dabei ist jedoch zu berücksichtigen, dass die Gestaltung eines effizienten Studiums eher von dem einzelnen Studierenden und nicht so sehr von dem Wohnsitz abhängt. Dies gilt umso mehr in einem Stadtstaat wie dem Land B. Wer „vor den Toren" der Stadt wohnt, kann unter Umständen ebenso schnell oder sogar schneller die universitären Einrichtungen erreichen, als ein Student mit einem Wohnsitz am anderen Ende der Stadt. Insofern handelt es sich nicht um einen Grund, der eine Ungleichbehandlung rechtfertigen könnte.

2. Daneben ist zu bedenken, dass im Gebührenrecht der Grundsatz im Vordergrund steht, dass sich die **Höhe einer Gebühr nach Art und Umfang der in Anspruch genommenen Leistung** bestimmt. Eine gleiche Inanspruchnahme einer Einrichtung löst ohne Berücksichtigung persönlicher Eigenschaften in den Grenzen der Praktikabilität und Wirtschaftlichkeit gleich hohe Gebühren aus.[35] Auswärtige Studierende werden aber weder die Einrichtungen der Universität stärker beanspruchen noch sonst höhere Kosten verursachen als Studenten mit einem Wohnsitz in B. Daher ist ein vernünftiger und einleuchtender Grund für eine Ungleichbehandlung nicht gegeben. Die Ungleichbehandlung ist sachlich nicht gerechtfertigt.

Art. 3 Abs. 1 GG ist verletzt.

Hinweis: Vgl. zur Einführung allgemeiner Studienbeiträge auch BVerfG, Urt. v. 29.04.2009 – 6 C 16.08, RÜ 2009, 653.

---

35 BVerwGE 104, 60.

Fall 23: Art. 3 Abs. 1 GG

Angenommen, in der Bundesrepublik hat eine plötzliche, starke Erhöhung der Rohstoff- und Energiepreise zu einem kräftigen Anstieg der Lebenshaltungskosten geführt. Als einige Gewerkschaften bei den Arbeitgebern einen „Nachschlag" zu den Tariflöhnen durchgesetzt haben, beschließt der Bundestag ein Gesetz, wonach die Beamten einen zusätzlichen Ausgleich für Kaufkraftverluste erhalten sollen (genannt: Inflationsausgleich). Unter Hinweis auf die angespannte Haushaltslage, die auch eine Folge der Preissteigerungen ist, werden Beamte, die noch im Probeverhältnis stehen, ausgenommen. Der Bundesfinanzminister erklärte dazu, ein auch die Probebeamten erfassender Ausgleichsbetrag wäre nicht mehr finanzierbar gewesen, es sei denn, der Ausgleichsbetrag wäre auch bei den anderen Beamten noch weiter herabgesetzt worden.

B ist Beamter auf Probe und meint, das Gesetz sei verfassungswidrig. Ein Ausgleich für Kaufkraftverluste bei den Beamten sei eine unvertretbare Besserstellung des öffentlichen Dienstes, weil nur ein geringer Teil der Arbeitnehmer in der Privatwirtschaft bisher einen entsprechenden Ausgleich („Nachschlag") erhalten hätte. Auch dürften, wenn schon die Beamten im Vorbereitungsdienst (Beamte auf Widerruf) in die Regelung mit einbezogen worden seien, die Probebeamten nicht schlechter gestellt werden.

Ist die Auffassung zutreffend?

In materieller Hinsicht könnte das Gesetz über den Inflationsausgleich gegen **Art. 3 Abs. 1 GG** verstoßen.

A. Es könnte eine **Ungleichbehandlung der Beamten gegenüber den Arbeitnehmern** in der Privatwirtschaft gegeben sein.

Dann müsste zunächst eine **Ungleichbehandlung von etwas wesentlich Gleichem** vorliegen. Fraglich ist, ob Beamte und Arbeitnehmer in der Privatwirtschaft wesentlich gleich sind. Dazu müssten beide Gruppen unter einen gemeinsamen Oberbegriff zu fassen sein.

Hier könnte der Oberbegriff des „Arbeitstätigen" für beide Gruppen gelten. Allerdings stehen Beamte zu ihren Dienstherren in einem **öffentlich-rechtlichen** Dienst- und Treueverhältnis, während Arbeitnehmer privatrechtlich durch Arbeitsvertrag beschäftigt sind.

Zudem ist der Gesetzgeber wegen der Tarifautonomie (Art. 9 Abs. 3 GG) gar nicht befugt, einen Ausgleich für Kaufkraftverluste auch für die Arbeitnehmer anzuordnen. Im öffentlich-rechtlich ausgestalteten Beamtenverhältnis kann er dagegen die Rechtsverhältnisse durch Gesetz regeln.

Beamte und privatrechtlich beschäftigte Arbeitnehmer sind folglich nicht wesentlich vergleichbar. Eine Verletzung des Art. 3 Abs. 1 GG aus diesem Grunde liegt nicht vor.

B. Eine verfassungsrechtlich relevante Ungleichbehandlung könnte aber in der **Nichtberücksichtigung der Beamten auf Probe** gesehen werden.

I. Dann müsste insofern eine **Ungleichbehandlung** von **wesentlich gleichen** Sachverhalten bestehen.

1. Dafür ist zunächst ein **Vergleichspaar** zu bilden.

Fraglich ist, ob Beamte auf Probe und Beamte in einem anderen Beamtenverhältnis (auf Widerruf, auf Lebenszeit) wesentlich gleich sind. Beide Gruppen stehen zu ihren Dienstherren in einem öffentlich-rechtlichen Dienst- und Treueverhältnis. Beide werden von ihren Dienstherren alimentiert, d.h., sie bekommen Geld vom Staat, um sich einen angemessenen Lebensstandard zu erhalten. Demzufolge sind beide Gruppen wesentlich gleich.

In der richtigen Vergleichspaarbildung liegt häufig der Schwerpunkt; denn wer „Äpfel mit Birnen vergleicht", wird immer einen sachlichen Grund für eine Ungleichbehandlung finden.

2. Diese Teile des Vergleichspaares müssten **ungleich behandelt** werden.

Problematisch ist, dass es sich hier nicht um den Normalfall – den Verstoß einer belastenden Vorschrift gegen Art. 3 Abs. 1 GG – handelt; vielmehr könnte Art. 3 Abs. 1 GG deshalb verletzt sein, **weil gewisse Fälle nicht in eine Begünstigung einbezogen** sind. In der Nichtberücksichtigung der Beamten auf Probe könnte eine mögliche Grundrechtsverletzung durch Unterlassen liegen.

a) Aus dem Problembereich des gesetzgeberischen Unterlassens ist zunächst das absolute Unterlassen auszuscheiden, bei dem der Gesetzgeber schlicht untätig geblieben ist. Es hat im Zuwendungsbereich des Art. 3 GG keine Bedeutung, da bei einer alle betreffenden Untätigkeit eine Ungleichbehandlung Einzelner nicht denkbar ist.

b) Hier liegt der Fall vor, dass ein bestimmter Personenkreis begünstigt worden, anderen Personen (den Beamten auf Probe) diese Begünstigung aber nicht gewährt worden ist.

Handelt es sich um eine **Ungleichbehandlung durch Unterlassen**, so ist dieses nach allgemeinen, auch im Verfassungsrecht geltenden Grundsätzen **nur erheblich, wenn eine Rechtspflicht des Gesetzgebers zum Handeln besteht**.

Eine solche Rechtspflicht kann sich aus einem Verfassungsauftrag ergeben (z.B. Art. 6 Abs. 5 und Art. 33 Abs. 5 GG). Für den vorliegenden Fall lässt sich ein Verfassungsauftrag zur Zahlung eines Inflationsausgleichs nicht begründen.

Darüber hinaus ergibt sich aus Art. 3 Abs. 1 GG die Pflicht des Gesetzgebers, bei einer durch Gesetz vorgenommenen Begünstigung niemanden ohne sachlichen Grund (willkürlich) von dieser Begünstigung auszuschließen. Die eine Seite des Gleichheitsgebotes, Gleiches grundsätzlich auch gleich zu behandeln, gilt auch für Begünstigungen und ist eine Rechtspflicht. Somit hat der Gesetzgeber, falls er bei dem Ausschluss der Bundesbeamten auf Probe von dem Inflationsausgleich gegen Art. 3 Abs. 1 GG verstoßen hat, auch gleichzeitig eine aus Art. 3 Abs. 1 GG folgende Rechtspflicht zum Handeln verletzt.

Insoweit ist eine Ungleichbehandlung gegeben.

II. Die Ungleichbehandlung könnte aber **sachlich gerechtfertigt** sein. Eine Ungleichbehandlung darf nicht **willkürlich** sein.

Als **sachlicher Grund** kommt nach den im Sachverhalt wiedergegebenen Überlegungen in erster Linie in Betracht, dass nicht genügend Finanzmittel zur Verfügung standen. Jedoch ist der Umstand, dass die zu vergebenden Mittel begrenzt sind, noch kein ausreichender Grund dafür, gerade eine bestimmte Personengruppe von der Begünstigung ganz auszuschließen. Vielmehr bietet sich in derartigen Fällen – praktisch handelt es sich um den Normalfall, da die zur Verfügung stehenden Mittel stets in irgendeiner Weise begrenzt sind – die Lösung an, die Vergünstigung so zu bemessen, dass sie für alle ausreicht.

Als weiterer Grund kommt in Betracht, dass die Beamten auf Probe gegenüber den normalen Beamten auf Lebenszeit eine noch weniger gesicherte Rechtsstellung haben, die insofern gerechtfertigt ist, als der Beamte auf Probe sein Können und seine Erfahrungen noch nicht in demselben Umfang bewiesen hat wie der Beamte auf Lebenszeit. Allerdings erhalten auch Beamte auf Widerruf die Zulage. Dabei ist die Rechtsstellung der Widerrufsbeamten nach dem Beamtenrecht die schwächste aller Beamten. Der Beamte auf Probe steht zwischen dem Beamten auf Lebenszeit und dem Beamten auf Widerruf. Damit ist es offenkundig, dass es an einem sachlichen Grund fehlt, gerade die Beamten auf Probe vom Inflationsausgleich auszunehmen. Sachlich gerechtfertigt wäre allein, entweder allen Beamten einen (möglicherweise niedriger anzusetzenden) Inflationsausgleich zu gewähren oder auch die Beamten auf Widerruf davon auszunehmen.

Somit verstößt das Gesetz gegen Art. 3 Abs. 1 GG.

Fall 24: Art. 3 Abs. 2, Abs. 1 GG – Haartracht in der Bundeswehr

(nach BVerwG, Beschl. v. 17.12.2013 – 1 WRB 2.12, RÜ 2014, 320)

A leistete ab Januar 2014 einen freiwilligen Wehrdienst in einem Ausbildungsregiment der Bundeswehr. Er trug bei Antritt des freiwilligen Wehrdienstes ca. 40 cm lange Haare, die offen getragen auf den Rücken fielen. Im Dienst sicherte er die Haare zunächst mit mehreren Haargummis, sodass sie einen langen, über den Uniformkragen hinaus bis zu den Schulterblättern reichenden Pferdeschwanz ergaben. Seine Vorgesetzten befahlen dem A mehrfach, sich mit einer Frisur zum Dienst zu melden, die den Bestimmungen des Haar- und Barterlasses entspricht. Dieser Erlass des Bundesverteidigungsministeriums sieht für männliche Soldaten (Berufs-, Zeitsoldaten und freiwillig Wehrdienstleistende, nicht aber für Reservisten) vor, dass das Haar am Kopf anliegen oder so kurz geschnitten sein muss, dass Ohren und Augen nicht bedeckt werden. Das Haar muss so getragen werden, dass bei aufrechter Kopfhaltung Uniform- und Hemdkragen nicht berührt werden. Modische Frisuren sind ausdrücklich erlaubt.

A meint, es liege eine nicht gerechtfertigte Ungleichbehandlung gegenüber Soldatinnen vor, sodass Art. 3 Abs. 2 S. 1 GG durch den Haarerlass verletzt sei. Die Gleichsetzung freiwillig Wehrdienstleistender mit Berufs- und Zeitsoldaten sowie die Privilegierung von Reservisten stelle darüber hinaus eine Verletzung des allgemeinen Gleichheitssatzes aus Art. 3 Abs. 1 GG dar. Hat er Recht?

I. Durch die unterschiedlichen Regelungen für Soldaten und Soldatinnen könnte ein Verstoß gegen den **speziellen Gleichheitssatz des Art. 3 Abs. 2 S. 1 GG** vorliegen. Danach sind Männer und Frauen gleichberechtigt.

1. Zunächst müsste eine **Ungleichbehandlung zwischen Männern und Frauen** vorliegen. Während Soldaten das Tragen langer Haare verboten ist, ist dieses Soldatinnen erlaubt. Damit werden Männer und Frauen ungleich behandelt.

2. Diese Differenzierung wegen des Geschlechts könnte **sachlich gerechtfertigt** sein. Art. 3 Abs. 2 S. 1 GG enthält ein **absolutes Differenzierungsverbot**, d.h., dass eine Ungleichbehandlung wegen des Geschlechts (grundsätzlich) schon deshalb unzulässig ist, weil sie aufgrund des Geschlechts erfolgt. An das Geschlecht anknüpfende differenzierende Regelungen sind mit Art. 3 Abs. 2 S. 1 GG nur vereinbar, soweit sie zur Lösung von Problemen, die **ihrer Natur nach** nur entweder bei Männern oder bei Frauen auftreten können, **zwingend erforderlich** sind, oder eine **Abwägung mit kollidierendem Verfassungsrecht sie ausnahmsweise** legitimiert. Die unterschiedliche Behandlung männlicher und weiblicher Soldaten könnte hier aus der **Staatszielbestimmung des Art. 3 Abs. 2 S. 2 GG** als kollidierende Verfassungsnorm heraus gerechtfertigt sein. Danach hat der Staat die Pflicht zur tatsächlichen Durchsetzung der Gleichberechtigung der Frauen und Männer.

a) Die Zulässigkeit des Tragens langer Haare für Soldatinnen **bezweckt** auch die Förderung von Frauen. Sie soll den Dienst in den Streitkräften für

Frauen attraktiver gestalten und so zu einer weiteren Erhöhung des Anteils an Soldatinnen in der Bundeswehr beitragen. Dieses Ziel stellt im Sinne der tatsächlichen Durchsetzung der Gleichberechtigung der Frauen in der Bundeswehr ein verfassungsrechtlich zulässiges Differenzierungsziel dar. Die Ungleichbehandlung der Geschlechter müsste in der Abwägung mit der grundsätzlich verbotenen Ungleichbehandlung von Mann und Frau auch **verhältnismäßig** sein.

b) Die Haartrachtregelung für Soldatinnen fördert zumindest die Attraktivität des Dienstes in der Bundeswehr für Frauen und ist daher **geeignet**. Auch vor dem Hintergrund einer deutlich geringeren Bereitschaft von Frauen als von Männern zum (freiwilligen) Dienst in der Bundeswehr, sind andere, weniger belastende Maßnahmen nicht ersichtlich, sodass die Regelung auch **erforderlich** ist.

c) Die Regelung zur Haartracht und die sich daraus ergebende Ungleichbehandlung der Geschlechter müsste auch **angemessen** sein. Dies bedeutet, dass die durch die Regelung erstrebten Vorteile nicht erkennbar außer Verhältnis zu den Nachteilen stehen dürfen.

Der Einsatz von **Frauen in allen Verwendungsbereichen der Bundeswehr** seit 2001 und die daraus resultierende Integration von Frauen in die Streitkräfte hat das **Erscheinungsbild der Bundeswehr verändert**. Gleichwohl hat sich für das äußere Erscheinungsbild von Soldatinnen, anders als bei den männlichen Soldaten, noch **keine Tradition** oder Erwartungshaltung innerhalb der Bundeswehr und in der Öffentlichkeit verfestigt, die etwa den an männliche Soldaten gerichteten Erwartungen vergleichbar wäre. Ein **Vergleich mit anderen Staaten**, die den Zugang zu ihren Streitkräften schon seit längerer Zeit für Frauen geöffnet haben, lässt erkennen, dass auch dort für männliche und für weibliche Soldaten unterschiedliche Regelungen der Haartracht getroffen werden und dabei den Soldatinnen weiterreichende Gestaltungsmöglichkeiten als den männlichen Soldaten eröffnet werden. Vor diesem Hintergrund besteht zumindest kein krasses Missverhältnis zwischen dem Zweck der Regelung, die Attraktivität der Bundeswehr für weibliche Soldaten zu erhöhen, und den traditionell gewachsenen (anderweitigen) Vorgaben für das äußere Erscheinungsbild männlicher Soldaten. Es ist nicht ersichtlich, dass die für männliche Soldaten geltende striktere Regelung des einheitlichen äußeren Erscheinungsbilds durch die flexiblere Regelung für Soldatinnen in ihrer geschilderten Bedeutung und Funktion im Selbstverständnis der Bundeswehr oder in der öffentlichen Wahrnehmung entwertet oder in Frage gestellt würde.

Damit stellt die Regelung über die Haartracht von Soldatinnen eine zulässige Maßnahme zur Förderung von Frauen in der Bundeswehr dar. **Ein Verstoß gegen Art. 3 Abs. 2 S. 1 GG liegt nicht vor**.

II. Die Gleichsetzung von freiwillig Wehrdienstleistenden und Zeit-/Berufssoldaten sowie Reservisten könnte einen Verstoß gegen den **allgemeinen Gleichheitssatz aus Art. 3 Abs. 1 GG** darstellen. Danach darf wesentlich Gleiches nicht ungleich und wesentlich Ungleiches nicht gleich behandelt werden.

1. Es könnte eine unzulässige Gleichbehandlung zwischen Berufssoldaten und Soldaten auf Zeit einerseits und freiwillig Wehrdienstleistenden andererseits vorliegen. Nach **§ 1 Abs. 1 Soldatengesetz (SoldG) ist Soldat**, wer auf Grund der Wehrpflicht oder freiwilliger Verpflichtung in einem **Wehrdienstverhältnis** steht. Das SoldG enthält also einen **einheitlichen Soldatenbegriff**, sodass der Erlass unterschiedslos für alle Soldaten gilt und alle gleichbehandelt werden. Fraglich ist aber, ob Berufs- und Zeitsoldaten so unterschiedlich bezogen auf die freiwillig Wehrdienstleistenden sind, dass etwas **wesentlich Ungleiches** gegeben ist. Unzulässig ist eine Gleichbehandlung nur, wenn die Verschiedenheit der gleichgeregelten Sachverhalte so bedeutsam ist, dass ihre Gleichbehandlung mit einer am Gerechtigkeitsgedanken orientierten Betrachtungsweise unerträglich wäre.

Freiwillig Wehrdienstleistende sind im Hinblick auf ihre Verteilung auf nahezu sämtliche Truppengattungen und Tätigkeitsbereiche indes keine eigenständig abgrenzbare, sondern vielmehr eine das **Gesamtbild der Bundeswehr mitprägende Gruppe**. Aus diesem Grunde besteht zwischen den Berufs-/Zeitsoldaten und den freiwillig Wehrdienstleistenden kein solch gravierender Unterschied, dass eine unzulässige Gleichbehandlung von wesentlich Ungleichem gegeben ist.

2. Es könnte jedoch eine unzulässige Ungleichbehandlung gegenüber Angehörigen der **Reserve** vorliegen.

a) Eine **Ungleichbehandlung wesentlich gleicher Personengruppen** liegt darin, dass der Haar- und Barterlass für freiwillig Wehrdienstleistende uneingeschränkt gilt, während es den Reservisten erlaubt ist, lange Haare zu tragen.

b) Die Ungleichbehandlung könnte gerechtfertigt sein. Während nach der sog. **„Willkür-Formel"** eine Ungleichbehandlung schon dann gerechtfertigt ist, wenn sich irgendein sachlicher Grund für die Ungleichbehandlung findet und Art. 3 Abs. 1 GG nur dann verletzt ist, wenn ein solcher Differenzierungsgrund völlig fehlt, ist eine Ungleichbehandlung nach der sog. **„Neuen Formel"** nur gerechtfertigt, wenn ein zulässiges Differenzierungsziel mit zulässigen Differenzierungskriterien verfolgt wird und zwischen Kriterien und Ziel ein angemessenes Verhältnis besteht. Art. 3 Abs. 1 GG ist verletzt, wenn zwischen den Vergleichsgruppen keine Unterschiede von solcher Art und solchem Gewicht bestehen, dass sie die ungleiche Behandlung rechtfertigen könnten.

Unabhängig von der Frage, welche Formel in diesem Fall maßgeblich ist, wäre Art. 3 Abs. 1 GG jedenfalls verletzt, wenn kein sachlicher Grund für die Ungleichbehandlung erkennbar wäre, andererseits jedenfalls dann nicht verletzt, wenn ein verhältnismäßiger sachlicher Grund vorhanden wäre, der die Ungleichbehandlung rechtfertigen kann.

Grund für die unterschiedlichen Anforderungen an die Haartracht der freiwillig Wehrdienstleistenden und der Reservisten ist, dass Wehrdienstleistende über einen längeren Zeitraum ihren Wehrdienst versehen (bis zu 23 Monate), während Reservisten nur für eine sehr kurze Zeit im Rahmen einer Wehrübung den Dienst in der Bundeswehr versehen (bei Mannschaftsdienstgraden in der Regel 6 Tage). Insofern sind Reservisten auch wesentlich weniger in den allgemeinen Dienstbetrieb eingegliedert, sodass ein **sachlicher Grund** für die Ungleichbehandlung gegeben ist, der auch verhältnismäßig ist. Ein Verstoß gegen Art. 3 Abs. 1 GG liegt daher nach beiden Ansätzen nicht vor.

Der Erlass über die Haartracht der Soldaten verstößt nicht gegen die Gleichheitsgrundrechte.

3. Verfassungsbeschwerde

Fall 25: Verfassungsbeschwerde, Beschwerdefähigkeit
(nach BVerfGE 61, 82 [Sasbach])

Die Kernkraftwerk Süd-GmbH beantragte beim zuständigen Landesminister die atomrechtliche Genehmigung für die Errichtung des Kernkraftwerkes auf der Gemarkung Wyhl am Kaiserstuhl. Die Nachbargemeinde Sasbach erhob im atomrechtlichen Genehmigungsverfahren gegen dieses Vorhaben Einwendungen aus ihrer eigentumsrechtlichen Position, da sie Eigentümerin von naheliegenden Grundstücken ist, die nicht zur Erfüllung öffentlicher Aufgaben dienen. Nachdem die Gemeinde Sasbach auch letztinstanzlich erfolglos geblieben war, erhob sie eine Verfassungsbeschwerde zum BVerfG und berief sich auf Art. 14 Abs. 1 GG. Ist die Verfassungsbeschwerde zulässig?

Die Verfassungsbeschwerde ist zulässig, wenn die Sachentscheidungsvoraussetzungen gegeben sind.

I. Das BVerfG ist gemäß Art. 93 Abs. 1 Nr. 4 a GG, § 13 Nr. 8 a BVerfGG **zuständig** für die Entscheidung über eine Verfassungsbeschwerde.

II. Fraglich ist, ob die Gemeinde Sasbach **beschwerdefähig** ist gemäß **§ 90 Abs. 1 BVerfGG**. Danach kann die Verfassungsbeschwerde von **„jedermann"** erhoben werden.

1. Die Gemeinde Sasbach ist jedoch eine **juristische Person des öffentlichen Rechts**. Gemäß **Art. 19 Abs. 3 GG** gelten die Grundrechte auch für inländische juristische Personen, soweit sie ihrem Wesen nach auf diese anwendbar sind. Bedeutung hat diese Regelung vor allem für die juristischen Personen des Privatrechts.

2. Dagegen verneint das BVerfG in st.Rspr., dass auch juristische Personen des öffentlichen Rechts materielle Grundrechte innehaben können, soweit sie öffentliche Aufgaben wahrnehmen.

Konfusionsargument

a) Denn es könne nicht sein, dass der Staat einerseits **Verpflichteter der Grundrechte** und andererseits gleichzeitig Berechtigter der Grundrechte wäre. Davon sind jedoch auch Ausnahmen anerkannt, so z.B., wenn sich eine Universität auf das Grundrecht der wissenschaftlichen Lehre aus Art. 5 Abs. 3 Hs. 2 GG berufen will. Fraglich ist demnach, ob einer Gemeinde das Eigentumsrecht aus Art. 14 Abs. 1 GG außerhalb der Wahrnehmung öffentlicher Aufgaben, also auch im fiskalischen Bereich, zusteht.

b) Nach teilweisem Schrifttum soll Art. 14 Abs. 1 GG dagegen auf Gemeinden anwendbar sein, wenn das Grundstück **nicht öffentlichen Zwecken** dient und damit eine verselbstständigte, dem Bürger vergleichbare Rechtsposition geltend gemacht wird.

c) Dagegen spricht aber, dass Gemeinden Glieder im gestuften Staatsaufbau sind. Für ihre Grundrechtsfähigkeit kann grundsätzlich nichts anderes gelten, als für andere juristische Personen des öffentlichen Rechts. Es liege auch keine verselbstständigte, dem Bürger vergleichbare Rechtsposition vor, da der Umstand allein, dass eine juristische Person des öffentlichen

Rechts öffentliche Aufgaben, also Aufgaben im Interesse der Allgemeinheit, wahrnimmt, sie nicht zum grundrechtsgeschützten Sachwalter des Einzelnen bei der Wahrnehmung seiner Grundrechte macht. Verlässt die juristische Person den Bereich der Wahrnehmung öffentlicher Aufgaben, so besteht noch weniger Grund, sie als Sachwalterin des privaten Einzelnen anzusehen. Daher ist Art. 14 Abs. 1 GG nicht auf Gemeinden anwendbar.

Die Gemeinde Sasbach kann sich nicht auf Art. 14 GG berufen; sie ist nicht grundrechtsfähig. Die Sachentscheidungsvoraussetzungen der Verfassungsbeschwerde sind nicht gegeben.

Mangels Beschwerdefähigkeit ist die Verfassungsbeschwerde der Gemeinde Sasbach unzulässig.

Fall 26: Verfassungsbeschwerde, Beschwerdefähigkeit
(nach BVerfG, Beschl. v. 19.07.2011 – 1 BvR 1916/09, RÜ 2011, 723)

P ist eine Gesellschaft mit beschränkter Haftung nach italienischem Recht mit Sitz in Italien und produziert Polstermöbel, die nach den Entwürfen des 1965 verstorbenen Möbeldesigners Le Corbusier gefertigt werden. Zwischen P und der Fondation Le Corbusier in Paris, welche die Rechte des verstorbenen Urhebers wahrnimmt, bestehen seit 1965 urheberrechtliche Exklusivverträge für die weltweite Herstellung und den Verkauf bestimmter von Le Corbusier entworfener Möbel. Die Verträge erlauben der P auch das Vorgehen gegen Rechtsverletzungen.

Die Z, eine Zigarrenherstellerin, richtete in einer Kunst- und Ausstellungshalle eine Zigarrenlounge ein, in der sie Nachbildungen von Le-Corbusier-Möbeln aufstellte. Mit ihrer hiergegen gerichteten Unterlassungsklage obsiegte die P vor dem Landgericht und dem Oberlandesgericht. Der BGH wies dagegen die Klage mit der Begründung ab, dass das Aufstellen der Möbel weder das Verbreitungsrecht verletze noch gegen das Verwertungsverbot verstoße (§§ 17, 96 UrhG).

P sieht sich dadurch in ihrem verfassungsmäßigen Eigentumsrecht verletzt und erhebt eine Verfassungsbeschwerde zum Bundesverfassungsgericht. Ist die Verfassungsbeschwerde zulässig?

Die Verfassungsbeschwerde der P ist zulässig, wenn die Sachentscheidungsvoraussetzungen gegeben sind.

I. Das BVerfG ist gemäß Art. 93 Abs. 1 Nr. 4 a GG, § 13 Nr. 8 a BVerfGG **zuständig** für die Entscheidung über Individualverfassungsbeschwerden.

II. Beteiligtenfähig ist nach § 90 Abs. 1 BVerfGG **jedermann**, d.h., jeder, der fähig ist, Grundrechtsträger zu sein. P ist eine italienische Gesellschaft mit beschränkter Haftung. Nach **Art. 19 Abs. 3 GG** gelten die Grundrechte für **inländische juristische Personen**, soweit sie ihrem Wesen nach auf diese anwendbar sind.

Unklar bleibt in der Entscheidung der Prüfungsstandort. Das BVerfG spricht mehrfach von „Beschwerdefähigkeit und -befugnis". Vertretbar erscheint es danach auch, erst in der Beschwerdebefugnis (s.u. IV.) auf das Problem der Grundrechtsfähigkeit einer juristischen Person aus der EU einzugehen.

1. Ob eine juristische Person eine inländische ist, bestimmt sich nach der sogenannten **Sitztheorie**. Maßgeblich ist, ob sich der Sitz der Hauptverwaltung in der Bundesrepublik Deutschland befindet. Danach wäre die italienische P nicht grundrechtsfähig.

2. Fraglich ist aber, ob dies auch für juristische Personen **mit Sitz in der EU** gilt. Dafür könnte **Art. 18 AEUV** sprechen, wonach jede Diskriminierung aus Gründen der Staatsangehörigkeit in der EU verboten ist.

a) Der **Wortlaut** des Art. 19 Abs. 3 GG spricht gegen eine erweiternde Auslegung. Es würde die Wortlautgrenze übersteigen, wenn man eine unionsrechtskonforme Auslegung auf eine Deutung des Merkmals „inländische" als „deutsche einschließlich europäische" juristische Personen stützen würde.[36]

b) Eine **historische Auslegung** lässt keinen eindeutigen Schluss zu. Zwar merkte der Parlamentarische Rat an, es „dürfte kein Anlass bestehen, auch ausländischen juristischen Personen den verfassungsmäßigen Schutz der

36 BVerfG, Beschl. v. 19.07.2011 – 1 BvR 1916/09, Rn. 72.

Beachte: Europarecht steht im Anwendungsvorrang vor nationalem Recht und ist daher höherrangiges Recht!

Grundrechte zu gewähren", in den Jahren 1948/1949 stand die Entwicklung eines gemeinsamen Europas aber noch bevor.

c) Für eine **Anwendungserweiterung** des Art. 19 Abs. 3 GG auf juristische Personen mit Sitz im EU-Ausland könnten allerdings die Vorgaben der europäischen Verträge sprechen. Als Grundprinzip des Unionsrechts enthält **Art. 18 AEUV** das – bereits seit 1957 verankerte – **Diskriminierungsverbot**. Danach ist jede Diskriminierung aus Gründen der Staatsangehörigkeit verboten. Dieses Verbot ist unmittelbar vor nationalen Gerichten anwendbar. Das Diskriminierungsverbot verpflichtet die Mitgliedstaaten und alle ihre Organe und Stellen, juristische Personen aus einem anderen EU-Mitgliedstaat auch im Hinblick auf den zu erlangenden Rechtsschutz Inländern gleichzustellen.[37] Dies spricht für eine Auslegung des Art. 19 Abs. 3 GG, nach der sich auch juristische Personen aus der EU auf die deutschen Grundrechte berufen können.

d) Wenn die nationalen Grundrechte auf „europäische" juristische Personen angewandt werden, bedeutet dies umgekehrt aber auch, dass diesen die Vorgaben der deutschen Verfassung entgegengehalten werden können. Voraussetzung der Berufungsmöglichkeit auf die Grundrechte ist demnach ein **hinreichender Inlandsbezug** der ausländischen juristischen Person, der die Geltung der Grundrechte in gleicher Weise wie für inländische juristische Personen geboten erscheinen lässt. Dies ist der Fall, wenn die ausländische juristische Person in Deutschland tätig wird und hier vor den Fachgerichten klagen und verklagt werden kann.[38]

Der Grundrechtsschutz ist auf juristische Personen mit Sitz in der Europäischen Union zu erstrecken. Art. 19 Abs. 3 GG ist so auszulegen, dass auch die italienische Gesellschaft P Trägerin der Grundrechte nach dem GG ist. P ist beteiligtenfähig, soweit es um das Eigentumsgrundrecht geht.

III. Zulässiger Beschwerdegegenstand einer Verfassungsbeschwerde ist gemäß § 90 Abs. 1 BVerfGG jeder Akt der öffentlichen Gewalt. P wendet sich mit ihrer Verfassungsbeschwerde gegen das Urteil des BGH. Ein Urteil ist als Akt der öffentlichen Gewalt grundsätzlich ein tauglicher Beschwerdegegenstand **(Urteilsverfassungsbeschwerde)**.

IV. Ein Beschwerdeführer muss geltend machen, durch den Akt der öffentlichen Gewalt möglicherweise in seinen Grundrechten verletzt zu sein (§ 90 Abs. 1 BVerfGG, **Beschwerdebefugnis**).

1. Dann müsste zunächst eine Verletzung der gerügten Grundrechte **möglich** sein. Eigentum i.S.d. Art. 14 Abs. 1 GG umfasst alle vermögenswerten Positionen, die dem Einzelnen vom Gesetzgeber zu einem bestimmten Zeitpunkt im Sinne eines Ausschließlichkeitsrechtes gewährt werden. Dazu zählen auch Urheberrechte.

2. P wird durch das Urteil des BGH auch selbst, gegenwärtig und unmittelbar betroffen. Demzufolge ist P beschwerdebefugt.

V. P hat den Instanzenzug ausgeschöpft und damit den **Rechtsweg erschöpft**, § 90 Abs. 2 S. 1 BVerfGG. Die **Form- und Fristregeln** der §§ 23 Abs. 1, 92, 93 Abs. 1 BVerfGG sind eingehalten. Die Verfassungsbeschwerde ist zulässig.

---

37 BVerfG, Beschl. v. 19.07.2011 – 1 BvR 1916/09, Rn. 76.

38 BVerfG, Beschl. v. 19.07.2011 – 1 BvR 1916/09, Rn. 76.

Fall 27: Verfassungsbeschwerde, Prozessfähigkeit

Der 17-jährige S ist Schüler an einem Gymnasium in M. Er meint, er ne seine Zeit wesentlich besser nutzen, als am Religionsunterric zunehmen. Daher beantragt er beim Schulleiter, vom Religion richt befreit zu werden. Dies wird vom Schulleiter abgelehnt.

Nachdem alle Rechtsbehelfe des S erfolglos blieben, erhebt er nun eine Verfassungsbeschwerde zum BVerfG. Zulässig?

Fraglich ist, ob die Verfassungsbeschwerde zulässig ist. Dies ist der Fall, wenn die Sachentscheidungsvoraussetzungen der Verfassungsbeschwerde gegeben sind.

I. Das BVerfG ist gemäß Art. 93 Abs. 1 Nr. 4 a GG, § 13 Nr. 8 a BVerfGG **zuständig** für die Entscheidung über eine Verfassungsbeschwerde.

II. Beschwerdefähig ist gemäß § 90 Abs. 1 BVerfGG **„jedermann"**. Das ist jeder Träger eines Grundrechts. S ist **als natürliche Person** grundrechtsfähig und damit beschwerdefähig.

III. Fraglich ist jedoch, ob der 17-jährige S auch **prozessfähig** ist. Die Prozessfähigkeit betrifft die Frage, ob sich eine natürliche Person selbstständig auf ihre Grundrechte berufen kann, also insbesondere selbst Verfahrenshandlungen vor dem BVerfG vornehmen kann. Entscheidend ist dabei die Grundrechtsmündigkeit der Person.

Wann eine nicht geschäftsfähige natürliche Person **grundrechtsmündig** ist, wird unterschiedlich beurteilt.

Theorie der flexiblen Altersgrenze

Nach einer Auffassung hängt die Grundrechtsmündigkeit von der Einsichtsfähigkeit des Minderjährigen in die Tragweite des Grundrechtes ab. Indizien für eine Grundrechtsmündigkeit ergeben sich dabei aus Altersgrenzen in den Grundrechten selbst oder aus einfach-gesetzlichen Vorschriften.

Theorie der starren Altersgrenze

Nach anderer Ansicht besteht die Grundrechtsmündigkeit erst mit der Vollendung des 18. Lebensjahres, es sei denn, dass einfach-rechtliche Vorschriften etwas anderes bestimmen.

Vorliegend möchte sich der 17-jährige S im Rahmen einer Verfassungsbeschwerde auf das Grundrecht der Glaubens- und Religionsfreiheit des Art. 4 GG berufen.

§ 5 RKEG: „Nach der Vollendung des vierzehnten Lebensjahrs steht dem Kind die Entscheidung darüber zu, zu welchem religiösen Bekenntnis es sich halten will. Hat das Kind das zwölfte Lebensjahr vollendet, so kann es nicht gegen seinen Willen in einem anderen Bekenntnis als bisher erzogen werden."

Nach § 5 des Gesetzes über die religiöse Kindererziehung steht dem Kind nach Vollendung des 14. Lebensjahres die Entscheidung darüber zu, zu welchem religiösen Bekenntnis es sich halten will.

Demnach würde sich für die zunächst genannte Auffassung aus § 5 des Gesetzes über die religiöse Kindererziehung ein Indiz für die Grundrechtsmündigkeit des S ergeben. Der bereits 17-jährige S ist danach prozessfähig.

Auch nach der letztgenannten Ansicht wäre der 17-jährige S aus der einfachrechtlichen Vorschrift des § 5 des Gesetzes über die religiöse Kindererziehung grundrechtsmündig und prozessfähig.

Nach alldem ist eine Streitentscheidung entbehrlich. S ist prozessfähig.

IV. Tauglicher **Beschwerdegegenstand** einer Verfassungsbeschwerde ist gemäß § 90 Abs. 1 BVerfGG jeder Akt der öffentlichen Gewalt. S wehrt sich im Rahmen einer Urteils-Verfassungsbeschwerde gegen die letztinstanzliche Entscheidung.

V. S müsste auch **beschwerdebefugt** sein, § 90 Abs. 1 BVerfGG.

1. Dann müsste die **Möglichkeit einer Grundrechtsverletzung** gegeben sein. S möchte vom Religionsunterricht befreit werden. Damit macht er geltend, dass er in Art. 4 GG (negative Religionsfreiheit) und in Art. 2 Abs. 1 GG (allgemeine Handlungsfreiheit) verletzt ist.

2. S ist durch die Ablehnung der Befreiung vom Religionsunterricht und die dies bestätigenden Urteile auch **selbst, gegenwärtig und unmittelbar** betroffen.

S ist beschwerdebefugt.

VI. Alle Rechtsbehelfe des S sind erfolglos geblieben. Der **Rechtsweg** ist somit **erschöpft**, § 90 Abs. 2 BVerfGG.

VII. Die **Monatsfrist** aus § 93 Abs. 1 BVerfGG ist eingehalten.

Somit sind die Sachentscheidungsvoraussetzungen gegeben. Die Verfassungsbeschwerde des S ist zulässig.

Fall 28: Verfassungsbeschwerde, Beschwerdebefugnis

Aufgrund der vielen Diskussionen über die Gesundheitsgefahren durch das Rauchen hat der Bundestag ein Gesetz beschlossen, wonach das Rauchen auf öffentlichen Straßen und Plätzen verboten wird. Ein Verstoß dagegen wird mit einer Geldstrafe bestraft. Der Kettenraucher R möchte sich einen Monat nach Verkündung gegen das Gesetz mit einer Verfassungsbeschwerde wehren. Ist diese zulässig?

Die Verfassungsbeschwerde ist zulässig, wenn die Sachentscheidungsvoraussetzungen gegeben sind.

I. Das BVerfG ist gemäß Art. 93 Abs. 1 Nr. 4 a GG, § 13 Nr. 8 a BVerfGG **zuständig** für die Entscheidung über eine Verfassungsbeschwerde.

II. R ist als natürliche Person Träger von Grundrechten und mithin **beschwerdefähig**, § 90 Abs. 1 BVerfGG.

III. Tauglicher **Beschwerdegegenstand** ist gemäß § 90 Abs. 1 BVerfGG jeder Akt der öffentlichen Gewalt. R wehrt sich gegen das Gesetz im Rahmen einer Rechtssatz-Verfassungsbeschwerde.

IV. Es müsste die **Beschwerdebefugnis** (§ 90 Abs. 1 BVerfGG) gegeben sein.

1. Es besteht die **Möglichkeit einer Grundrechtsverletzung** in Art. 2 Abs. 1 GG.

2. R müsste auch **selbst, gegenwärtig und unmittelbar** betroffen sein. Durch das Gesetz ist R selbst und auch gegenwärtig betroffen. Daneben müsste der R auch unmittelbar betroffen sein. Der Beschwerdeführer ist unmittelbar betroffen, wenn der angegriffene Akt selbst und nicht erst ein weiterer Vollzugsakt in das Grundrecht des Betroffenen eingreift.

Self-executing-Norm: Eine Rechtsnorm, die nicht mehr von der Verwaltung umgesetzt werden muss, sondern „sich selbst vollzieht“.

Durch das Gesetz wird das Rauchen auf öffentlichen Straßen und Plätzen verboten. Ein weiterer Umsetzungsakt durch die Behörde ist nicht mehr erforderlich. Es handelt sich um eine **Self-executing-Norm**. Damit ist R auch unmittelbar betroffen und demzufolge beschwerdebefugt.

Anmerkung: Insoweit kommt es nicht mehr darauf an, dass dem R wegen der Strafbewehrung ein Abwarten auch unzumutbar wäre (vgl. Subsidiarität).

V. Gemäß § 90 Abs. 2 S. 1 BVerfGG muss vor Erhebung der Verfassungsbeschwerde zunächst der **Rechtsweg erschöpft** sein. Ein Rechtsweg ist für den Bürger gegen ein Parlamentsgesetz jedoch nicht gegeben.

VI. Nach dem vom BVerfG entwickelten **Grundsatz der Subsidiarität** der Verfassungsbeschwerde ist eine Rechtssatz-Verfassungsbeschwerde trotz des nicht vorhandenen Rechtsweges unzulässig, wenn es dem Beschwerdeführer zumutbar und möglich ist, zunächst vor den Fachgerichten die Norm inzidenter überprüfen zu lassen. Theoretisch wäre denkbar, dass R zunächst gegen das Verbot verstößt und sich dann gegen die Verurteilung zur Wehr setzt. Dabei würde inzident die Verfassungsmäßigkeit des Straftatbestandes überprüft. Diese Möglichkeit ist aber nur zumutbar, wenn das Verbot nicht straf- oder bußgeldbewehrt ist.

Daher steht der Grundsatz der Subsidiarität der Zulässigkeit der Verfassungsbeschwerde nicht entgegen.

VII. Die **Frist**, § 93 Abs. 3 BVerfGG, von einem Jahr ist eingehalten.

Die Verfassungsbeschwerde ist zulässig.

Fall 29: Verfassungsbeschwerde, Beschwerdebefugnis

Der Bund beschließt formell ordnungsgemäß ein neues „Gesetz zur Regelung einer Altersgrenze für Autofahrer (AgfAG)". Das Gesetz sieht vor, dass die Fahrerlaubnis der Klassen B und C1 (Klasse 3 a.F.) mit dem Tage der Vollendung des 75. Lebensjahres automatisch erlischt; der Fahrerlaubnisinhaber muss der Fahrerlaubnisbehörde den Führerschein unverzüglich zur Korrektur vorlegen. Das Gesetz wird damit begründet, dass mit zunehmendem Alter die körperliche Leistungsfähigkeit (Reaktionen, Sehkraft etc.) abnehme und dadurch vermehrt Gefahren im Straßenverkehr auftreten.

Der 74 -jährige Rentner F fährt seit über 40 Jahren unfallfrei und ist völlig empört. Er sieht sich in unzulässiger Weise in seiner freien Entfaltung der Persönlichkeit und seiner Bewegungsfreiheit beschränkt. Zum einen wären ältere Verkehrsteilnehmer statistisch gesehen nicht häufiger in Unfälle verwickelt als junge, zumindest bezogen auf schwere Unfälle. Zum anderen hätte der Gesetzgeber auch weniger einschneidende Maßnahmen wählen können, wie z.B. Gesundheitschecks. Außerdem sei es nicht einsichtig, warum das Gesetz nur für die Fahrerlaubnis der Klassen B und C1, nicht aber für die Klasse A (Klasse 1 a.F.) gelte. Dies stelle einen offensichtlichen Verstoß gegen den Gleichbehandlungsgrundsatz dar.

Zwei Monate nach Inkrafttreten des Gesetzes erhebt der F eine Verfassungsbeschwerde gegen das Gesetz, mit der er geltend macht, in seinen Grundrechten aus Art. 2, 3 und 11 GG verletzt zu sein. Wäre die Verfassungsbeschwerde zulässig?

Die Verfassungsbeschwerde des F gegen das Gesetz wäre zulässig, wenn die Sachentscheidungsvoraussetzungen gegeben sind.

I. Das BVerfG ist gemäß Art. 93 Abs. 1 Nr. 4 a GG, § 13 Nr. 8 a BVerfGG **zuständig** für die Entscheidung über eine Verfassungsbeschwerde.

II. F ist als natürliche Person grundrechtsfähig und daher auch **beschwerdefähig**, § 90 Abs. 1 BVerfGG.

III. Tauglicher **Beschwerdegegenstand** ist nach § 90 Abs. 1 BVerfGG jeder Akt der öffentlichen Gewalt. F wehrt sich im Rahmen einer Rechtssatz-Verfassungsbeschwerde gegen das AgfAG.

IV. Die Verfassungsbeschwerde setzt voraus, dass der Beschwerdeführer behaupten kann, in seinen Grundrechten verletzt zu sein (**Beschwerdebefugnis**, § 90 Abs. 1 BVerfGG).

1. F kann geltend machen, möglicherweise in einem seiner Grundrechte aus Art. 11, 2 Abs. 1, 3 Abs. 1 GG verletzt zu sein.

2. Des Weiteren muss der F **selbst, gegenwärtig und unmittelbar** betroffen sein.

a) F ist Träger der vorgenannten Grundrechte und somit **selbst betroffen**.

b) Fraglich ist, ob er auch **gegenwärtig** betroffen ist. Die gegenwärtige Betroffenheit fehlt, wenn der Beschwerdeführer nur irgendwann einmal in der Zukunft betroffen sein könnte. F ist erst 74 Jahre alt, sodass es noch ca. ein Jahr dauert, bis er von der gesetzlichen Regelung betroffen wird. Allerdings ist eine Verfassungsbeschwerde zulässig, wenn ein Gesetz den Normadressaten bereits gegenwärtig zu später nicht mehr korrigierbaren Entscheidungen zwingt. F wird durch das Gesetz bereits jetzt gezwungen, sich im Hinblick auf seine spätere Mobilität einzurichten. Er muss z.B. darüber nachdenken, ob er sein Auto verkauft oder evtl. aus einem ländlichen Gebiet in eine Stadt zieht. Dabei ist zu berücksichtigen, dass der F bereits 74 Jahre alt ist und damit kurz vor Erreichen der neuen Altersgrenze steht. F ist gegenwärtig betroffen.

c) Eine **unmittelbare Betroffenheit** liegt vor, wenn es zu einer möglichen Grundrechtsverletzung keines weiteren Vollzugsaktes mehr bedarf. Hier erlischt die Fahrerlaubnis automatisch, ohne dass ein weiterer Vollzugsakt erforderlich ist.

F ist selbst, gegenwärtig und unmittelbar betroffen und somit beschwerdebefugt.

V. Ein Rechtsweg ist gegen Parlamentsgesetze nicht gegeben, sodass die **Rechtswegerschöpfung** (§ 90 Abs. 2 BVerfGG) der Zulässigkeit der Verfassungsbeschwerde nicht entgegen steht.

VI. In diesen Fällen hat das BVerfG aber zusätzlich den **Grundsatz der Subsidiarität** entwickelt. Danach ist eine Verfassungsbeschwerde auch dann unzulässig, wenn es dem Bürger zumutbar und möglich ist, fachgerichtlichen Inzident-Rechtsschutz in Anspruch zu nehmen. Hier könnte F überlegen, ob er vorsätzlich gegen das AgfAG verstößt und damit eine Strafverfolgung provoziert. Sollte der F dann wegen Fahrens ohne Fahrerlaubnis verurteilt werden, könnte er gegen die strafgerichtliche Verurteilung vorgehen und gegen das letztinstanzliche Urteil eine Verfassungsbeschwerde führen. Die Provokation einer strafgerichtlichen Verurteilung ist einem Bürger allerdings nicht zumutbar, sodass der Grundsatz der Subsidiarität nicht zur Unzulässigkeit der Verfassungsbeschwerde führt.

VII. Die **Form** (§§ 23 Abs. 1, 92 BVerfGG) und die **Frist** (§ 93 Abs. 3 BVerfGG) sind eingehalten.

Damit liegen die Sachentscheidungsvoraussetzungen für die Verfassungsbeschwerde vor. Die Verfassungsbeschwerde wäre zulässig.

Fall 30: Verfassungsbeschwerde, Beschwerdefähigkeit, Beschwerdebefugnis
(nach BVerfGE 30, 173 [Mephisto])

Der Schriftsteller Klaus Mann verfasste 1936 im Exil das Buch „Mephisto – Roman einer Karriere". Der Roman schildert den Aufstieg des hochbegabten Schauspielers Hendrik Höfgen, der seine politische Überzeugung verleugnet, um im Pakt mit den NS-Machthabern eine künstlerische Karriere zu machen. Unschwer erkennbar diente als Vorbild für die Romanfigur des Hendrik Höfgen der 1963 verstorbene Schauspieler und Generalintendant Gustav Gründgens (G). Der Adoptivsohn und Alleinerbe Gründgens verlangte aufgrund zahlreicher Unwahrheiten im Jahre 1964 in einem gegen den Verleger angestrengten Zivilprozess aus § 1004 BGB den Ausspruch eines Verbots, den Roman zu vervielfältigen, zu vertreiben und zu veröffentlichen. Der Adoptivsohn berief sich auf das dem verstorbenen Gustav Gründgens zustehende Persönlichkeitsrecht aus Art. 2 Abs. 1 i.V.m. Art. 1 Abs. 1 GG.

Könnte der Adoptivsohn gegen eine negative letztinstanzliche Entscheidung mit einer Verfassungsbeschwerde vorgehen?

Der Adoptivsohn könnte gegen eine letztinstanzliche Entscheidung mit einer Verfassungsbeschwerde vorgehen, wenn diese zulässig ist.

I. Das BVerfG ist gemäß Art. 93 Abs. 1 Nr. 4 a GG, § 13 Nr. 8 a BVerfGG **zuständig** für die Entscheidung über eine Verfassungsbeschwerde.

II. Dann müsste der Adoptivsohn auch **beschwerdefähig** sein, § 90 Abs. 1 BVerfGG. Gemäß § 90 Abs. 1 BVerfGG kann „jedermann" die Verfassungsbeschwerde erheben. Dies ist **jede grundrechtsfähige Person**. Fraglich ist, ob der Verstorbene G noch Träger von Grundrechten sein kann.

Beachte: Das „postmortale Persönlichkeitsrecht" aus Art. 2 Abs. 1 i.V.m. Art. 1 Abs. 1 GG betrifft nur den „Würdeanteil", nicht hingegen andere Ausformungen des APR (z.B. wirtschaftliche Vorteile); anders im Zivilrecht nach der Rspr. des BGH (vgl. auch BVerfG, Beschl. v. 22.08.2006 – 1 BvR 1168/04).

Nach der Rspr. des BVerfG würde es mit dem verfassungsverbürgten Verbot der Unverletzlichkeit der Menschenwürde, das allen Grundrechten zugrunde liegt, unvereinbar sein, wenn der Mensch, dem Würde kraft seines Personseins zukommt, in diesem allgemeinen Achtungsanspruch nach seinem Tode herabgewürdigt und erniedrigt werden dürfte. Dementsprechend endet die durch Art. 1 Abs. 1 GG aller staatlichen Gewalt auferlegte Verpflichtung, dem einzelnen Schutz gegen Angriffe auf seine Menschenwürde zu gewähren, nicht mit dem Tode, sondern wirkt über den Tod hinaus (sogenanntes **postmortales Persönlichkeitsrecht**). Aus diesem Grunde war 1964 der Ehrschutz zugunsten Gründgens noch anwendbar. G war beschwerdefähig.

III. Problematisch könnte die **Prozessfähigkeit** sein. Die Prozessfähigkeit betrifft die Frage, ob sich eine natürliche Person selbstständig auf ihre Grundrechte berufen kann, also insbesondere selbst Verfahrenshandlungen vor dem BVerfG vornehmen kann. Entscheidend ist dabei die **Grundrechtsmündigkeit** der Person.

G kann als Verstorbener selbst nicht mehr Verfahrenshandlungen vor dem BVerfG vornehmen. Aus diesem Grunde ist es bei Bejahung der Grundrechtsfähigkeit des Verstorbenen logisch, das Recht der Geltendmachung dem Erben zu übertragen.[39]

Die Prozessfähigkeit ist danach gegeben.

IV. Als tauglicher **Beschwerdegegenstand**, § 90 Abs. 1 BVerfGG, kommt im Rahmen einer Urteils-Verfassungsbeschwerde das letztinstanzliche Urteil in Betracht.

V. Daneben müsste auch die **Beschwerdebefugnis** gemäß § 90 Abs. 1 BVerfGG gegeben sein.

1. Der Beschwerdeführer müsste gemäß § 90 Abs. 1 BVerfGG auch behaupten können, in einem seiner Grundrechte verletzt zu sein, d.h., es muss zumindest **möglich** sein, dass er in seinen Grundrechten verletzt ist.

Vorliegend kommt eine Verletzung des APR, Art. 2 Abs. 1 i.V.m. Art. 1 Abs. 1 GG in Betracht. Das ist jedoch nur dann möglich, wenn das Zivilgericht bei der Anwendung des § 1004 BGB die Grundrechte zu beachten hatte.

Grundrechte sind in erster Linie Abwehrrechte des Bürgers gegen den Staat, Art. 1 Abs. 3 GG. Die mögliche Verletzung beruht hier nicht auf einem staatlichen Verhalten, sondern auf einer privatrechtlichen Betätigung des Verlegers, sodass die Verletzung durch einen Akt öffentlicher Gewalt ausgeschlossen sein könnte. Diese Frage wird unterschiedlich beurteilt.

Für die unmittelbare Geltung der Grundrechte im Privatrechtsverkehr spricht, dass auch „bei den privatrechtlichen Ansprüchen nicht andere als staatliche Gewalt in Form von Geboten und Verboten vorliegt". Auch Privatrecht ist staatlich gesetztes Recht. Die Richter handeln bei der Entscheidung von Zivilrechtsstreitigkeiten hoheitlich und sind durch Art. 1 Abs. 3 GG den Grundrechten unterworfen.[40]

Dagegen geht die heute h.M. von einer nur **mittelbaren Drittwirkung** der Grundrechte aus. Die Grundrechte enthalten nicht nur subjektiv-öffentliche Abwehrrechte, sondern auch objektive Wertentscheidungen, die für alle Bereiche des Rechts gelten. Daraus ergibt sich, dass weder zivilrechtliche Rechtsvorschriften in Widerspruch zu den Grundrechten stehen dürfen, noch Grundrechte bei der Auslegung und Fortbildung zivilrechtlicher Vorschriften durch die Gerichte unberücksichtigt bleiben dürfen. Die Grundrechte wirken mittelbar auf das Privatrechtsverhältnis der Bürger untereinander, da der Richter bei der Auslegung unbestimmter Rechtsbegriffe und Generalklauseln sowie bei der richterlichen Rechtsfortbildung Grundrechte zu beachten hat.

Danach können Grundrechte eine mittelbare Drittwirkung im Zivilrecht haben, wenn bei der Verwendung unbestimmter Rechtsbegriffe oder Generalklauseln im Zivilrecht eine sogenannte Einbruchstelle für die Grundrechtsanwendung bei Auslegung der gesetzlichen Tatbestandsmerkmale besteht.

Eine solche Einbruchstelle ergibt sich vorliegend über die analoge Anwendung des § 1004 BGB auf das allgemeine Persönlichkeitsrecht, sodass das Zivilgericht das APR des G zu beachten hatte. Eine mögliche Grundrechtsverletzung ist gegeben.

---

39 So BVerfGE 30, 173.

40 So noch Schwabe, Die sogenannte Drittwirkung, 1971.

2. Ein Urteil betrifft den Beschwerdeführer auch **selbst**, **gegenwärtig** und **unmittelbar**.

VI. Der **Rechtsweg** ist **erschöpft**, § 90 Abs. 2 BVerfGG.

VII. Von der Einhaltung der **Formvorschriften** (§§ 23 Abs. 1, 92 BVerfGG) und der **Monatsfrist** gemäß § 93 Abs. 1 BVerfGG ist auszugehen.

Die Verfassungsbeschwerde ist zulässig. Der Adoptivsohn könnte gegen eine letztinstanzliche Entscheidung mit einer Verfassungsbeschwerde vorgehen.

Fall 31: Verfassungsbeschwerde, Grundsatz der Subsidiarität
(Abwandlung zu Fall 19)

Unternehmer U erwirbt für 200.000 € mehrere Grundstücke, die – romantisch gelegen – in die noch völlig unberührte Wald- und Wiesenlandschaft „Ruhrweiher" am Rande eines kleinen Sees in Nordrhein-Westfalen eingebettet sind. U möchte dort ein exklusives Naturhotel errichten. Geplant ist insbesondere, dass „gut betuchte" Gäste in dem Hotel einen Entspannungs- und Wellnessurlaub verbringen können. Noch bevor U seine Pläne verwirklichen kann, stellt die Landesregierung durch eine formell rechtmäßige Verordnung das ganze Gebiet unter Naturschutz.

Nach der VO ist es insbesondere verboten, das Gebiet außerhalb der Straßen und Wege zu betreten, zu zelten, in dem See zu baden oder diesen sonst zu nutzen. U meint, er sei in seinem Eigentumsgrundrecht verletzt, da er seine Grundstücke nunmehr nicht wie geplant nutzen könne.

Wäre eine direkt erhobene Verfassungsbeschwerde gegen die VO zulässig?

Anmerkung: *Gehen Sie davon aus, dass in NRW eine Regelung i.S.v. § 47 Abs. 1 Nr. 2 VwGO nicht besteht.*

Fraglich ist, ob die Verfassungsbeschwerde zulässig ist.

I. Das BVerfG ist gemäß Art. 93 Abs. 1 Nr. 4 a GG, § 13 Nr. 8 a BVerfGG **zuständig** für die Entscheidung über eine Verfassungsbeschwerde.

II. U ist als natürliche Person Träger der Grundrechte und damit **beschwerdefähig** nach § 90 Abs. 1 BVerfGG.

III. Die Landes-Rechtsverordnung ist als **Gesetz im materiellen Sinne** tauglicher **Beschwerdegegenstand**, § 90 Abs. 1 BVerfGG.

IV. Es müsste auch die **Beschwerdebefugnis** gemäß § 90 Abs. 1 BVerfGG gegeben sein.

1. U ist **möglicherweise** in seinem Grundrecht aus **Art. 14 GG** verletzt.

2. Daneben müsste eine **eigene, gegenwärtige und unmittelbare Betroffenheit** des U gegeben sein.

a) U ist durch die Rechtsverordnung selbst und gegenwärtig betroffen.

b) Fraglich ist hingegen, ob der U auch **unmittelbar** betroffen ist. Dies ist bei Rechtsnormen, die noch von der Verwaltung vollzogen werden müssen, nicht gegeben. Die Naturschutz-VO enthält jedoch ein Verbot, welches automatisch und ohne weitere Vollzugsakte der Verwaltung gilt. Es handelt sich um eine sogenannte **„Self-executing-Norm"**, sodass der U auch unmittelbar betroffen ist.

Self-executing-Norm: Eine Rechtsnorm, die nicht mehr von der Verwaltung umgesetzt werden muss, sondern „sich selbst vollzieht".

U ist daher beschwerdebefugt.

V. Gemäß § 90 Abs. 2 S. 1 BVerfGG muss vor Erhebung der Verfassungsbeschwerde zunächst der **Rechtsweg erschöpft** sein. Fraglich ist, ob es vor den Fachgerichten eine Rechtsschutzmöglichkeit gegen die landesrechtliche Rechtsverordnung gibt. In Betracht kommt ein abstraktes Normenkontrollverfahren vor dem OVG gemäß § 47 Abs. 1 Nr. 2 VwGO. Diese Möglichkeit ist allerdings nur gegeben, wenn der Landesgesetzgeber dies bestimmt hat. Entsprechend der Anmerkung zum Fall hat der Gesetzgeber in NRW davon keinen Gebrauch gemacht, sodass ein Rechtsweg gegen die VO selbst nicht gegeben ist.

VI. Nach dem vom BVerfG entwickelten **Grundsatz der Subsidiarität** der Verfassungsbeschwerde ist eine Rechtssatz-Verfassungsbeschwerde trotz des nicht vorhandenen Rechtsweges unzulässig, wenn es dem Beschwerdeführer **zumutbar** und **möglich** ist, zunächst vor den Fachgerichten die Norm inzidenter überprüfen zu lassen. Vorliegend kommen dafür zwei Möglichkeiten in Betracht: Zum einen könnte U gegen das Verbot verstoßen und dann auf eine entsprechende Verbotsverfügung durch die zuständige Behörde warten. Dann könnte er gegen die Verbotsverfügung im Rahmen einer Anfechtungsklage vor den Verwaltungsgerichten klagen. Diese Möglichkeit ist aber nur zumutbar, wenn das Verbot nicht straf- oder bußgeldbewehrt ist. Zum anderen kommt eine Feststellungsklage vor den Verwaltungsgerichten gemäß § 43 VwGO in Betracht. Damit könnte U feststellen lassen, ob die Verbote aus der VO auch für ihn gelten, also ob auch er nicht berechtigt ist, den Wald, den See usw. zu nutzen.

Aus diesem Grunde wäre eine Verfassungsbeschwerde zum jetzigen Zeitpunkt unzulässig.

2. Teil: Staatsorganisationsrecht

1. Staatsprinzipien

Fall 32: Demokratieprinzip aus Art. 20 Abs. 2 GG – Wahlwerbung auf Staatskosten
(nach BVerfGE 44, 125)

In den Wochen vor der letzten Bundestagswahl ließ die Bundesregierung in Tageszeitungen und Zeitschriften aus Haushaltsmitteln finanzierte Anzeigenserien veröffentlichen, in denen Leistungen der Bundesregierung unter Anführung schlagwortartig umrissener Fakten und unter Hinweis auf unbegründete pessimistische Stimmen der Opposition hervorgehoben wurden. Weiterhin gab die Bundesregierung ebenfalls im Rahmen der Öffentlichkeitsarbeit Broschüren und ähnliche Publikationen mit unterschiedlichem Inhalt heraus, teilweise in einer Auflage von mehr als 1 Mio. Exemplaren. Die Publikationen wurden zum großen Teil den Regierungsparteien sowie deren Untergliederungen zur Verbreitung überlassen. Sind die Maßnahmen der Bundesregierung mit dem Demokratieprinzip vereinbar?

Zusatzfrage: Die Oppositionsparteien A und B meinen, dass sie durch die Wahlwerbung der Regierung in ihrem Recht auf Chancengleichheit der Parteien verletzt werden. Haben sie Recht?

I. Aus Art. 20 Abs. 1 GG ergibt sich zunächst, dass die Bundesrepublik Deutschland ein **demokratischer** Bundesstaat ist. Dies wird **konkretisiert in Art. 20 Abs. 2 GG**, nach dem die **Staatsgewalt vom Volke** ausgeht und von diesem u.a. in Wahlen ausgeübt werden soll. Dies bedeutet, dass primär das Volk bestimmen soll, wer in seinem Namen die Staatsgewalt ausübt und welchen Inhalt die Tätigkeit der von ihm gewählten staatlichen Organe haben soll. Umgekehrt soll ausgeschlossen werden, dass die derzeitigen Träger der Staatsgewalt maßgeblich bestimmen, welche Personen mit welchem Inhalt die Staatsgewalt ausüben. Die politische Willensbildung in einer Demokratie soll „von unten nach oben" (vom Volk zu den Staatsorganen) und nicht umgekehrt erfolgen.

II. Gegen diese Maßgaben wird u.a. dann verstoßen, wenn die Bundesregierung unter dem Deckmantel der Öffentlichkeitsarbeit nichts anderes als Wahlwerbung für die Regierungsparteien und für die eigene Wiederwahl betreibt. Dabei kommt noch hinzu, dass Öffentlichkeitsarbeit der Bundesregierung mit allgemeinen Haushaltsmitteln finanziert wird, also mit Steuern, die von Bürgern aller Parteien gezahlt worden sind.

Andererseits ist aber auch nicht jede Öffentlichkeitsarbeit der Bundesregierung in Wahlkampfzeiten generell unzulässig, sodass in jedem Fall abzugrenzen ist zwischen der zulässigen Öffentlichkeitsarbeit auch in Wahlkampfzeiten einerseits und der unzulässigen Wahlwerbung auf Staatskosten andererseits. Dabei geht das BVerfG davon aus, dass die Grenzen zulässiger Öffentlichkeitsarbeit überschritten sind, wenn **Informationskampagnen ohne aktuellen Anlass** erfolgen, nach Form, Auflage und Inhalt reklamehaft wirken, sich in reinen Leistungs- oder Erfolgsberichten erschöpfen und erkennbar nur dem Ziel der Regierung dienen, im Amt zu bleiben. Auch die zeitliche Nähe der streitigen Informationskampagne zur Wahl ist dabei von Bedeutung.

III. Schon dem äußeren Erscheinungsbild nach, sowie aufgrund von Inhalt und Auflage, handelt es sich bei der hier zu prüfenden Informationskampagne eher um eine reklameartige Werbung, als um sachliche Öffentlichkeitsarbeit. Die Bundesregierung umreißt nach dem Sachverhalt ihre Leistungen lediglich unter Anführung schlagwortartig umrissener Fakten und unter Hinweis auf unbegründete pessimistische Stimmen der Opposition. Ein aktueller Anlass für die Erfolgsberichte der Bundesregierung ist nicht ersichtlich. Zudem findet die Informationskampagne nur wenige Wochen vor der nächsten Bundestagswahl statt. Damit liegt eine **unzulässige Wahlwerbung auf Staatskosten** vor und keine zulässige Öffentlichkeitsarbeit, sodass Art. 20 Abs. 1, Abs. 2 GG (Demokratieprinzip, Willensbildung „von unten nach oben“) verletzt ist.

Zusatzfrage:

A. Die **Chancengleichheit der Parteien** wird (im Zusammenhang mit Bundestags- oder Landtagswahlen) aus Art. 21 Abs. 1 i.V.m. Art. 38 Abs. 1 S. 1 GG abgeleitet,[41] außerhalb von Bundestagswahlen dagegen aus Art. 21 Abs. 1 i.V.m. Art. 3 Abs. 1 GG (so z.B. bei der unterschiedlichen steuerlichen Begünstigung von Parteispenden).[42]

B. Gemäß Art. 21 Abs. 1 S. 1 GG wirken die Parteien bei der **politischen Willensbildung des Volkes** mit. Gemäß § 1 Abs. 2 ParteienG tun sie das u.a. dadurch, dass sie sich durch Aufstellung von Bewerbern an den Wahlen in Bund, Ländern und Gemeinden beteiligen. Aus Art. 38 Abs. 1 S. 1 GG, passive Wahlrechtsgleichheit, folgt weiterhin, dass insbesondere auch die Wahlbewerber aller Parteien von allen staatlichen Stellen gleichbehandelt werden müssen. Ungleichbehandlungen der Wahlbewerber und der ihnen nahe stehenden Parteien sind nur ausnahmsweise aus zwingenden staatspolitischen Gründen zulässig (sogenannter formaler Gleichbehandlungsgrundsatz).

C. Fraglich ist, ob hier eine entsprechende **Ungleichbehandlung** gegeben ist, die nicht aus **zwingenden staatspolitischen Gründen** zulässig ist.

I. Durch die unzulässige Wahlwerbung der Bundesregierung werden die Oppositionsparteien ungleich behandelt im Vergleich zu den Regierungsparteien, weil Letztere zur Finanzierung des Wahlkampfes nicht nur die Parteikasse, sondern auch allgemeine Haushaltsmittel in Anspruch nehmen können.

II. Ein **zwingender staatspolitischer Grund** für diese Ungleichbehandlung ist nicht ersichtlich. Damit verstößt die unzulässige Wahlwerbung der Bundesregierung auf Staatskosten gegen die Chancengleichheit der Parteien. Die A- und die B-Partei haben Recht.

---

41 BVerfGE 44, 144.
42 BVerfGE 85, 264, 312.

Fall 33: Art. 20 Abs. 1, Abs. 2 GG – Volksabstimmungen und repräsentative Demokratie

Innerhalb der Regierungskoalition ist umstritten, auf welche Weise die längst überfällige Gesundheitsreform durchzuführen sei. Zuletzt stehen noch zwei Modelle zur Wahl (Modell A und B).

Die zuständige Bundesministerin fragt, ob man nicht durch Volksbefragung verbindlich ermitteln könne, welches der beiden Modelle in der Bevölkerung favorisiert werde.

Die Bundeskanzlerin hält das Modell A für vorzugswürdig und fragt, ob nicht per Volksentscheid geklärt werden könne, ob das Modell A die Zustimmung der Mehrheit in der Bevölkerung findet.

Eine Gruppe von Abgeordneten hält das Modell B für vorzugswürdig und fragt, ob nicht über ein Volksbegehren eine entsprechende Entscheidung des Bundestages erreicht werden könne.

Ein Jurist der Bundestagsverwaltung meint, alle drei Maßnahmen seien verfassungswidrig wegen Verstoßes gegen den Grundsatz der repräsentativen Demokratie, abgeleitet aus dem Demokratieprinzip.

Hat er Recht?

A. Nach Art. 20 Abs. 2 S. 1 GG **geht die Staatsgewalt vom Volke aus**. Damit ist aber noch nicht entschieden, inwieweit das Volk an der Ausübung der Staatsgewalt beteiligt werden soll. Es sind dabei grundsätzlich zwei Möglichkeiten denkbar.

In einer mittelbaren oder repräsentativen Demokratie entscheidet das Volk grundsätzlich nur über die Zusammensetzung der Repräsentationsorgane (insbesondere Bundestag), die dann ihrerseits die Staatsgewalt im Namen des Volkes ausüben (vgl. auch Art. 38 Abs. 1 S. 2 GG, wonach die Abgeordneten des Deutschen Bundestages Vertreter des ganzen Volkes sind).

In einer unmittelbaren oder plebiszitären Demokratie entscheidet das gesamte Staatsvolk durch Abstimmungen im Einzelfall über anstehende politische Entscheidungen, insbesondere über Gesetzesvorhaben. Überwiegend wird dabei die Volksabstimmung oder das Plebiszit als Oberbegriff angesehen für die Unterfälle der Volksbefragung, des Volksentscheids und des Volksbegehrens.

B. Dem Grundgesetz ist das **Prinzip der repräsentativen oder mittelbaren Demokratie** zu entnehmen, sodass Volksabstimmungen außerhalb der ausdrücklich geregelten Fälle in Art. 29 und Art. 118 S. 2 GG unzulässig sind und gegen das Demokratieprinzip aus Art. 20 Abs. 1, Abs. 2 GG verstoßen.

Zur Begründung wird zunächst der **Wortlaut von Art. 20 Abs. 2 S. 2 GG** herangezogen, wonach die Möglichkeit von Abstimmungen erst **nach** der Möglichkeit von Wahlen vorgesehen ist und außerdem angeordnet wird, dass die Staatsgewalt vom Volke durch besondere Organe der Gesetzgebung ausgeübt werden soll (und nicht direkt vom Volke).

Des Weiteren wird ein **Gegenschluss aus Art. 29 und Art. 118 S. 2 GG** herangezogen, wo ausdrücklich in bestimmten Fällen Volksabstimmungen vorgesehen sind und damit in übrigen Fällen nicht.

Außerdem werden geltend gemacht ein Widerspruch zur Weisungsfreiheit von Abgeordneten gemäß **Art. 38 Abs. 1 S. 2 GG** und die ausführliche Regelung über das Gesetzgebungsverfahren in **Art. 76 und 77 GG**, die überflüssig wären, wenn das Volk im Wesentlichen direkt bzw. unmittelbar alle Gesetze erlassen könnte.

Schließlich wird noch hingewiesen auf die angeblich schlechten Erfahrungen mit thematisch unbeschränkten Volksabstimmungen zur Weimarer Zeit (sogenanntes **historisches Argument**).

Die vorgeschlagenen Volksabstimmungen sind (ohne entsprechende Grundgesetzänderung) allesamt verfassungswidrig, wegen Verstoßes gegen den Grundsatz der repräsentativen Demokratie, im Wesentlichen abgeleitet aus Art. 20 Abs. 1, Abs. 2 GG.

Fall 34: Demokratieprinzip aus Art. 20 Abs. 1, 2, 39 GG – Verlängerung der Wahlperiode

Anlässlich einer Finanzkrise diskutiert die Bundesregierung eine Verlängerung der Wahlperiode. Um gesetzliche Reformvorhaben künftig auch in Krisenzeiten unter geringerem Zeitdruck durchführen zu können, soll das Parlament nicht mehr nur für vier Jahre, sondern für fünf Jahre gewählt werden.

Daher beschließt der Bundestag im Januar 2013 mit einer Mehrheit von 2/3 der Abgeordneten und einstimmiger Zustimmung des Bundesrates ein Gesetz zur Änderung des Art. 39 Abs. 1 S. 1 GG, wonach der Bundestag auf fünf Jahre gewählt wird. Die verlängerte Wahlperiode soll erstmals für die 18. Legislaturperiode nach der Bundestagswahl am 22.09.2013 gelten.

Ist ein solches Änderungsgesetz verfassungsgemäß?

Das Änderungsgesetz zum GG müsste formell und materiell verfassungsgemäß sein.

A. Formelle Verfassungsmäßigkeit

I. Die **Gesetzgebungskompetenz** des Bundes für eine Änderung des GG ergibt sich aus der **Natur der Sache**.

II. Hinsichtlich des **Gesetzgebungsverfahrens** ist bei einem das GG ändernden Gesetz insbesondere Art. 79 GG zu beachten. Ein solches Gesetz zur Änderung des GG bedarf gemäß Art. 79 Abs. 2 GG einer qualifizierten Mehrheit von 2/3 der Mitglieder des Bundestages und der Zustimmung von 2/3 der Stimmen des Bundesrates. Diese Mehrheiten sind hier eingehalten.

Ansonsten ist von der Einhaltung der Vorschriften über das Gesetzgebungsverfahren nach Art. 76 ff. GG auszugehen.

Damit ist das Änderungsgesetz zu Art. 39 GG formell verfassungsgemäß.

B. Materielle Verfassungsmäßigkeit

sogenannte Ewigkeitsgarantie

In materieller Hinsicht könnte die Änderung des Art. 39 Abs. 1 S. 1 GG gegen die Sperre des Art. 79 Abs. 3 GG verstoßen. Danach ist eine Änderung des GG unzulässig, die die im Art. 20 GG niedergelegten Grundsätze berührt. Durch eine Verlängerung der Wahlperiode könnte das Demokratieprinzip aus Art. 20 Abs. 1, 2 GG berührt sein.

I. Inhalt des Demokratieprinzips

Die Bundesrepublik Deutschland ist gemäß Art. 20 Abs. 1 GG ein demokratischer Rechtsstaat, in dem **alle Staatsgewalt vom Volke** ausgeht, Art. 20 Abs. 2 S. 1 GG. Die Demokratie ist nach Art. 20 Abs. 2 S. 2 GG **repräsentativ** ausgestaltet und wird vom Volk in Wahlen und Abstimmungen (sowie durch die Organe der Gesetzgebung, der vollziehenden Gewalt und der Rspr.) ausgeübt. In einer Demokratie gilt der Wille der Mehrheit, wobei aber die Mehrheit die Minderheit nicht unterdrücken darf, sondern ein effektiver Minderheitenschutz gewährleistet sein muss. Insofern gibt es in einer Demokratie nur eine Herrschaft auf Zeit. Dies bedeutet auch, dass die Legitimation und Kontrolle parlamentarischer Repräsentation durch freiheitliche Wahlen in regelmäßigen Zeitabständen elementare, von Art. 39 Abs. 1 S. 1 GG erfasste Bestandteile des Demokratieprinzips sind. Die Verlängerung der Wahlperiode auf fünf Jahre betrifft damit das Demokratieprinzip, Art. 20 Abs. 1, 2 GG.

II. Eingriff in den unantastbaren Kernbereich

1. Fraglich ist, ob eine solche Verlängerung der Wahlperiode auf fünf Jahre i.S.d. Art. 79 Abs. 3 GG die Grundsätze des Art. 20 GG berührt.

Die Bestimmung schafft einen Ausgleich zwischen der grundsätzlichen Entwicklungsoffenheit der Verfassung und der Sicherung eines änderungsfesten Kerns, der die fundamentalen verfassungsrechtlichen Leitaussagen vor einer Aushöhlung schützt. Ausgeschlossen sein soll ein Widerspruch verfassungsändernder Gesetze gegen die in Art. 20 GG niedergelegten „Grundsätze". Die Verlängerung der Wahlperiode auf fünf Jahre ist demnach verfassungswidrig, wenn dadurch in den unantastbaren Kernbereich der Demokratie eingegriffen wird und nicht eine sachgerechte Modifizierung der Demokratie erfolgt.

2. In **Art. 38 Abs. 1 S. 2 GG** ist verankert, dass die Abgeordneten des Bundestages den Volkswillen weisungsunabhängig und nach eigener Überzeugung umsetzen. **Die demokratische Kontrolle der Repräsentanten reduziert sich daher auf den Akt der periodischen Neuentscheidung.** In der repräsentativen Demokratie muss die Besetzung des Parlaments deshalb von Zeit zu Zeit erneuert werden, um die grundsätzliche Übereinstimmung von Volk und Volksvertretung zu sichern und dem Willen des Volkes Geltung zu verschaffen. Dies ist insbesondere vor dem Hintergrund zu werten, dass dem Souverän auf Bundesebene keine sonstige direkte Einwirkungsmöglichkeit eingeräumt ist.

3. Auf der anderen Seite dient das im GG verankerte Prinzip der repräsentativen Demokratie der **Arbeitsfähigkeit und effektiven Meinungsbildung im Parlament**. Auch dies ist (Kern-)Bestandteil der Demokratie. Dazu gehört, dass für eine gewisse Zeit der Repräsentant sich ungestört von Wahlkampfaufwand seinen Aufgaben widmen kann.

4. Eine zeitliche Begrenzung ergibt sich aus der Kontrollmöglichkeit durch das Volk einerseits und der Gewährleistung einer effektiven Arbeit des Parlamentes andererseits. Die historische wie die internationale Schwankungsbreite liegt zwischen drei und sechs Jahren.

Bei den Überlegungen, welche Dauer einer Wahlperiode angemessen ist, sind die Erfordernisse der Arbeitsfähigkeit und der Verantwortlichkeit des Parlaments zu beachten. Der Zeitraum muss so bemessen sein, dass einerseits die legislatorische Arbeit und die Kontrollaufgabe gegenüber der Exekutive durch zu häufige Neuwahlen nicht behindert werden, andererseits jedoch die Notwendigkeit einer regelmäßigen Erneuerung der demokratischen Legitimation durch einen Wahlakt der Bürger beachtet wird. Zwar wird die vierjährige Wahlperiode gelegentlich als „gelungener Kompromiss" zwischen den unterschiedlichen, bei der Entscheidung über die Wahlperiode zu berücksichtigenden Anforderungen angesehen. Aber auch durch eine fünfjährige Wahlperiode wird die Balance zwischen der Arbeitsfähigkeit des Parlaments und der erforderlichen regelmäßigen Legitimierung durch die Wählerinnen und Wähler ausreichend gewahrt. Langfristige Projekte können besser verwirklicht werden, wenn der Bundestag unabhängig vom Wahlkampf arbeiten kann und sich die Legislativ- und Regierungstätigkeit nicht von parteipolitischen Erwägungen leiten lässt. Zudem ist zu berücksichtigen, dass die Durchführung einer Bundestagswahl mit finanziellen Aufwendungen für den Staat verbunden ist, die durch eine Verlängerung der Wahlperiode reduziert werden können.

Damit ist eine allgemeine **Verlängerung der Wahlperiode** auf fünf Jahre zulässig. Das Änderungsgesetz zu Art. 39 Abs. 1 S. 1 GG ist verfassungsgemäß.[43]

---

43 Vgl. auch LVerfG M-V, Urt. v. 26.06.2008 – LVerfG 4/07, NVwZ 2008, 1343.

Fall 35: Art. 20 Abs. 2, Abs. 3 GG – Demokratie- und Rechtsstaatsprinzip, Oppositions(fraktions)rechte

Der 18. Deutsche Bundestag besteht aus 630 Abgeordneten (zu Beginn 631). Davon entfallen auf die beiden Oppositionsfraktionen „Die Linke" und „Bündnis 90/Die Grünen" 127 Sitze. Damit unterschreitet die Gesamtheit der Oppositionsfraktionen die Quoren, die das GG für die Ausübung parlamentarischer Minderheitenrechte vorsieht (1/3 bzw. 1/4 der Mitglieder des Bundestages). Die beiden Oppositionsfraktionen meinen, eine effektive Kontrolle der Mehrheit durch die Minderheit sei so nicht möglich. Aus dem Demokratieprinzip und dem Rechtsstaatsprinzip müssten sich aber effektive Oppositionsrechte ergeben. Zumindest in der 18. Wahlperiode des Deutschen Bundestages müssten die Minderheitenrechte von mindestens zwei Fraktionen gemeinsam ausgeübt werden können, die nicht die Bundesregierung tragen.

Ergeben sich aus dem GG (ausdrücklich oder durch Auslegung ermittelt) spezifische Oppositionsfraktionsrechte?

I. Aus dem **Demokratieprinzip** (Art. 20 Abs. 1, Abs. 2 GG) und aus dem **Rechtsstaatsprinzip** (Gewaltenteilung, Art. 20 Abs. 3 GG) ergibt sich, dass die **oppositionelle Minderheit** auch von der Verfassung geschützt werden muss. Dabei gilt in der Demokratie zwar das Mehrheitsprinzip (Art. 42 Abs. 2 GG), sodass die Entscheidungen der parlamentarischen Mehrheit respektiert werden müssen. Andererseits enthält das GG jedoch Durchbrechungen des Mehrheitsprinzips (z.B. Art. 44 Abs. 1 S. 1 GG) die deutlich machen, dass sich die derzeitige Minderheit im Parlament zur Opposition formieren und angemessen betätigen kann, insbesondere die (regierungstragende) Mehrheit kontrollieren können muss. Insofern ist die **Bildung und Ausübung einer organisierten politischen Opposition konstitutiv für die freiheitliche demokratische Grundordnung**. Die parlamentarische Kontrolle der Regierung obliegt nicht nur dem Parlament als Ganzem, sondern insbesondere auch den Abgeordneten und Fraktionen, die nicht die Regierung tragen.[44] Die **Kontrollfunktion der oppositionellen Minderheit** ergibt sich ebenfalls aus dem Verfassungsprozessrecht, wonach z.B. bereits eine Minderheit eine abstrakte Normenkontrolle einleiten kann (Art. 93 Abs. 1 Nr. 2 GG, § 76 Abs. 1 BVerfGG) oder die Möglichkeit der Prozessstandschaft im Organstreitverfahren besitzt (Art. 93 Abs. 1 Nr. 1 GG, § 64 Abs. 1 BVerfGG). Daher ergibt sich aus der Verfassung ein allgemeiner **Grundsatz effektiver Opposition**.

II. Fraglich ist aber, ob sich aus diesem verfassungsrechtlichen Grundsatz auch spezifische Oppositions(fraktions)rechte herleiten lassen.

1. Die „Opposition" ist **im GG nicht eigenständig geregelt**. Vielmehr gesteht das **GG in Ausnahmefällen** der „parlamentarischen Minderheit" Rechte zu, die aber unabhängig davon bestehen, ob diese Minderheitenrechte von der Opposition oder von Abgeordneten/Fraktionen der „regierenden Mehrheit" geltend gemacht werden. Den Regelungen des GG ist zu

44 BVerfG NVwZ 2016, 922.

entnehmen, dass die **Minderheitenrechte nur einer qualifizierten Minderheit**, also einem Quorum von Mitgliedern des Bundestages zur Verfügung stehen. Zwar mag im Regelfall die Opposition von den Minderheitenrechten profitieren. Voraussetzung ist der Oppositionsstatus für ein Berufen auf die Minderheitenrechte jedoch nicht.

Damit ergeben sich zumindest **nicht ausdrücklich** spezifische Oppositions(fraktions)rechte aus dem GG.

2. Entsprechende Rechte könnten sich jedoch möglicherweise durch **Auslegung** aus dem GG herleiten lassen.

a) Einer solchen Herleitung spezifischer, nur der Opposition zur Verfügung stehender Fraktionsrechte könnte aber **Art. 38 Abs. 1 S. 2 GG** entgegenstehen, wonach **alle Abgeordneten** frei in ihren Entscheidungen sind. Aus dem freien Mandat der Abgeordneten ergibt sich auch ein **spezieller Gleichbehandlungsanspruch**, der auch für die Fraktionen gilt. Daher sollen und dürfen auch Abgeordnete aus den Regierungsfraktionen im Einzelfall „opponieren“, wenn eine Entscheidung mit ihrem Gewissen nicht vereinbar ist.

Spezifische Oppositions(fraktions)rechte würden aber die Regierungsfraktionen und ihre Abgeordneten **ungleich** behandeln. Eine solche Ungleichbehandlung wäre **nur gerechtfertigt**, wenn **besonders gewichtige Gründe** vorliegen, die die Ungleichbehandlung der Abgeordneten tragen können. Ein Abgeordneter der Regierungsfraktion wird zwar nur selten „opponieren“. Ein solches Verhalten ist aber auch nicht ausgeschlossen, sodass sich die Regierung auch immer wieder vor den eigenen Abgeordneten rechtfertigen muss. Die **Verantwortung** für sein Abstimmungsverhalten und Auftreten im Parlament trägt ungeachtet politischer Präferenzen und Parteizugehörigkeit **allein der Abgeordnete selbst**, sodass Art. 38 Abs. 1 S. 2 GG jedem einzelnen Abgeordneten eine eigene Oppositionsmöglichkeit eröffnet. Daran ändert auch die besondere Situation einer „entrechteten“ Opposition angesichts einer geradezu "erdrückenden" Regierungsmehrheit nichts.

b) Um eine Ungleichbehandlung der Abgeordneten zu vermeiden wäre auch denkbar, dass die Quoren des GG insgesamt von einem Drittel bzw. einem Viertel für den Fall abgesenkt würden, dass die Oppositionsfraktionen diese Quoren in einer Wahlperiode nicht erreichen. Eine solche Regelung wäre in Bezug auf die Gleichheit aller Abgeordneten neutral. Dieser Auslegung des GG steht aber die **bewusste Entscheidung des Verfassungsgebers für die bestehenden Quoren** entgegen. Aufgrund des expliziten **Wortlauts** der Grundgesetzbestimmungen kommt eine Auslegung im Sinne einer teleologischen Reduktion der Quoren nicht in Betracht.

Damit begründet das GG weder ausdrücklich spezifische Oppositions(fraktions)rechte, noch lassen sich solche aus dem GG herleiten.

Fall 36: Art. 20 Abs. 3 GG – Rechtsstaatsprinzip, Verbot der unzulässigen Rückwirkung

Zur Sanierung der Staatsfinanzen, aber auch, um dringend anstehende Reformvorhaben finanzieren zu können, soll die Mehrwertsteuer um 3 Prozentpunkte erhöht werden.

Unterstellen Sie, dass der Bundestag auch formell verfassungsgemäß das Änderungsgesetz zu den einschlägigen steuerrechtlichen Vorschriften erlässt; das Änderungsgesetz wird im März 2016 im Bundesgesetzblatt verkündet und soll bereits zum 01.01.2016 in Kraft treten.

Ist das Änderungsgesetz mit dem Verbot der unzulässigen Rückwirkung aus dem Rechtsstaatsprinzip des Art. 20 Abs. 3 GG vereinbar?

Abwandlung: Wie ist die Rechtslage zu beurteilen, wenn durch das Änderungsgesetz die Einkommensteuer geändert wird?

A. Ausgangsfall

Fraglich ist die Vereinbarkeit des Änderungsgesetzes mit dem **Rückwirkungsverbot des Rechtsstaatsprinzips**, abgeleitet aus Art. 20 Abs. 3 GG.

I. Das Parlamentsgesetz ist das wichtigste rechtsstaatliche Element, auf das der Bürger sein Verhalten ausrichten muss und ausrichten darf. Es schafft einen **Vertrauenstatbestand** und gewährt **Rechtssicherheit**. Das Vertrauen auf den Fortbestand von gesetzlichen Regelungen wird enttäuscht und dadurch die Rechtssicherheit beeinträchtigt, wenn der Gesetzgeber rückwirkend bereits bestehende Belastungen erhöht oder rückwirkend erstmalig eine Belastung von bisher belastungsfreien Tatbeständen regelt. Das Vertrauen des Bürgers auf den Fortbestand der bisher bestehenden gesetzlichen Rechtslage kann jedoch unterschiedlich groß sein, sodass unterschieden werden muss zwischen der grundsätzlich zulässigen unechten Rückwirkung und der grundsätzlich unzulässigen echten Rückwirkung.

II. Im Ausgangsfall ist dabei zwischen zwei Zeiträumen zu unterscheiden, nämlich zwischen dem Zeitraum von Januar bis März 2016 und dem Zeitraum ab März 2016.

1. Von Januar bis März 2016

Die echte Rückwirkung wird vom 2. Senat und Teilen der Lit. auch **Rückbewirkung von Rechtsfolgen** genannt. Inhaltlich unterscheiden sich diese Begriffe aber nicht.

Hier könnte eine **echte Rückwirkung** des Gesetzes vorliegen. Eine echte Rückwirkung ist gegeben, wenn der Gesetzgeber nachträglich ändernd in einen bereits abgeschlossenen Lebenssachverhalt eingreift und der im Gesetz geregelte Lebenssachverhalt dadurch nachträglich belastend geregelt wird.

Durch das Änderungsgesetz wird nachträglich die Mehrwertsteuer um 3% erhöht, und zwar auch für umsatzsteuerpflichtige Lebenssachverhalte, die vor der Verkündung des Änderungsgesetzes liegen. Hat z.B. jemand ein Kfz im Februar des Jahres mit einer Mehrwertsteuer von 19% gekauft, müsste er nun noch 3% auf den Kaufpreis nachzahlen. Das Änderungsgesetz enthält demnach eine nachträglich belastende Regelung für die Monate Januar bis März 2016.

Damit sind die Voraussetzungen einer echten Rückwirkung gegeben.

Die **echte Rückwirkung** ist wegen des im Vergleich erheblich höheren Vertrauenstatbestandes der Normadressaten **grundsätzlich unzulässig**.

Sie ist **ausnahmsweise** dann zulässig, wenn das Vertrauen der Normadressaten in den Fortbestand der alten Rechtslage nicht schutzwürdig ist, insbesondere weil er mit einer neuen Regelung rechnen musste oder weil zwingende Gründe des gemeinen Wohls vorliegen.

Wegen der Gründe für die Mehrwertsteuererhöhung (Sanierung der Staatsfinanzen, Finanzierung von dringend anstehenden Reformen) könnte möglicherweise von einem **zwingenden Grund des Gemeinwohls** auszugehen sein. Allerdings würde auch eine Erhöhung der Mehrwertsteuer für die Zukunft dem Staat Geldmittel zufließen lassen, sodass die Staatsfinanzen dann (etwas später) saniert werden könnten. Aus diesem Grunde reichen die rein fiskalischen Erwägungen nicht aus, um die echte Rückwirkung zu rechtfertigen. Die Normadressaten mussten auch nicht mit einer Mehrwertsteuererhöhung rechnen, sodass eine unzulässige Rückwirkung vorliegt.

Damit ist für den Zeitraum von Januar bis März 2016 ein Verstoß gegen das Rechtsstaatsprinzip des Art. 20 Abs. 3 GG gegeben.

2. Ab März 2016

Für den Zeitraum ab März 2016 wirkt das Änderungsgesetz zur Erhöhung der Mehrwertsteuer nicht zurück. Weder ist insoweit ein Sachverhalt bereits abgeschlossen (echte Rückwirkung), noch greift das Gesetz nachträglich ändernd auf einen noch nicht abgeschlossenen Lebenssachverhalt zu. Damit ist das Änderungsgesetz für den Zeitraum ab März 2016 verfassungsrechtlich zulässig.

B. Abwandlung

Im Gegensatz zur Mehrwertsteuer handelt es sich bei der Einkommensteuer um eine sogenannte **Jahressteuer**. D.h., dass die Bemessungsgrundlage für die vom Bürger zu entrichtende Einkommensteuer das Einkommen des gesamten Kalenderjahres ist.

Das Änderungsgesetz wird im März 2016 verkündet. Zu diesem Zeitpunkt ist noch nicht klar, wie hoch das Jahreseinkommen des Normadressaten sein wird. Es könnte demnach eine **unechte Rückwirkung** des Gesetzes vorliegen.

Voraussetzung für eine unechte Rückwirkung ist, dass ein Lebenssachverhalt bei Verkündung des Gesetzes noch nicht abgeschlossen ist, das Gesetz aber gleichwohl auf in der Vergangenheit beruhende Umstände zurückgreift. Der in dem Änderungsgesetz geregelte Lebenssachverhalt umfasst steuerpflichtige Vorgänge in dem jeweiligen Kalenderjahr, also hier das Kalenderjahr 2016. Dieser Lebenssachverhalt ist bei Verkündung des Gesetzes im März 2016 noch nicht abgeschlossen gewesen.

Die unechte Rückwirkung wird vom 2. Senat und Teilen der Lit. auch **tatbestandliche Rückanknüpfung** genannt. Inhaltlich unterscheiden sich diese Begriffe aber nicht.

Der Lebenssachverhalt wird nachträglich belastend geregelt, indem das Vertrauen der Steuerpflichtigen aus den ersten Monaten des Jahres 2016, nicht mit einer erhöhten Einkommensteuer belastet zu werden, enttäuscht wird. Damit sind die Voraussetzungen einer unechten Rückwirkung erfüllt.

Die **unechte Rückwirkung** ist im Gegensatz zur echten Rückwirkung **grundsätzlich zulässig** und nur dann unzulässig, wenn das Vertrauen der Normadressaten in den Fortbestand der alten Rechtslage die öffentlichen Interessen an der neuen belastenden Rechtslage eindeutig überwiegt. Anhaltspunkte dafür sind aus dem Sachverhalt nicht ersichtlich, sodass die in der Abwandlung vorliegende unechte Rückwirkung zulässig ist.

2. Bundestag

Fall 37: Art. 38 Abs. 1 S. 1 GG – Allgemeinheit der Wahl, personelle Gewaltenteilung

Gemäß § 5 Abs. 1 S. 1 AbgeordnetenG ruhen die Rechte und Pflichten aus dem Dienstverhältnis eines in den Bundestag gewählten Beamten mit Dienstbezügen vom Tage der Annahme der Wahl für die Dauer der Mitgliedschaft.

Der Bundesbeamte B, der sich für ein Mandat im Deutschen Bundestag bewirbt, möchte auch nach seiner möglichen Wahl in den Bundestag weiterhin als Beamter tätig sein und weiter Dienstbezüge erhalten.

Er fragt, ob § 5 Abs. 1 S. 1 AbgG mit dem Grundsatz der Allgemeinheit der Wahl, abgeleitet aus Art. 38 Abs. 1 S. 1 GG, vereinbar ist.

Es könnte ein Verstoß gegen die **Allgemeinheit der Wahl** aus Art. 38 Abs. 1 S. 1 GG gegeben sein.

Allgemeinheit der Wahl i.S.v. Art. 38 Abs. 1 S. 1 GG bedeutet, dass grundsätzlich allen Deutschen ab 18 Jahren uneingeschränkt die Möglichkeit offen steht, zu wählen (aktives Wahlrecht) und gewählt zu werden (passives Wahlrecht). Einschränkungen des aktiven oder passiven Wahlrechts bzw. Ungleichbehandlungen in diesem Bereich sind nur ausnahmsweise zulässig aus zwingenden staatspolitischen Gründen (formeller oder strenger Gleichbehandlungsgrundsatz bei der Allgemeinheit der Wahl).

Der Grundsatz der Allgemeinheit der Wahl wird wie ein besonderes Gleichheitsrecht geprüft.

I. Feststellung einer Ungleichbehandlung

B als Beamter muss im Fall der Wahl in den Bundestag entscheiden, ob er das Mandat annimmt und damit das einstweilige Ruhen seiner Rechte und Pflichten aus dem beamtenrechtlichen Dienstverhältnis bewirkt, also damit u.a. auch den Verlust der Dienstbezüge.

Andere Wahlkandidaten, die in den Bundestag gewählt werden, insbesondere Freiberufler, können auch nach Annahme des Mandates weiterhin ihrem Beruf nachgehen.

Damit liegt eine Ungleichbehandlung im Rahmen des passiven Wahlrechts vor.

II. Rechtfertigung der Ungleichbehandlung

Einschränkungen der Allgemeinheit der Wahl bzw. eine Ungleichbehandlung in diesem Bereich sind nur ausnahmsweise dann zulässig, wenn sie aus zwingenden staatspolitischen Gründen notwendig sind.

Zweck der gesetzlichen Regelung in § 5 Abs. 1 S. 1 AbgeordnetenG ist die Verhinderung einer Interessenkollision, die entstehen könnte, wenn der Bundesbeamte B gleichzeitig der Bundesexekutive, also der Bundesverwaltung, angehört und dem Bundestag, also der Bundeslegislative. Das könnte zu einer Verletzung des Grundsatzes der Gewaltenteilung führen aus Art. 20 Abs. 3 GG (Rechtsstaatsprinzip), der grundsätzlich davon ausgeht, dass die drei Gewalten (Judikative, Exekutive und Legislative) nicht nur funktionell, sondern auch personell streng getrennt werden müssen, um die gegenseitige Kontrollfunktion zu wahren (sogenannte personelle Gewaltenteilung oder Inkompatibilität oder Unvereinbarkeit von Amt und Mandat). Dieser Normzweck findet seinen Ausdruck und seine Bestätigung auch in Art. 137 Abs. 1 GG, wo es u.a. heißt: „Die Wählbarkeit von Beamten und Richtern im Bund, in den Ländern und den Gemeinden kann gesetzlich beschränkt werden." Der Grundsatz der personellen Gewaltenteilung wiegt eindeutig höher als die Allgemeinheit der Wahl bzw. das Recht auf uneingeschränkte passive Wählbarkeit, sodass die Ungleichbehandlung aus zwingenden staatspolitischen Gründen gerechtfertigt ist.

§ 5 Abs. 1 S. 1 AbgeordnetenG ist mit Art. 38 Abs. 1 S. 1 GG vereinbar.

Fall 38: Art. 38 Abs. 1 S. 1 GG – Unmittelbarkeit der Wahl

Gemäß § 4 BWG hat jeder Wähler bei Bundestagswahlen zwei Stimmen, eine Erststimme für die Wahl eines Wahlkreisabgeordneten (Direktmandat) und eine Zweitstimme für die Wahl einer Landesliste (Listenmandat). Gemäß § 27 Abs. 1 S. 1 BWG können Landeslisten nur von Parteien eingereicht werden, welche die Landeslisten parteiintern nach näherer Vorgabe der §§ 27 ff. BWG erstellen und insbesondere auch festlegen, in welcher Reihenfolge die Kandidaten aufgestellt werden. Die Rangfolge der Kandidaten ist von großer Wichtigkeit; denn je höher der Listenplatz, desto eher besteht die Chance, über ein Listenmandat in den Bundestag einzuziehen. Damit entscheidet letztlich allein die Partei, welche Chancen ein Kandidat hat, insbesondere aufgrund seines Listenplatzes in den Bundestag einzuziehen.

Ist die oben beschriebene Systematik des Bundeswahlgesetzes mit dem Grundsatz der Unmittelbarkeit der Wahl aus Art. 38 Abs. 1 S. 1 GG vereinbar?

Die Systematik des BWG, nach der parteiintern die Besetzung der Landeslisten und ihre Reihenfolge festgelegt wird, wäre mit dem Grundsatz der Unmittelbarkeit der Wahl unvereinbar, wenn ein Eingriff in den geschützten Bereich gegeben ist, der verfassungsrechtlich nicht zu rechtfertigen wäre.

I. Es müsste ein **Eingriff in den Schutzbereich** vorliegen.

Die Unmittelbarkeit der Wahl wird wie ein Freiheitsrecht geprüft.

1. Der Grundsatz der **Unmittelbarkeit der Wahl** aus Art. 38 Abs. 1 S. 1 GG garantiert als **besonderes Freiheitsrecht**, dass grundsätzlich keine weitere Entscheidungsinstanz zwischen Wählerstimme einerseits und Ermittlung der Abgeordnetensitze für den Bundestag andererseits zulässig ist; mit anderen Worten soll der Wähler bei Ausübung der Staatsgewalt durch Wahlen zum Bundestag (vgl. Art. 20 Abs. 2 GG) grundsätzlich allein bestimmen können, welche Partei und welche Abgeordneten in den Bundestag gewählt werden.

2. Die Systematik der §§ 4 und 27 BWG sieht, wie im Sachverhalt dargestellt, vor, dass allein die Partei darüber entscheidet, welcher Kandidat aufgestellt werden soll und in welcher Reihenfolge auf der Liste. Damit tritt eine selbstständige Zwischenursache zwischen die Abgabe der Wählerstimme einerseits und die Ermittlung der Abgeordnetensitze andererseits, sodass ein Eingriff in den Schutzbereich von Art. 38 Abs. 1 S. 1 GG, Unmittelbarkeit der Wahl, vorliegt.

II. Der Eingriff könnte **verfassungsrechtlich gerechtfertigt** sein.

1. Ein Eingriff in den Schutzbereich des Grundrechtes auf Unmittelbarkeit der Wahl ist dann gerechtfertigt, wenn die genannten Vorschriften des Bundeswahlgesetzes verfassungsmäßige Konkretisierungen des **Gesetzesvorbehaltes** in Art. 38 Abs. 3 GG sind.

2. Fraglich ist allein die **Verhältnismäßigkeit** der gesetzlichen Systematik. Diese Voraussetzung ist, ähnlich wie bei der Allgemeinheit oder Gleichheit der Wahl, ausnahmsweise nur dann erfüllt, wenn der Eingriff in den Schutzbereich des Wahlgrundrechtes aus zwingenden staatspolitischen Gründen erforderlich ist.

a) Zwingende staatspolitische Gründe sind alle Werte mit Verfassungsrang, insbesondere die Grundrechte und die Verfassungsprinzipien.

b) Der Eingriff ist **erforderlich** und **angemessen**, wenn der Wert mit Verfassungsrang schwerer wiegt als der Grundsatz der Unmittelbarkeit der Wahl aus Art. 38 Abs. 1 S. 1 GG.

Als staatspolitischer Grund bzw. Wert mit Verfassungsrang kommt hier Art. 21 GG in Betracht. Danach wirken die Parteien bei der politischen Willensbildung des Volkes mit. Diese Mitwirkung erfolgt gemäß § 1 Abs. 2 ParteiG, der Art. 21 Abs. 1 S. 1 GG konkretisiert, u.a. dadurch, dass die Parteien sich durch Aufstellung von Bewerbern an den Wahlen in Bund, Ländern und Gemeinden beteiligen. Durch beide genannten Vorschriften wird deutlich, dass die Beteiligung an Wahlen durch Aufstellung der Bewerber jedenfalls auch Sache der Parteien ist und nicht ausschließlich Sache des Volkes bzw. des einzelnen Wählers. Dieser Normzweck der §§ 4 und 27 BWG wiegt auch schwerer als der Grundsatz der Unmittelbarkeit der Wahl, sodass der Eingriff in den Schutzbereich dieses Grundrechtes gerechtfertigt und damit rechtmäßig ist.

Die Systematik des Bundeswahlgesetzes ist deshalb mit dem Grundsatz der Unmittelbarkeit der Wahl aus Art. 38 Abs. 1 S. 1 GG vereinbar.

Fall 39: Art. 38 Abs. 1 S. 1 GG – aktive Wahlrechtsgleichheit

Gemäß § 6 Abs. 3 S. 1 BWG werden bei der Verteilung der Sitze auf die Landeslisten grundsätzlich nur Parteien berücksichtigt, die mindestens 5% der im Wahlgebiet abgegebenen gültigen Zweitstimmen erhalten haben. Dieser Grundsatz hat zur Folge, dass Zweitstimmen für Parteien, die unter 5% bleiben, verloren sind bzw. keinen Erfolgswert haben.

Wähler W steht der kleinen K-Partei nahe, die regelmäßig die 5%-Sperrklausel bei Bundestagswahlen nicht erreicht. Er fragt, ob § 6 Abs. 6 S. 1 BWG mit Art. 38 Abs. 1 S. 1 GG, der Gleichheit der Wahl, vereinbar ist.

Der Grundsatz der Wahlrechtsgleichheit schützt grundsätzlich nicht nur die Gleichbehandlung aller Wahlkandidaten bei Wahlen zum Bundestag (zur sogenannten passiven Wahlrechtsgleichheit vgl. oben Fall 35), sondern soll auch bewirken, dass grundsätzlich alle Wähler mit ihren Stimmen den gleichen Einfluss auf das Wahlergebnis haben können (sogenannte aktive Wahlrechtsgleichheit, Grundsatz des gleichen Erfolgswertes). Wie auch bei der passiven Wahlrechtsgleichheit sind Ungleichbehandlungen von Wählerstimmen nur ganz ausnahmsweise zulässig aus zwingenden staatspolitischen Gründen.

I. Zunächst müsste eine **Ungleichbehandlung** von verschiedenen Wählerstimmen vorliegen.

Nach dem Wortlaut von § 6 Abs. 3 S. 1 BWG werden bei der Verteilung der Sitze auf die Landeslisten Parteien immer berücksichtigt, wenn sie mindestens 5 v.H. der im Wahlgebiet abgegebenen gültigen Zweitstimmen erhalten haben, d.h., sofern der Wähler seine Zweitstimme für eine solche Partei abgegeben hat, hat seine Stimme vollen Erfolgswert, weil die von ihm gewählte Partei entsprechend dem Verhältnis ihrer Zweitstimmen in dem jeweiligen Bundesland an der Sitzverteilung im Bundestag teilnimmt.

Überhaupt keinen Erfolgswert haben dagegen grundsätzlich Zweitstimmen der Wähler für solche Parteien, die unter der 5%-Sperrklausel bleiben. Diese Parteien nehmen nicht an der Sitzverteilung im Bundestag teil.

Damit liegt zunächst eine Ungleichbehandlung von Zweitstimmen vor.

II. Eine Ungleichbehandlung des Erfolgswertes von Wählerstimmen kann ausnahmsweise **sachlich gerechtfertigt** werden, wenn zwingende staatspolitische Gründe vorliegen (sogenannter formeller oder strenger Gleichbehandlungsgrundsatz im Bereich der Wahlrechtsgleichheit von Art. 38 Abs. 1 S. 1 GG). Grund für die 5%-Sperrklausel ist die Verhinderung von Splitterparteien, die möglicherweise eine effektive parlamentarische Arbeit im Bundestag behindern oder zumindest verzögern können. Dieser Zweck der 5%-Sperrklausel wird u.a. auch begründet mit den angeblich schlechten Erfahrungen mit Splitterparteien in der Weimarer Zeit (sogenanntes historisches Argument). Die Funktionsfähigkeit des Bundestages wird im Wesentlichen abgeleitet aus Art. 20 Abs. 2 GG, wonach die Staatsgewalt vom Volke durch besondere Organe der Gesetzgebung (effektiv) ausgeübt werden soll. Da dieser Aspekt höher wiegt als das Recht des Wählers auf vollen Erfolgswert seiner Stimme, besteht ein zwingender staatspolitischer Grund für die Ungleichbehandlung im vorliegenden Fall.

§ 6 Abs. 3 S. 1 BWG ist mit der Gleichheit der Wahl aus Art. 38 Abs. 1 S. 1 GG vereinbar.

Fall 40: Art. 3 Abs. 1 i.V.m. Art. 21 GG – aktive Wahlrechtsgleichheit, Europawahl

Abwandlung zu Fall 39
(nach BVerfG, Urt. v. 26.02.2014 – 2 BvE 2/13 u.a.)

Nach § 2 Abs. 7 Europawahlgesetz (EuWG) galt auch für die Wahlen zum Europäischen Parlament in Deutschland eine 5%-Sperrklausel. Durch Gesetz vom 07.10.2013 wurde diese Sperrklausel aufgrund einer Entscheidung des BVerfG auf 3% erniedrigt. Danach werden nur Parteien berücksichtigt, die mindestens drei v.H. der im Wahlgebiet abgegebenen gültigen Stimmen erhalten haben. Dieser Grundsatz hat zur Folge, dass die Stimmen für Parteien, die unter 3% bleiben, verloren sind bzw. keinen Erfolgswert haben.

Wähler W steht der kleinen K-Partei nahe, die regelmäßig auch die erniedrigte 3%-Sperrklausel bei Europawahlen nicht erreicht. Er fragt, ob § 2 Abs. 7 EuWG mit Art. 3 Abs. 1 GG i.V.m. Art. 21 GG vereinbar ist.

Die 3%-Sperrklausel im Europawahlrecht gemäß § 2 Abs. 7 EuWG könnte gegen den **Grundsatz der Gleichheit der Wahl** verstoßen.

I. Der Grundsatz der Gleichheit der Wahl ergibt sich **für die Wahl der Abgeordneten des Europäischen Parlaments** aus **Art. 3 Abs. 1 GG**. Hergeleitet aus dem Demokratieprinzip (Art. 20 Abs. 2 GG) und Art. 3 Abs. 1 GG verlangt der Grundsatz, dass alle Wahlberechtigten das aktive Wahlrecht formal gleich ausüben können. Daraus ergibt sich, dass bei der Verhältniswahl ein gleicher Zählwert der Stimmen zwingend ist, aber auch, dass jeder Wahlberechtigte mit seiner Stimme die gleiche Erfolgschance (gleicher Erfolgswert) haben muss.

Anders als bei einer Bundestagswahl kann für die Europawahl der Grundsatz der Gleichheit **nicht** aus Art. 38 Abs. 1 S. 1 GG hergeleitet werden. Art. 38 GG gilt **nur** für den Bundestag!

II. Durch die 3%-Sperrklausel im Europawahlrecht gemäß § 2 Abs. 7 EuWG wird der gleiche Zählwert von Stimmen nicht betroffen. Wenn jedoch ein Wähler seine Stimme für eine Partei abgibt, die an der 3%-Sperrklausel scheitert, dann hat die Stimme dieses Wählers keinen Erfolg (Erfolgswert Null), während die Stimme eines Wählers, der eine andere Partei wählt, mit seiner Stimme einen Erfolg (Abgeordnetensitz) herbeiführt. Daher führt die 3%-Sperrklausel zu einem **ungleichen Erfolgswert** der Stimmen.

III. Der Grundsatz der Gleichheit der Wahl unterfällt jedoch keinem absoluten Differenzierungsverbot. Allerdings folgt aus dem formalen Charakter des Grundsatzes der Wahlgleichheit, dass dem Gesetzgeber bei der Ordnung des Wahlrechts nur ein eng bemessener Spielraum für Differenzierungen verbleibt. Differenzierungen bedürfen zu ihrer Rechtfertigung stets eines besonderen, sachlich legitimierten, **„zwingenden" Grundes**.[45]

Fraglich ist demzufolge, ob für die Ungleichbehandlung der Wählerstimmen ein zwingender sachlicher Grund gegeben ist, der geeignet und erforderlich ist, um den Zweck der Ungleichbehandlung zu rechtfertigen.

1. Ein solcher **zwingender sachlicher Grund** könnte darin zu sehen sein, dass ohne eine Sperrklausel auch viele kleine Parteien in das Parlament einziehen, sodass es zu einer Zersplitterung des Parlaments käme. Dadurch

45 BVerfG, Urt. v. 26.02.2014 – 2 BvE 2/13, Rn. 59.

könnte eine Regierungsbildung erschwert oder sogar unmöglich gemacht werden. Bei der Europawahl 2009 waren in Deutschland (von der damals noch geltenden 5%-Sperrklausel) acht Abgeordnetensitze von der Sperrklausel betroffen, die auf nicht berücksichtigte kleine Parteien entfallen wären. Im Europäischen Parlament sind gegenwärtig über 160 Parteien aus 27 Mitgliedstaaten vertreten. Schon diese Zahlen sprechen dafür, dass ein Wegfall der 3%-Hürde in Deutschland nicht zu einer „problematischen" Zersplitterung des Europäischen Parlaments führen würde.

2. Das größte Problem bei einem zersplitterten Parlament besteht darin, dass für die Regierungsbildung und für die Handlungsfähigkeit der Regierung **stabile Mehrheitsverhältnisse im Parlament** erforderlich sind. Dies ist das Hauptargument zur Rechtfertigung der 3%-Sperrklausel für die Wahl des Deutschen Bundestages. Eine vergleichbare Interessenlage besteht auf europäischer Ebene nach den europäischen Verträgen nicht.[46] Das Europäische Parlament wählt keine Unionsregierung, die auf seine fortlaufende Unterstützung angewiesen wäre. Ebenso wenig ist die Gesetzgebung der Union von einer gleichbleibenden Mehrheit im Europäischen Parlament abhängig, die von einer stabilen Koalition bestimmter Fraktionen gebildet würde und der eine Opposition gegenüberstünde.

Der Gesichtspunkt der Zersplitterung des Parlaments ist nach alldem kein zwingender sachlicher Grund und damit nicht in der Lage, die Ungleichbehandlung der Wählerstimmen in ihrem Erfolgswert zu rechtfertigen.

3. Ein **zwingender sachlicher Grund** für die Ungleichbehandlung könnte sich auch daraus ergeben, dass durch den Wegfall der 3%-Sperrklausel die nationalen „deutschen" Kontingente in den (großen) Fraktionen des Europäischen Parlaments kleiner werden und damit der Einfluss der Bundesrepublik Deutschland im Europäischen Parlament abnimmt.

Aber unabhängig von der Frage, ob die Wahrung nationaler Interessen im Rahmen von Europawahlen überhaupt einen legitimen Ansatz für Differenzierungen darstellen kann, darf der Gesetzgeber größere Parteien nicht allein deshalb bevorzugen, weil sie ihre Auffassungen auf europäischer Ebene voraussichtlich mit größerer Aussicht auf Erfolg als kleine Parteien einbringen können.[47]

Ein besonderer, zwingender sachlicher Grund ist für die durch die 3%-Sperrklausel ausgelöste Ungleichbehandlung der Wählerstimmen demzufolge nicht gegeben. § 2 Abs. 7 EuWG verstößt daher gegen Art. 3 Abs. 1 i.V.m. Art. 21 Abs. 1 GG und ist somit verfassungswidrig.

---

46 So schon BVerfGE 129, 300, 317 ff.

47 So schon BVerfGE 129, 300, 317 ff.

Fall 41: Art. 38 Abs. 1 S. 2 GG – Freies Mandat von Abgeordneten

Der Abgeordnete A ist neu in den Bundestag gewählt worden und will sich über die für ihn geltenden Vorschriften sowie über seine Rechte und Pflichten im Bundestag informieren. Beim Durchlesen der Geschäftsordnung des Bundestages stößt er auf folgende Vorschriften:

Gemäß § 37 kann einem Abgeordneten unter bestimmten Voraussetzungen das Wort entzogen werden.

Gemäß § 38 kann ein Mitglied des Bundestages wegen gröblicher Verletzung der Ordnung für einen oder mehrere Sitzungstage ausgeschlossen und aus dem Saal verwiesen werden.

Gemäß § 76 Abs. 1 i.V.m. § 75 Abs. 1 a können Gesetzentwürfe nur von einer Fraktion (§ 10 Abs. 1 GOBT) oder von 5 v.H. der Mitglieder des Bundestages wirksam eingereicht werden.

A meint, dass diese Vorschriften in der Geschäftsordnung des Bundestages unvereinbar sind mit der Freiheit des Mandates aus Art. 38 Abs. 1 S. 2 GG.

I. Gemäß Art. 38 Abs. 1 S. 2 GG sind die Abgeordneten des Deutschen Bundestages Vertreter des ganzen Volkes, an Aufträge und Weisungen nicht gebunden und nur ihrem Gewissen unterworfen. Aus diesem zunächst sehr allgemein formulierten **Grundsatz des freien Mandates** haben Rspr. und Lit. u.a. folgende konkrete Rechte des Abgeordneten entwickelt: das Teilnahmerecht, das Rederecht und das Antragsrecht.

Diese Rechte sind natürlich, ähnlich wie bei Grundrechten, nicht schrankenlos garantiert, sondern unterliegen im Rahmen der Verhältnismäßigkeit gewissen Einschränkungen, die letztlich aus Verfassungsgrundsätzen hergeleitet werden.

II. Als **Einschränkung** kommt hier das sogenannte Effektivitätsprinzip in Betracht. Es wird im Wesentlichen aus dem Demokratieprinzip (Art. 20 Abs. 2 GG) abgeleitet und besagt Folgendes: Der Bundestag ist ein großes Kollegialorgan und die Rechte der Abgeordneten sind im Wesentlichen organschaftliche Mitgliedschaftsrechte, die aus Gründen der Effektivität und Handlungsfähigkeit des Bundestages eingeschränkt werden müssen.

Überträgt man diese Grundsätze auf die o.g. Vorschriften der Geschäftsordnung des Bundestages, so liegt auf der Hand, dass aus Gründen der effektiven parlamentarischen Arbeit das Rederecht (§ 37), das Teilnahmerecht (§ 38) und auch das Antragsrecht (§ 76 Abs. 1) unter den dort genannten strengen Voraussetzungen Einschränkungen unterliegen müssen.

Damit sind die genannten Vorschriften der Geschäftsordnung des Bundestages mit Art. 38 Abs. 1 S. 2 GG vereinbar.

Fall 42: Durchsuchung beim Mitarbeiter eines Abgeordneten
(nach BVerfG NJW 2003, 3401)

Der Bundestag hatte zur Überprüfung von Parteispenden einen Untersuchungsausschuss eingesetzt. Ihm gehörten u.a. der Abgeordnete A sowie 12 weitere Abgeordnete (W 1–12) der S-Fraktion an. Während der Arbeit des Ausschusses erschienen in einer Zeitung vertrauliche Mitteilungen aus dem Ausschuss, welche die Staatsanwaltschaft in München veranlassten, gegen Regierungsdirektor R ein Ermittlungsverfahren wegen des Verdachts des Geheimnisverrates einzuleiten. R ist Beamter bei der Bundestagsverwaltung und war als solcher der Arbeitsgruppe der S-Fraktion im Ausschuss als Mitarbeiter zugewiesen.

Auf Ersuchen der Staatsanwaltschaft ordnete der Ermittlungsrichter die Durchsuchung der Diensträume des R im Bundestag sowie seiner Privatwohnung zum Zwecke der Sicherstellung von Beweismitteln an. Die Durchsuchung wurde durchgeführt, nachdem auch der Bundestagspräsident seine Genehmigung erteilt hatte. Der Entscheidung des Bundestagspräsidenten war eine kurzfristige Mitteilung an die Arbeitsgruppe sowie die notwendige Abstimmung im zuständigen Ausschuss vorausgegangen. Es wurden zahlreiche Dokumente aus dem Ausschuss sichergestellt, auch solche, die R mit nach Hause genommen hatte.

A sowie W 1–12 haben gegen den Bundestagspräsidenten Organklage erhoben. Dieser habe nicht ohne Genehmigung des Plenums die Genehmigung zur Durchsuchung der Diensträume erteilen dürfen. Der Bundestagspräsident wendet u.a. ein, dass inzwischen eine neue Legislaturperiode andauert und die Abgeordneten W 11 und W 12 nicht mehr im Bundestag vertreten seien.

Wie wird das BVerfG über das zulässige Organstreitverfahren entscheiden?

Anmerkung: Zwar werden hier die Räume des Mitarbeiters durchsucht, aber der Abgeordnete hat im Bundestag eine Herrschaftsmacht auch über Schriftstücke in den Räumen seiner Mitarbeiter, sodass die Durchsuchung auch die Rechte der Abgeordneten betreffen kann.

Der Antrag von A und W 1–12 ist begründet, wenn die Genehmigung des Bundestagspräsidenten betreffend Durchsuchung und Beschlagnahme in den Diensträumen des R gegen die Rechte der Antragsteller aus Art. 38 Abs. 1 S. 2 i.V.m. Art. 47 GG sowie aus Art. 40 Abs. 2 S. 2 GG verstößt.

I. Dann müsste zunächst eine **Ermächtigungsgrundlage** vorhanden sein. Rechtsgrundlage für die Genehmigung des Bundestagspräsidenten ist Art. 40 Abs. 2 S. 2 GG.

II. Die Genehmigung müsste **formell rechtmäßig** sein.

1. Der Bundestagspräsident ist **zuständig** gemäß Art. 40 Abs. 2 S. 2 GG.

2. Eine vorherige **Anhörung** der betroffenen Abgeordneten wird aufgrund des Wortlauts von Art. 40 Abs. 2 S. 2 GG auch vom BVerfG nicht für erforderlich gehalten. Insbesondere bestehe keine Pflicht, die Entscheidung der Abgeordneten über die Ausübung des ihnen möglicherweise zustehenden Zeugnisverweigerungsrechtes vor der Genehmigungserteilung einzuholen.

III. Daneben müssten auch die **materiellen Rechtmäßigkeitsvoraussetzungen** gegeben sein.

1. Dafür müssten die **Tatbestandsvoraussetzungen** der Ermächtigungsgrundlage gegeben sein.

a) Dem Bundestagspräsidenten lag ein **richterlicher Durchsuchungs- und Beschlagnahmebeschluss** vor.

b) Weitere Voraussetzungen sind, jedenfalls nach Auffassung des BVerfG, nicht zu prüfen, vielmehr soll sich die Prüfung des Bundestagspräsidenten auf eine reine Evidenzkontrolle im Hinblick auf offenkundige Verletzungen von Rechten des Bundestages oder der möglicherweise betroffenen Abgeordneten beschränken.

2. Es müssten auch die **allgemeinen Rechtmäßigkeitsanforderungen** vorliegen, insbesondere dürften **keine Ermessensfehler** gegeben sein.

Im Rahmen der Genehmigungserteilung steht dem Bundestagspräsidenten ein Ermessen zu. Die Kriterien für die Ermessensausübung ergeben sich aus dem Normzweck von Art. 40 Abs. 2 S. 2 GG. Diese Vorschrift ergänzt die Parlamentsautonomie nach außen und vervollständigt den Schutz der Arbeit des Bundestages vor möglichem Druck durch andere Hoheitsträger. Er dient in erster Linie dem Schutz der räumlichen Integrität des Bundestages. Daneben schützt diese Norm aber auch die Autorität des Bundestagspräsidenten sowie die der Abgeordneten als Teile des Parlaments. Er stellt damit eine funktionelle Ergänzung zum persönlichen Schutz der Abgeordneten aus Art. 46 GG dar.

Da es sich bei der Genehmigungsentscheidung des Bundestagspräsidenten um eine funktionelle Ergänzung zum Immunitätsrecht handelt, kann der Schutz des einzelnen Abgeordneten hier keine größere Wirkung entfalten als der durch Art. 46 Abs. 2 GG vermittelte Schutz. Der Genehmigungsvorbehalt nach Art. 46 Abs. 2 GG dient vornehmlich dem Parlament als Ganzem und gewährt dem einzelnen Abgeordneten nur einen Anspruch darauf, dass sich das Parlament bei der Entscheidung über die Aufhebung der Immunität nicht von sachfremden und willkürlichen Motiven leiten lässt. Abgeordnete haben daher nur insoweit einen Anspruch gegen den Bundestagspräsidenten auf Berücksichtigung von Beschlagnahmeprivilegien nach Art. 47 S. 2 GG, als die von ihm zu genehmigende Durchsuchung und Beschlagnahme – für ihn erkennbar – Teil einer ungerechtfertigten Verfolgung der Abgeordneten durch die Exekutive ist.

Anhaltspunkte für sachfremde Erwägungen der Strafverfolgungsorgane oder des Bundestagspräsidenten selbst sind im vorliegenden Fall nicht ersichtlich, sodass die Ermessensbetätigung ordnungsgemäß gewesen ist.

Die Genehmigungsentscheidung des Bundestagspräsidenten verstößt nicht gegen Art. 38 Abs. 1 S. 2 GG i.V.m. Art. 47 S. 2 GG bzw. gegen Art. 40 Abs. 2 S. 2 GG.

Der zulässige Antrag im Organstreitverfahren ist damit unbegründet.

Fall 43: Untersuchungsausschuss

Stellen Sie sich vor, dass 198 Abgeordnete des Bundestages (aus verschiedenen Fraktionen) einen Antrag an den Bundestag gestellt haben, einen Untersuchungsausschuss einzusetzen, der folgendes Thema untersuchen soll:

Haben Mitglieder der Bundesregierung Kenntnisse davon gehabt, dass die CIA im Rahmen der Terrorabwehr potentielle El-Kaida-Mitglieder per Flugzeug – auch mit Zwischenlandungen auf deutschen Flughäfen – in andere Länder verbracht hat?

Der Bundestagspräsident nahm den Antrag in die Tagesordnung auf und stellte den Antrag zur Abstimmung.

Der Bundestag lehnte mit der Mehrheit der Mitglieder die Einsetzung des Untersuchungsausschusses ab.

Die Abgeordneten sind empört und wenden sich an das BVerfG.

Mit Erfolg?

In Betracht kommt ein Organstreitverfahren vor dem BVerfG. Dieses hat Erfolg, wenn es zulässig und begründet ist.

A. Zulässigkeit des Organstreitverfahrens

I. Die Abgeordneten des Bundestages streiten sich mit dem Bundestag um die Frage, ob der Bundestag nach Art. 44 Abs. 1 S. 1 GG die Pflicht hat, einen Untersuchungsausschuss einzusetzen. Das BVerfG ist gemäß Art. 93 Abs. 1 Nr. 1 GG, § 13 Nr. 5 BVerfGG **zuständig** für eine Entscheidung im diese Situation erfassenden Organstreitverfahren.

II. Daneben müsste die **Beteiligtenfähigkeit** von Antragsteller und Antragsgegner gemäß § 63 BVerfGG gegeben sein.

1. Zunächst müssten die 198 Abgeordneten des Bundestages beteiligtenfähig sein. Der Zusammenschluss der Abgeordneten ist **ein Teil des Bundestages**. Fraglich ist, ob diesen Abgeordneten auch **eigene Rechte** aus dem GG zustehen. Nach Art. 44 Abs. 1 GG kann ein Viertel der Mitglieder des Bundestages einen Untersuchungsausschuss (UA) beantragen; sie haben damit ein eigenes Recht aus dem GG.

Als sogenanntes Quorum oder Minderheit sind die Abgeordneten damit beteiligtenfähig.

2. Der Bundestag ist in § 63 BVerfGG ausdrücklich als beteiligtenfähiges oberstes Bundesorgan bezeichnet.

III. Zulässiger **Antragsgegenstand** kann gemäß § 64 Abs. 1 BVerfGG nur eine rechtserhebliche Maßnahme oder Unterlassung des Antragsgegners sein. Die Weigerung des Bundestages stellt ein rechtserhebliches Unterlassen dar.

IV. Die Abgeordneten müssten geltend machen können, durch die Nichteinsetzung des Untersuchungsausschusses in einem Recht aus dem GG möglicherweise verletzt zu sein (**Antragsbefugnis**, § 64 Abs. 1 BVerfGG).

Hier könnte der Bundestag aus Art. 44 Abs. 1 GG die Pflicht gehabt haben, auf Antrag der Abgeordneten einen Untersuchungsausschuss einzusetzen, sodass ein verfassungsrechtliches Recht verletzt worden sein könnte. Damit sind die 198 Abgeordneten antragsbefugt.

V. Von der Einhaltung der **Antragsfrist** (6 Monate, § 64 Abs. 3 BVerfGG) kann ausgegangen werden.

Damit ist der Organstreit zulässig.

B. Begründetheit

Der Organstreit ist begründet, soweit die gerügte Unterlassung des Bundestages gegen eine Vorschrift des GG verstößt und den Antragsteller in einem Recht aus dem GG verletzt, § 67 S. 1 BVerfGG.

Hier könnte die Nichteinsetzung des UA gegen Art. 44 Abs. 1 GG verstoßen.

Nach Art. 44 Abs. 1 GG hat der Bundestag das Recht und auf Antrag eines Viertels der Mitglieder die Pflicht, einen Untersuchungsausschuss einzusetzen (sogenannte Mehrheits- oder Minderheitsenquete).

Es müssten die Voraussetzungen der Pflicht vorliegen.

I. Zunächst müssten die **formellen Voraussetzungen** erfüllt sein.

1. Die Abgeordneten des Bundestages, und zwar mehr als ein Viertel der Mitglieder des Bundestages (631 Abgeordnete zu Beginn der 18. Wahlperiode), haben einen nach Art. 44 Abs. 1 S. 1 GG erforderlichen formell ordnungsgemäßen **Antrag** gestellt.

2. Der Bundestag ist für die Einsetzung von Ausschüssen **zuständig**.

II. Weiterhin müssten die **materiellen Voraussetzungen** gegeben sein.

Fraglich ist, ob das beantragte UA-Thema verfassungsrechtlich zulässig ist. Für den Fall, dass die zu klärenden Fragen nicht in die Befassungskompetenz eines UA des BTags fallen, hätte der BTag zu Recht die Einsetzung des UA verweigert.

1. Fraglich ist, welche UA-Themen **zulässig** sind.

Eine ausdrückliche Regelung im GG besteht nicht. Nach Art. 44 Abs. 1 GG „erhebt der UA die erforderlichen Beweise". Daraus ergibt sich, dass das UA-Thema nur auf Tatsachenfeststellung gerichtet sein darf. Ein Recht zur Bildung von Werturteilen oder die Abgabe allgemein politischer Auffassungen ist nicht Aufgabe eines UA.

Hier soll geklärt werden, ob Mitglieder der Bundesregierung Kenntnisse davon gehabt, dass die CIA im Rahmen der Terrorabwehr potentielle El-Kaida-Mitglieder per Flugzeug – auch mit Zwischenlandungen auf deutschen Flughäfen – in andere Länder verbracht hat. Die Erforschung von Kenntnissen ist auf Feststellung von Tatsachen gerichtet, sodass diese Voraussetzung erfüllt ist.

2. Das Thema des UA genügt den Anforderungen des aus dem Rechtsstaatsprinzip herzuleitenden **Bestimmtheitsgrundsatzes**.

3. Von dem **Vorliegen eines öffentlichen Interesses** ist bei der Beantragung von Mitgliedern des BTags regelmäßig auszugehen.

4. Außerdem muss es sich um ein Thema handeln, das in die Bundesuntersuchung fällt und nicht in Kompetenzen anderer Gewalten eingreift. Es sollen Kenntnisse von Mitgliedern der Bundesregierung untersucht werden. Damit handelt es sich um ein Thema einer **Bundes**untersuchung.

Damit ist das UA-Thema zulässig. Der Bundestag hatte die Pflicht, den UA einzusetzen. Art. 44 Abs. 1 GG ist verletzt.

Der Organstreit ist demzufolge auch begründet, der Antrag der Abgeordneten wird Erfolg haben.

3. Bundesregierung

Fall 44: Richtlinienkompetenz

Die Bundeskanzlerin überlegt, ob es wegen der anhaltenden Diskussionen um die Energieerzeugung nicht sinnvoll wäre, den sogenannten Atomkonsens dahingehend abzuändern, dass die Laufzeiten der AKWs doch wieder verlängert werden. Dadurch würde die BRD auch unabhängiger von Öl- und Gasimporten. Außerdem hätten Vorkommnisse in jüngerer Zeit deutlich gemacht, dass eine Abhängigkeit von den Lieferanten zu Schwierigkeiten führen könnte.

Die Bundesumweltministerin und der Bundeswirtschaftsminister sind da ganz anderer Ansicht. Der Ausstieg aus der Kernenergie sei beschlossene Sache. Zudem sei nicht einwandfrei geklärt, ob deutsche Atomkraftwerke wirklich sicher seien, zumindest bezüglich der älteren AKWs.

Die Bundeskanzlerin weist daraufhin die Bundesminister an,

1. mit den Energieversorgern Möglichkeiten zu entwickeln und Sondierungsgespräche zu führen hinsichtlich der möglichen Verlängerung der Laufzeiten der Atomkraftwerke,

2. das AKW Neckarwestheim, das als letztes verbliebenes Kraftwerk im Jahr 2021 abgeschaltet werden sollte, mit einer Laufzeit bis zum Jahre 2030 zu genehmigen.

Die Bundesminister haben Zweifel, ob diese Weisungen verfassungsrechtlich zulässig sind und fragen, ob sie daran gebunden sind.

A. Erste Weisung

Die Bundesminister sind an die Weisung nicht gebunden, wenn diese **verfassungswidrig** ist.

Ein Weisungsrecht der Bundeskanzlerin könnte sich aus Art. 65 S. 1 GG ergeben. Danach bestimmt der Bundeskanzler die Richtlinien der Politik und trägt dafür die Verantwortung. Die Richtlinien kann der Bundeskanzler dabei auch durch Weisungen an seine Minister vorgeben.

Fraglich ist allerdings, wie weit diese **Richtlinienkompetenz** des Bundeskanzlers reicht. Richtlinien der Politik sind die grundlegenden und richtungsbestimmenden politischen Entscheidungen im Bereich der Regierung. Der Bundeskanzler verwirklicht diese in erster Linie durch Leitentscheidungen, die in seinem politischen Ermessen stehen.

Diese Kompetenz findet ihre Grenze jedoch in dem **Ressortprinzip** des Art. 65 S. 2 GG. Danach leitet jeder Minister seinen Geschäftsbereich innerhalb der vorgegebenen Richtlinien eigenständig und unter eigener Verantwortung.

Vorliegend ist demnach fraglich, ob die Anweisung, mit den Energieversorgern über mögliche Verlängerungen der Laufzeiten zu verhandeln, noch in die Richtlinienkompetenz fällt oder schon einen Eingriff in die Ressortzuständigkeit darstellt.

Hier geht es um die politisch diskutierte Frage, ob angesichts der Abhängigkeit der BRD in der Energieversorgung von anderen Ländern eine Aufrechterhaltung des Betriebes der vorhandenen Atomkraftwerke sinnvoll ist oder nicht. Dies ist insbesondere in dem Spannungsfeld zu Natur- und Umweltschutz, aber auch unter wirtschaftlichen Gesichtspunkten zu betrachten. Dabei ist zu berücksichtigen, dass die Bundeskanzlerin den Ministern nicht eine gezielte Maßnahme in einem bestimmten Einzelfall vorgibt. Vielmehr wird hier eine generelle Ausrichtung der deutschen Energiepolitik deutlich gemacht. Insbesondere sollen die Minister zunächst sondieren, ob es überhaupt möglich ist, die Laufzeiten der AKWs in Zusammenarbeit mit den Betreibern zu verlängern.

Es verbleibt den Ministern noch ein erheblicher Spielraum bezüglich der Gestaltung der Verhandlungen. Demnach handelt es sich um eine zulässige Richtlinienentscheidung der Kanzlerin, die nicht in die Ressortzuständigkeit der Minister eingreift.

Die Weisung ist mithin verfassungsgemäß. Die Minister sind an die erste Weisung gebunden.

B. Zweite Weisung

Fraglich ist, ob Entsprechendes auch für die zweite Weisung gilt. Hier gibt die Bundeskanzlerin genau vor, dass die Laufzeit eines Kraftwerkes bis in das Jahr 2030 verlängert werden soll. Es handelt sich demnach nicht um eine generelle Leitentscheidung, sondern um eine gezielte Einzelfallweisung.

Eine solche **Detailweisung** könnte bereits vom Wortsinn her nicht mehr von der **Richtlinienkompetenz** erfasst sein. Das Wort Richtlinie erfordert, dass dem Minister ein eigener Gestaltungsspielraum verbleibt. Andererseits ist jedoch zu beachten, dass der Bundeskanzler umfassend die politische Verantwortung für die Handlungen der Regierung übernimmt, und damit auch für Entscheidungen der Minister. So steht z.B. bei politischen Fehlern der Minister auch immer sofort der Kanzler in der politischen Diskussion. Um dieser politischen Verantwortung gerecht zu werden, muss er auch die umfassende Befugnis zur Lenkung der Politik innehaben. Aus diesem Grunde ist es gerechtfertigt, dem Kanzler auch das Recht zuzugestehen, Einzelmaßnahmen durch seine Richtlinienkompetenz durchzusetzen.

Daher steht der Kanzlerin das Recht zu, brisante und bedeutsame Einzelfragen zu regeln. Die Grenze ist dort erreicht, wo dieses Recht zu einem „Gängeln" in Routineangelegenheiten missbraucht wird.

Die Kanzlerin weist die Minister an, das AKW Neckarwestheim über die anvisierte Laufzeit hinaus bis zum Jahre 2030 zu genehmigen. Dabei handelt es sich um eine Frage von hochpolitischer Brisanz. Angesichts der Diskussionen und dem bereits erfolgten Atomausstieg kann eine solche Entscheidung der Regierung und insbesondere der Kanzlerin großen politischen Schaden zufügen. Damit überschreitet die Weisung noch nicht die Richtlinienkompetenz und ist demnach zulässig.

Die Minister sind demzufolge auch an die zweite Weisung gebunden.

Fall 45: Misstrauensvotum, Entlassung eines Ministers

Ein Nachrichtenmagazin hat darüber berichtet, dass die Staatsanwaltschaft gegen einen amtierenden Bundesminister ein Ermittlungsverfahren eingeleitet hat. Der Minister X soll unter dem Verdacht stehen, illegale Spenden für seine Partei angenommen zu haben. Der Minister wurde daraufhin im Bundestag scharf angegriffen. Die erregte Debatte gipfelte in dem Antrag, ihm das Misstrauen auszusprechen. Der Antrag wurde zur Abstimmung gestellt und vom Bundestag angenommen. Daraufhin erklärte die Bundeskanzlerin, sie sehe sich nun gezwungen, die Entlassung des Ministers beim Bundespräsidenten zu beantragen. Sie begründete das einmal damit, dass sie nach den bestehenden Koalitionsvereinbarungen zwischen den beiden Regierungsparteien verpflichtet sei, einen Minister zur Entlassung vorzuschlagen, der nicht mehr das Vertrauen des Parlaments genieße. Zum anderen sei die Entlassung aber auch politisch geboten, weil jeder Minister zu seiner Amtsführung das Vertrauen der Mehrheit des Parlaments brauche. Aufgrund des Vorschlages der Bundeskanzlerin entlässt der Bundespräsident den Minister. Der frühere Minister X ist der Meinung, dass der Beschluss des Bundestages rechtswidrig sei. Hat er Recht?

Der Beschluss des Bundestages ist rechtswidrig, wenn die Voraussetzungen einer einschlägigen Rechtsgrundlage nicht gegeben sind.

I. Eine **ausdrückliche Regelung** der Frage, ob der Bundestag einem Bundesminister das Misstrauen aussprechen kann, enthält das GG nicht.

Art. 67 GG regelt nur das Misstrauensvotum bzgl. des Bundeskanzlers.

II. Die **Voraussetzungen**, unter denen der Bundestag durch ein Misstrauens**votum** die Ablösung der Bundesregierung erzwingen kann (Misstrauensvotum mit Abgangspflicht), regelt das Grundgesetz in Art. 67 GG.

Danach kann der Bundestag dem Bundeskanzler das Misstrauen aussprechen. Dies kann nur dadurch erfolgen, dass der Bundestag mit der Mehrheit seiner Mitglieder einen Nachfolger wählt **(konstruktives Misstrauensvotum)**. Als Folge der daraus resultierenden Erledigung des Amtes des Bundeskanzlers endigt auch das Amt der Bundesminister (vgl. Art. 69 Abs. 2 Fall 2 GG, § 9 Abs. 1 Nr. 1 BMinG). Das Misstrauen ist aber lediglich dem Minister ausgesprochen worden.

Schon aus dem **Wortlaut** des Art. 67 Abs. 1 S. 1 GG („nur") lässt sich ableiten, dass der Bundestag förmlich und rechtsverbindlich zum Rücktritt zwingende Misstrauensvoten gegen die Bundesregierung als Kollegium oder gegen einen einzelnen Bundesminister nicht beschließen darf und dass im Falle der Zuwiderhandlung derartige Beschlüsse unwirksam sind. Das entspricht auch der Funktion der Vorschrift, die innere Stabilität der Bundesregierung zu gewährleisten. Zudem könnte der Bundestag sonst das Verfahren nach Art. 67 GG umgehen, indem er sämtliche Minister zum Rücktritt zwingt und dadurch dem Kanzler die Weiterführung seines Amtes praktisch unmöglich macht. Schließlich hätte ein Misstrauensvotum mit Abgangspflicht einer ausdrücklichen Regelung bedurft, zumal eine solche in der Weimarer Reichsverfassung enthalten war.

Somit wäre der hier zu beurteilende Beschluss des Bundestages rechtswidrig, wenn er unmittelbar und verbindlich den Rücktritt des Bundesministers X hätte herbeiführen wollen. Ob der Bundestagsbeschluss auf eine Abgangspflicht des Ministers X gerichtet war, ist seinem im Sachverhalt wiedergegebenen Inhalt aber nicht eindeutig zu entnehmen. Wenn es dort heißt, es werde der Antrag angenommen, „ihm das Misstrauen auszusprechen“, so kann das nicht zwingend dahin verstanden werden, der Bundestag wolle damit unmittelbar die Wirkung der Amtsenthebung auslösen. Vielmehr könnte darin auch die Erklärung liegen, die Mehrheit des Parlaments billige politisch nicht mehr, dass dieser Minister im Amt ist.

Da ein Misstrauensvotum mit Abgangspflicht gegenüber dem Minister klar und eindeutig gegen die Verfassung verstoßen hätte, ist es nicht zulässig, den in seinem Wortlaut zweifelhaften Beschluss so auszulegen, dass er evident verfassungswidrig ist.

III. Demnach ist der Bundestagsbeschluss als lediglich politisch wirkendes Misstrauensvotum zu interpretieren **(schlichter Missbilligungsbeschluss)**. Auch dessen Zulässigkeitsvoraussetzungen regelt das GG nicht ausdrücklich.

1. Gegen die **grundsätzliche Zulässigkeit** eines schlichten Missbilligungsbeschlusses gegen einen Bundesminister kann zunächst wiederum Art. 67 Abs. 1 GG angeführt werden. Dagegen spricht jedoch, dass diese Vorschrift lediglich die Fälle rechtsverbindlicher Ablösungsbeschlüsse regelt, nicht jedoch unverbindliche Missbilligungsbeschlüsse politischen Charakters. Zudem würde durch ein Verbot auch unverbindlicher parlamentarischer Misstrauenskundgebungen die Regierung nur formal geschützt werden; der sich in dem Beschluss ausdrückende politische Konflikt wäre dadurch nicht gelöst, sondern könnte nur nicht im Parlament zum Ausdruck gebracht werden.

Art. 67 Abs. 1 GG steht der Zulässigkeit parlamentarischer Missbilligungsbeschlüsse daher nicht entgegen.

2. Auch ein nicht rechtsverbindlicher, nur politisch wirkender Beschluss könnte in die **Befugnisse des Bundeskanzlers** nach Art. 64 Abs. 1 GG eingreifen und deshalb unzulässig sein.

Wie der Ablauf des hier zu beurteilenden Falles zeigt, kann der Bundeskanzler durch einen solchen Parlamentsbeschluss erheblichem Druck ausgesetzt werden und damit faktisch – insbesondere zur Vermeidung eines konstruktiven Misstrauensvotums nach Art. 67 GG – gezwungen sein, den Minister zu entlassen. Jedoch kann der Vorschrift des Art. 64 GG nicht entnommen werden, dass ein solcher politischer Druck unzulässig wäre. Diese Vorschrift beschränkt sich lediglich auf die Regelung des äußeren Verfahrens bei der Ernennung und Entlassung von Bundesministern. Da das GG dem Prinzip der parlamentarischen Demokratie folgt, ist es selbstverständlich, dass die Entscheidungen nach Art. 64 GG maßgeblich von den politischen Kräfteverhältnissen im Parlament bestimmt werden. Deshalb sind politische Einflussnahmen vonseiten des Parlaments auf die Entscheidungen nach Art. 64 GG nicht nur geduldet, sondern sogar erwünscht. Aus Art. 64 GG kann sich daher die Rechtswidrigkeit des Bundestagsbeschlusses nicht ergeben.

3. Somit findet sich im GG keine Vorschrift, die einen derartigen Beschluss verbietet. Da sich die Kompetenz des Bundestages auch auf die parlamentarische Kontrolle der Bundesminister erstreckt und das GG schlichte Missbilligungsbeschlüsse nicht verbietet, sind diese zulässig. Der Beschluss des Bundestages ist mithin rechtmäßig.

Fall 46: Äußerungen eines Bundesministers – Chancengleichheit der Parteien (Art. 21 GG)
(nach BVerfG, Urt. v. 16.12.2014 – 2 BvE 2/14, RÜ 2015, 111)

S, die Bundesministerin für Familie, Senioren, Frauen und Jugend und stellvertretende Vorsitzende der S-Partei, äußerte sich im Rahmen eines Interviews auf die Frage nach einem möglichen Einzug der N-Partei in den Landtag:

„Das Gefährliche an der N-Partei ist, dass sie versucht, ihr Molotow-Cocktail-Image abzulegen. Sie kommt nicht mehr mit Springerstiefeln und Glatzen daher, sondern im feinen Nadelstreifenanzug. Sie tut so, als ob sie sich sozial engagiert. Aber dahinter versteckt sich die Ideologie von Hitler – und jedes Parlament muss sich beraten, wie es damit umgeht. Meine Erfahrung aus dem Landtag ist: der Antrag wird abgelehnt und ein Demokrat spricht für alle demokratischen Fraktionen, um dabei deutlich zu machen, dass der Antrag nur vermeintlich soziales Engagement ist und dahinter etwas anderes steckt. Das hat sich in anderen Bundesländern bewährt – und kann ein Beispiel sein. Aber ich werde im Wahlkampf mithelfen, alles dafür zu tun, dass es erst gar nicht so weit kommt bei der Wahl im September. Ziel Nummer 1 muss sein, dass die N-Partei nicht in den Landtag kommt."

Verletzt die Äußerung der S die N-Partei in ihrem Recht auf Chancengleichheit aus Art. 21 GG?

I. Den politischen Parteien wird durch **Art. 21 Abs. 1 GG** das Recht gewährleistet, gleichberechtigt am politischen Wettbewerb teilzunehmen. Sie wirken an der Willensbildung des Volkes mit. **Wahlen** können den Staatsgewalten eine demokratische Legitimation aber nur verleihen, wenn sie **frei** sind. Dies erfordert insbesondere, dass sich die **Willensbildung „vom Volk zum Staat"** vollzieht, und nicht umgekehrt „vom Staat zum Volk". Daher ist es unerlässlich, dass die Parteien, soweit irgend möglich, gleichberechtigt am politischen Wettbewerb teilnehmen. Das Recht der politischen Parteien auf Chancengleichheit im Wettbewerb gilt nicht nur für den Wahlvorgang selbst, sondern auch für die Wahlvorbereitung. Dieses Recht der Parteien auf Chancengleichheit kann insbesondere dadurch verletzt werden, dass Staatsorgane zugunsten oder zulasten politischer Parteien in den Wahlkampf eingreifen (**unzulässige Wahlbeeinflussung**).

II. Anders als dem Bundespräsidenten, der vorrangig Repräsentationsaufgaben wahrnimmt, obliegt der **Bundesregierung** als oberstes Organ der vollziehenden Gewalt die **Staatsleitung**. Aus der Kompetenz zur Staatsleitung folgt automatisch das **Recht und die Pflicht der Bundesregierung, Informations- und Öffentlichkeitsarbeit** zu leisten (Darlegung und Erläuterung der Politik der Regierung, die sachgerechte, objektiv gehaltene Information über den Bürger unmittelbar betreffende Fragen und wichtige Vorgänge auch außerhalb oder weit im Vorfeld der eigenen gestaltenden politischen Tätigkeit). Diesem Recht auf Öffentlichkeitsarbeit sind aber **Grenzen** gesetzt. Die Regierung ist gemäß Art. 1 Abs. 3, 20 Abs. 3 GG an die Grundrechte und an Recht und Gesetz gebunden. Daher verbieten sich z.B. Äußerungen der Regierung, die als „Schmähkritik" i.S.v. § 185 StGB zu qualifizieren sind. Daneben setzt das Recht der politischen Parteien auf Chancengleichheit aus Art. 21 GG dem Recht der Öffentlichkeitsarbeit Grenzen. Daher ist die Regierung zur Beachtung des **Neutralitätsgebotes** verpflichtet. Sie hat jede über das bloße Regierungshandeln hinausgehende Maßnahme, die auf die Willensbildung des Volkes einwirkt und in parteiergreifender Weise auf den Wettbewerb zwischen den politischen Parteien Einfluss nimmt, zu unterlassen.

III. Unabhängig davon kann ein **Minister aber außerhalb seiner amtlichen Funktion** am politischen Meinungskampf teilnehmen. In einer parlamentarischen Demokratie ist es natürlich, dass Regierungsmitglieder einer Partei angehören und sich dementsprechend auch **parteipolitisch äußern**. Eine Beeinträchtigung der Chancengleichheit im politischen Wettbewerb findet nur statt, wenn der Inhaber eines Regierungsamtes Möglichkeiten nutzt, die ihm aufgrund seines Regierungsamtes zur Verfügung stehen, während sie den politischen Wettbewerbern verschlossen sind. Dies ist insbesondere gegeben, wenn die **Äußerung unter Rückgriff auf die einem Regierungsmitglied zur Verfügung stehenden Ressourcen** erfolgt oder eine erkennbare Bezugnahme auf das Regierungsamt vorliegt und damit die Äußerung mit einer aus der Autorität des Amtes fließenden besonderen Gewichtung versehen wird.

Daher hat die N-Partei aus Art. 21 Abs. 1 GG nur dann ein Recht darauf, dass sich die Bundesministerin nicht negativ über die Partei äußert, soweit die Äußerungen der S im Rahmen der Wahrnehmung ihrer Regierungstätigkeit erfolgte, also in Wahrnehmung ihrer **amtlichen Funktionen**.

IV. Die Äußerungen der S im Rahmen des Interviews enthalten einen unmittelbar gegen die N-Partei gerichteten Wahlaufruf. Fraglich ist, ob diese Aussage der S ihrer amtlichen Funktion als Regierungsmitglied, oder nur ihrer Funktion als Parteipolitikerin zugeordnet werden kann.

Die äußeren Umstände des Interviews lassen eine eindeutige Zuordnung nicht zu. So hat S z.B. nicht unter Inanspruchnahme von Personal- oder Haushaltsmitteln ihres Ministeriums das Interview gegeben. Auch das Interview selbst spricht nicht für einen engen Zusammenhang zu ihrer Regierungstätigkeit. Insbesondere bezieht sich S in keiner Passage auf ihr Amt als Mitglied der Bundesregierung, sondern verweist auf ihre Erkenntnisse aus dem Landtag, und damit gerade nicht auf Kenntnisse als Teil der Bundesregierung.

V. Die Aussagen der S im Interview stellen daher einen Beitrag zur parteipolitischen Auseinandersetzung dar. Die N-Partei muss sich gegen solche parteipolitischen Äußerungen ebenfalls mit parteipolitischen Mitteln des öffentlichen Meinungskampfes zur Wehr setzen. Damit hat S die N-Partei nicht in ihrem Recht auf Chancengleichheit aus Art. 21 GG verletzt.

4. Bundespräsident

**Fall 47: Art. 93 Abs. 1 Nr. 1 GG –
Prüfungsrecht des Bundespräsidenten**

Unterstellen Sie, dass der Bundestag formell und materiell ordnungsgemäß ein Bundesgesetz erlassen und auch den Bundesrat ordnungsgemäß beteiligt hat.

Als der Bundespräsident gemäß Art. 82 GG das Bundesgesetz ausfertigen soll, verweigert er dies mit folgenden Gründen:

1. Der Bund sei nicht zuständig gewesen; außerdem seien Vorschriften über das Gesetzgebungsverfahren im Grundgesetz nicht beachtet worden.

2. Das Bundesgesetz sei mit den Grundrechten und dem Rechtsstaatsprinzip nicht vereinbar.

3. Das Gesetz sei politisch und wahltaktisch äußerst unklug.

Der Bundestag macht geltend, dass er als Hauptgesetzgebungsorgan einen Anspruch darauf habe, dass die anderen Mitwirkungsorgane, also hier der Bundespräsident, ein Zustandekommen des Gesetzes nicht verfassungswidrig verhindern dürften und dass deshalb sein Recht auf Zustandekommen eines formell und materiell ordnungsgemäßen Gesetzes aus Art. 77 GG verletzt sei.

Der Bundestag fragt, wie er gerichtlich klären lassen kann, ob die Weigerung des Bundespräsidenten, das Gesetz auszufertigen, rechtswidrig ist und damit sein Gesetzgebungsrecht aus Art. 77 GG verletzt.

In Betracht kommt ein **Organstreitverfahren** beim BVerfG.

A. Zulässigkeit des Antrages

I. Das BVerfG ist **zuständig** gemäß Art. 93 Abs. 1 Nr. 1 GG, § 13 Nr. 5 BVerfGG.

II. Die **Beteiligtenfähigkeit** des Bundestages als Antragsteller und des Bundespräsidenten als Antragsgegner ist gemäß § 63 Hs. 1 BVerfGG gegeben.

III. Die Weigerung des Bundespräsidenten, ein ihm vorgelegtes Gesetz auszufertigen, ist gemäß § 64 Abs. 1 BVerfGG zulässiger **Antragsgegenstand**.

IV. Der Bundestag ist **antragsbefugt** gemäß § 64 Abs. 1 BVerfGG, weil durch die Weigerung des Bundespräsidenten möglicherweise sein Recht auf Gesetzgebung aus Art. 77 GG verletzt sein kann.

V. Von der Einhaltung der **Antragsfrist** gemäß § 64 Abs. 3 BVerfGG ist auszugehen.

B. Begründetheit des Antrages

Der Antrag des Bundestages ist begründet, wenn die Unterlassung der Ausfertigung des Bundesgesetzes durch den Bundespräsidenten rechtswidrig ist und damit gegen Art. 77 GG verstößt (vgl. § 67 BVerfGG).

I. Einerseits weigert sich der Bundespräsident, das Gesetz auszufertigen mit der Begründung, der **Bund sei nicht zuständig** gewesen und die Vorschriften des Grundgesetzes über das Gesetzgebungsverfahren seien nicht eingehalten worden

Mit dieser Begründung macht der Bundespräsident ein sogenanntes **formelles Prüfungsrecht** geltend, d.h., er prüft das ihm vorgelegte Gesetz in Bezug auf die formelle Verfassungsmäßigkeit und weigert sich bei entsprechenden Zweifeln, das Gesetz auszufertigen.

Eine solche Weigerung ist dann verfassungswidrig, wenn der Bundespräsident entweder überhaupt kein formelles Prüfungsrecht hat (dazu unter 1.) oder wenn das Gesetz formell verfassungsmäßig ist (dazu unter 2.).

1. Gemäß Art. 82 Abs. 1 S. 1 GG fertigt der Bundespräsident die nach den Vorschriften dieses Grundgesetzes **zustande gekommenen** Gesetze aus. Insbesondere aus dieser Formulierung des Grundgesetzes wird, soweit ersichtlich, unstreitig ein **formelles Prüfungsrecht** des Bundespräsidenten bejaht.

2. Laut Sachverhalt ist das Gesetz **formell ordnungsgemäß zustande gekommen** (Zuständigkeit des Bundes, ordnungsgemäßes Gesetzgebungsverfahren), sodass der Bundespräsident aus diesem Grunde jedenfalls nicht die Ausfertigung des Gesetzes verweigern durfte.

Schon aus diesem Grunde ist der Antrag des Bundestages im Organstreitverfahren begründet.

II. Andererseits weigert sich der Bundespräsident, das Gesetz auszufertigen mit der Begründung, das Gesetz verletze die Grundrechte und das Rechtsstaatsprinzip.

Mit dieser Begründung macht der Bundespräsident das sogenannte **materielle Prüfungsrecht** geltend, d.h., er überprüft das ihm vorgelegte Gesetz in Bezug auf seine materielle Verfassungsmäßigkeit und verweigert bei entsprechenden Zweifeln die Ausfertigung.

Die Weigerung des Bundespräsidenten ist damit dann verfassungswidrig, wenn ihm entweder kein materielles Prüfungsrecht zusteht (dazu unter 1.) oder wenn das ihm vorgelegte Gesetz materiell verfassungsmäßig war (dazu unter 2.).

1. Umstritten ist, ob der Bundespräsident ein **materielles Prüfungsrecht** hat.

a) Nach teilweise vertretener Auffassung wird ein materielles Prüfungsrecht generell abgelehnt, weil der Bundespräsident ansonsten quasi ein Recht zur Normenkontrolle und **Normenverwerfung** hätte. Dies sei aber mit der enumerativen Aufzählung der Antragsberechtigten im Normenkontrollverfahren gemäß Art. 93 Abs. 1 Nr. 2 und Art. 103 Abs. 1 GG nicht vereinbar.[48] Außerdem habe der Bundespräsident, insbesondere wegen der Gegenzeichnungspflicht aus Art. 58 S. 2 GG, eine relativ **schwache Stellung** im Vergleich zu den anderen Verfassungsorganen, die es ihm nicht er-

48 Vgl. z.B. Erichsen Jura 1985, 424, 425 f.

laube, Akte des höchsten deutschen Verfassungsorgans, des Deutschen Bundestages, als verfassungswidrig zu verwerfen.

b) Nach h.M. hat der Bundespräsident auch ein materielles Prüfungsrecht, jedenfalls bei eindeutigen bzw. **evidenten** materiellen Verfassungsverletzungen.[49]

c) Gegen die Mindermeinung spricht zunächst, dass der Bundespräsident – anders als bei der Normenkontrolle – kein geltendes Gesetz verwirft, sondern dessen Inkrafttreten verhindert. Des Weiteren ist darauf hinzuweisen, dass die im Vergleich zu anderen Verfassungsorganen relativ schwache Stellung des Bundespräsidenten kein eindeutiges Argument gegen ein materielles Prüfungsrecht ist. Insbesondere ist darauf hinzuweisen, dass auch der Bundespräsident, wie die drei Gewalten, gemäß Art. 1 Abs. 3 GG unmittelbar an die Grundrechte (materielles Verfassungsrecht) gebunden ist und deshalb nur solche Akte vollziehen darf, die mit der Verfassung generell im Einklang stehen.

Damit hat der Bundespräsident, jedenfalls nach h.M., auch ein materielles Prüfungsrecht.

2. Laut Sachverhalt ist von der **materiellen Verfassungsmäßigkeit** des Bundesgesetzes auszugehen, sodass auch aus diesem Grunde die Weigerung des Bundespräsidenten, das Gesetz auszufertigen, verfassungswidrig ist.

III. Letztlich verweigert der Bundespräsident die Ausfertigung des Gesetzes noch aus politischen Gründen und Zweckmäßigkeitserwägungen.

Ein **Recht zur politischen Kontrolle oder Zweckmäßigkeitskontrolle** steht dem Bundespräsidenten jedenfalls im Rahmen des Gesetzgebungsverfahrens unstreitig nicht zu, sodass seine Weigerung, das Gesetz aus diesen Gründen auszufertigen, ebenfalls verfassungswidrig ist.

Der zulässige Antrag des Bundestages auf Feststellung der Rechtswidrigkeit der Weigerung der Ausfertigung durch den Bundespräsidenten ist begründet und damit erfolgreich.

---

49 Vgl. z.B. Ipsen, StaatsR I, Rn. 499; Degenhart, StaatsR I, Rn. 716; Jarass/Pieroth Art. 82 GG Rn. 3.

Fall 48: Ernennung von Bundesministern

Der Bundespräsident weigert sich, den vom Bundeskanzler vorgeschlagenen Außenminister S zu ernennen, da der Kandidat über keinerlei Fremdsprachenkenntnisse verfüge und in der Vergangenheit Ansichten vertreten habe, die ihn bei einigen mit der Bundesrepublik befreundeten Staaten diskreditieren. Ist diese Weigerung unzulässig?

Die Weigerung ist unzulässig, wenn der Bundespräsident zur Ernennung der vom Bundeskanzler nach Art. 64 Abs. 1 GG vorgeschlagenen Personen **verpflichtet** ist, weil sich dann aus Art. 64 Abs. 1 GG ein Recht des Bundeskanzlers auf Ministerernennung herleiten lässt. Fraglich ist demnach, ob eine solche Verpflichtung des Bundespräsidenten besteht. Diese Frage ist über eine **Auslegung des Art. 64 Abs. 1 GG** zu klären.

1. Der **Wortlaut** des Art. 64 Abs. 1 GG, nach dem der Bundeskanzler einen Kandidaten „vorschlägt", deutet zunächst auf einen (weiten) Ermessensspielraum des Bundespräsidenten hin. Das Wort „Vorschlag" in Art. 64 Abs. 1 GG legt – isoliert gesehen – die Unverbindlichkeit des vom Bundeskanzler unterbreiteten Vorschlages nahe.

2. Jedoch ist **systematisch-teleologisch** zu berücksichtigen, dass der Bundespräsident nicht befugt ist, den Bundeskanzler zu bestimmen, wie sich aus Art. 63 und Art. 67 GG ergibt. Dann wäre es aber systemwidrig, wenn er über Art. 64 Abs. 1 GG die Regierungsbildung beeinflussen könnte; wäre es anders, könnte der Bundespräsident einem – gegen seinen Willen gewählten – Kanzler die Regierungsbildung unter Umständen unmöglich machen (Missbrauchsargument).

Zu beachten ist ferner, dass Art. 64 Abs. 1 GG in engem Zusammenhang mit Art. 65 GG und der dort verankerten Richtlinienkompetenz des Bundeskanzlers steht, die voraussetzt, dass der Bundeskanzler solche Personen in sein Kabinett berufen kann, die uneingeschränkt sein politisches Vertrauen besitzen, zumal er nach Art. 67 GG die politische Verantwortung auch für die Bundesminister übernehmen muss, was er aber nur kann, wenn es dem Bundespräsidenten verwehrt ist, persönlich Einfluss zu nehmen. Im Übrigen unterliegt der Bundespräsident auch keiner parlamentarischen Kontrolle, ist nicht vom Volk gewählt oder abrufbar. Hätte er bei der Ministerbestellung politische Befugnisse, würde somit das repräsentativ-demokratische parlamentarische System erheblich beeinträchtigt.

Aus diesen systematisch-teleologischen Erwägungen ergibt sich somit, dass der Bundespräsident nach Art. 64 GG verpflichtet ist, einen Bundesminister auf Vorschlag des Bundeskanzlers zu ernennen, sofern der Kandidat die rechtlichen Voraussetzungen erfüllt.

3. Dies heißt allerdings nicht, dass ihm jegliche **politische Einflussnahme** auf die Ministerernennung verwehrt wäre. Hat er Bedenken gegen einen Kandidaten – auch aus politischen Gründen – so kann er diese selbstverständlich dem Bundeskanzler vortragen, der dann verpflichtet ist, sie zu prüfen und zu erörtern (Prinzip der Verfassungsorgantreue).

Die Weigerung des Bundespräsidenten ist daher nicht zulässig.

Fall 49: Äußerungen des Bundespräsidenten
(nach BVerfG, Urt. v. 10.06.2014 – 2 BvE 4/13, RÜ 2014, 449)

Im August 2013 nahm Bundespräsident G an einer Gesprächsrunde vor Berufsschülern im Alter zwischen 18 und 25 Jahren in einem Schulzentrum in Berlin teil. In der vor der Bundestagswahl unter dem Motto „22.09.2013 – Deine Stimme zählt!" stehenden Veranstaltung wies der Bundespräsident unter anderem auf die Bedeutung von freien Wahlen für die Demokratie hin und forderte die Schülerinnen und Schüler zu sozialem und politischem Engagement auf. Auf die Frage einer Schülerin ging er auch auf Ereignisse ein, die mit den Protesten von Mitgliedern und Unterstützern der N-Partei gegen ein Asylbewerberheim in Berlin-Hellersdorf im Zusammenhang standen. Hierbei äußerte der Bundespräsident sich u.a. wie folgt: „Wir brauchen Bürger, die auf die Straße gehen und den Spinnern ihre Grenzen aufweisen. Dazu sind Sie alle aufgefordert" und „Ich bin stolz, Präsident eines Landes zu sein, in dem die Bürger ihre Demokratie verteidigen."

Die N-Partei sieht sich durch diese Äußerungen in ihrem Recht auf Chancengleichheit verletzt. Der Meinungswettbewerb der Parteien dürfe nicht von staatlicher Seite beeinflusst oder verfälscht werden. Die Regierung müsse sich bei ihrer Öffentlichkeitsarbeit zurückhalten; diese müsse insbesondere sachbezogen und informierend sowie parteipolitisch neutral sein. Dem Bundespräsidenten stehe es im Gegensatz zur Regierung nicht zu, Warnungen vor politischen Parteien auszusprechen, schon gar nicht in der heißen Phase des Wahlkampfs vor Erstwählern. Im Übrigen verstießen die vom Bundespräsidenten ausgesprochenen „Warnungen" auch gegen das Sachlichkeitsgebot. Die Bezeichnung von Mitgliedern und Unterstützern der N-Partei als „Spinner" verlasse den Boden einer sachlichen Diskussion und stelle eine unzulässige Schmähkritik dar. Hat G durch die Äußerungen gegen die Verfassung verstoßen?

G hat durch die **Äußerungen gegen die Verfassung verstoßen**, wenn der Bundespräsident nach dem GG überhaupt nicht zu Negativ-Äußerungen über Parteien berechtigt ist oder, soweit ihm ein Äußerungsrecht zusteht, wenn er dieses in verfassungswidriger Weise betätigt hat.

I. Fraglich ist zunächst, ob der **Bundespräsident** überhaupt zu negativen Äußerungen über Parteien **befugt** ist.

1. Die Befugnisse des Bundespräsidenten finden sich in verschiedenen Vorschriften des GG (z.B. Art. 59, 60, 63, 64 GG). Außerdem ergeben sich allgemeine Befugnisse unmittelbar aus seiner Stellung als Staatsoberhaupt. Dazu gehört auch die Teilnahme an der staatlichen Willensbildung. Insofern hat der Bundespräsident neben der Wahrnehmung der ihm durch die Verfassung ausdrücklich zugewiesenen Befugnisse kraft seines Amtes insbesondere die Aufgabe, im Sinne der Integration des Gemeinwesens zu wirken. Er repräsentiert den Staat und das Staatsvolk nach außen, aber auch nach innen. Wie er diese Aufgabe mit Leben füllt, entscheidet der Bundespräsident grundsätzlich selbst.[50]

---

50 BVerfG, Urt. v. 10.06.2014 – 2 BvE 4/13, Rn. 21 f.

2. Obwohl für staatliche Äußerungen zunehmend eine gesetzliche Ermächtigungsgrundlage gefordert wird, wenn diese einen Eingriff in subjektive Rechte darstellen, wird es jedoch überwiegend für ausreichend gehalten, wenn sich das Staatsorgan bei Äußerungen im Rahmen der ihm zugewiesenen Aufgaben bewegt. Der Bundespräsident kann den mit seinem Amt verbundenen Erwartungen nur gerecht werden, wenn er auf gesellschaftliche Entwicklungen und allgemeinpolitische Herausforderungen entsprechend seiner Einschätzung eingehen kann. Dabei muss er in der Wahl der Themen ebenso frei sein wie in der Entscheidung über die jeweils angemessene Kommunikationsform. Er bedarf daher, auch soweit er auf Fehlentwicklungen hinweist oder vor Gefahren warnt und dabei die von ihm als Verursacher ausgemachten Kreise oder Personen benennt, über die seinem Amt immanente Befugnis zu öffentlicher Äußerung hinaus keiner gesetzlichen Ermächtigung.[51]

3. Der Bundespräsident ist aber selbst **an die Verfassung gebunden**. Dies machen insbesondere Art. 1 Abs. 3 GG und Art. 20 Abs. 3 GG deutlich. Grenzen seiner Äußerungsbefugnis ergeben sich daher unmittelbar aus der Verfassung. Hier könnte der Bundespräsident durch seine Äußerungen gegen das Recht der politischen Parteien auf Chancengleichheit aus Art. 21 Abs. 1 GG, soweit es um die Chancengleichheit bei Wahlen geht, in Verbindung mit Art. 38 Abs. 1 GG, verstoßen haben.

a) Dieses Recht kann insbesondere dadurch verletzt werden, dass Staatsorgane zugunsten oder zulasten einer politischen Partei in den Wahlkampf eingreifen. Gemäß Art. 20 Abs. 2 S. 1 GG geht alle Staatsgewalt vom Volke aus. Dementsprechend findet die politische Willensbildung vom Volk zu den Staatsorganen statt („von unten nach oben"). Daraus folgt für die Staatsorgane die Pflicht zur parteipolitischen Neutralität.

Ebenso kann eine Verletzung der Chancengleichheit durch die Kundgabe negativer Werturteile über die Ziele und Betätigungen der Partei erfolgen. Gegen Werturteile kann sich die betroffene Partei zwar grundsätzlich politisch zur Wehr setzen. Sie sind aber dann unzulässig, wenn sie auf sachfremden Erwägungen beruhen und damit die Chancengleichheit der Parteien willkürlich beeinträchtigen.

b) Das Vorgenannte lässt sich auf den **Bundespräsidenten** aber nicht ohne Weiteres übertragen. Weder steht der Bundespräsident mit den politischen Parteien in direktem Wettbewerb um die Gewinnung politischen Einflusses, noch stehen ihm Mittel zur Verfügung, die es ihm wie etwa der Bundesregierung ermöglichten, durch eine ausgreifende Informationspolitik auf die Meinungs- und Willensbildung des Volkes einzuwirken. Es gehört auch nicht zu seinen Befugnissen, die Öffentlichkeit regelmäßig über radikale Bestrebungen zu informieren oder über einen Antrag auf Feststellung der Verfassungswidrigkeit einer Partei (Art. 21 Abs. 2 GG) zu befinden.[52] Deshalb gelten für den Bundespräsidenten weniger strenge Neutralitätspflichten. Daher darf der Bundespräsident in Erfüllung seiner Aufgaben das Wort ergreifen und die Öffentlichkeit durch seine Beiträge auf von ihm identifizierte Missstände und Fehlentwicklungen – insbesondere sol-

51 BVerfG, Urt. v. 10.06.2014 – 2 BvE 4/13, Rn. 22.
52 BVerfG, Urt. v. 10.06.2014 – 2 BvE 4/13, Rn. 27.

che, die den Zusammenhalt der Bürger und das friedliche Zusammenleben aller Einwohner gefährden – aufmerksam machen, sowie um Engagement bei deren Beseitigung werben.

Die Äußerungen des Bundespräsidenten sind demzufolge verfassungsrechtlich nur zu beanstanden, wenn er mit ihnen unter **evidenter Vernachlässigung seiner Integrationsaufgabe und damit willkürlich** Partei ergreift. Im Übrigen ist der Bundespräsident grundsätzlich befugt, sich negativ über eine Partei zu äußern.

II. Die Verwendung des Wortes „Spinner" könnte jedoch gegen das **Sachlichkeitsgebot** verstoßen. Dieses aus dem Rechtsstaatsprinzip (Art. 20 Abs. 3 GG) abzuleitende Gebot verlangt, dass Tatsachen zutreffend wiedergegeben werden und Werturteile nicht auf sachfremden Erwägungen beruhen und auch im Übrigen verhältnismäßig sind. Sie dürfen insbesondere keine unnötige Herabsetzung oder besonders aggressive, unsachliche oder diffamierende Äußerungen enthalten.

Der Bundespräsident hat über die N-Partei und ihre Anhänger und Unterstützer ein negatives Werturteil abgegeben, das isoliert betrachtet durchaus als diffamierend empfunden werden und auf eine unsachliche Ausgrenzung der so Bezeichneten hindeuten kann. Hier allerdings dient die Bezeichnung als „Spinner" – neben derjenigen als „Ideologen" und „Fanatiker" – als Sammelbegriff für Menschen, die die Geschichte nicht verstanden haben und, unbeeindruckt von den verheerenden Folgen des Nationalsozialismus, rechtsradikale – nationalistische und antidemokratische – Überzeugungen vertreten. Die mit der Bezeichnung als „Spinner" vorgenommene Zuspitzung sollte den Teilnehmern an der Veranstaltung nicht nur die Unbelehrbarkeit der so Angesprochenen verdeutlichen, sondern auch hervorheben, dass sie ihre Ideologie vergeblich durchzusetzen hofften, wenn die Bürger ihnen ihre Grenzen aufweisen. Indem der Bundespräsident, anknüpfend an die aus der Unrechtsherrschaft des Nationalsozialismus zu ziehenden Lehren, zu bürgerschaftlichem Engagement gegenüber politischen Ansichten, von denen seiner Auffassung nach Gefahren für die freiheitliche demokratische Grundordnung ausgehen und die er von der Antragstellerin vertreten sieht, aufgerufen hat, hat er für die dem Grundgesetz entsprechende Form der Auseinandersetzung mit solchen Ansichten geworben und damit die ihm von der Verfassung gesetzten Grenzen negativer öffentlicher Äußerungen über politische Parteien nicht überschritten.[53]

Die Äußerungen des Bundespräsidenten verstoßen daher nicht gegen das Sachlichkeitsgebot. Sie sind damit verfassungsgemäß.

53 BVerfG, Urt. v. 10.06.2014 – 2 BvE 4/13, Rn. 33.

5. Gesetzgebung

Fall 50: Gesetzgebungskompetenzen

§ 81 b StPO lautet:

„Soweit es für die Zwecke der Durchführung des Strafverfahrens oder für die Zwecke des Erkennungsdienstes notwendig ist, dürfen Lichtbilder und Fingerabdrücke des Beschuldigten auch gegen seinen Willen aufgenommen und Messungen und ähnliche Maßnahmen an ihm vorgenommen werden."

Hat der Bund die Gesetzgebungskompetenz für diese Vorschrift?

Grundsätzlich haben die **Länder nach Art. 70 Abs. 1 GG** das Recht der Gesetzgebung, soweit nicht das GG selbst dem Bund die Gesetzgebungskompetenz zuweist. Die Kompetenz für die strafprozessuale Regelung des § 81 b StPO könnte als **Sachmaterie der konkurrierenden Gesetzgebungskompetenzen** dem Bund zugewiesen sein.

A. Konkurrierende Gesetzgebung, Art. 74 Abs. 1 Nr. 1 GG

Nach Art. 74 Abs. 1 Nr. 1 GG erstreckt sich die konkurrierende Gesetzgebung des Bundes auf das gerichtliche Verfahren. Dazu gehört auch das unmittelbare Vorfeld des gerichtlichen Verfahrens, also z.B. auch die Aufklärung, Ermittlung und Verfolgung von Straftaten. Damit hat der Bund das konkurrierende Gesetzgebungsrecht für § 81 b StPO, zumindest soweit Lichtbilder und Fingerabdrücke für die Zwecke der Durchführung des Strafverfahrens vorgenommen werden.

Problematisch ist aber der zweite Satzteil „oder **für Zwecke des Erkennungsdienstes**". Der zweite Satzteil betrifft andere als repressive Zwecke, nämlich **präventive** erkennungsdienstliche Maßnahmen. Diese gehören zur Gefahrenabwehr, die gemäß Art. 70 GG eigentlich unter die Landesgesetzgebungskompetenz fällt. Aus diesem Grunde gibt es solche Maßnahmen (Lichtbilder, Fingerabdrücke) auch nach allen Landespolizeigesetzen. Lichtbilder und Fingerabdrücke „zum Zwecke des Erkennungsdienstes" gelangen nicht in die Ermittlungsakten, sondern in Materialsammlungen, die für Observationen und insbesondere Ermittlung unbekannter oder zukünftiger Straftäter dienen.

Der zweite Satzteil unterfällt demnach nicht der konkurrierenden Gesetzgebungskompetenz des Bundes aus Art. 74 Abs. 1 Nr. 1 GG.

B. Ungeschriebene Gesetzgebungskompetenzen

Neben den geschriebenen Kompetenztiteln aus den Art. 70 ff. GG (und teilweise aus anderen Normen des GG) sind verschiedene ungeschriebene Gesetzgebungskompetenzen anerkannt. Neben der Kompetenz des Bundes kraft **Natur der Sache** gibt es die **Annexkompetenz** und die Kompetenz kraft **Sachzusammenhangs**.

Kompetenz kraft Natur der Sache: eine Materie ist **begriffsnotwendig** durch den Bund zu regeln (z.B. Sitz der Bundesregierung, Bundessymbole)

Vorliegend könnte sich die Zuständigkeit des Bundes für den zweiten Satzteil aus Art. 74 Abs. 1 Nr. 1 GG i.V.m. der Kompetenz kraft Sachzusammenhangs ergeben.

Dem Bund kann ausnahmsweise trotz Fehlens einer ausdrücklichen Zuweisung im GG die Gesetzgebungszuständigkeit zustehen, soweit die zu regelnde Materie mit einem der in den Art. 73 ff. GG genannten Gebiete in **notwendigem und untrennlichem Sachzusammenhang** steht. Erforderlich ist, dass „eine dem Bund ausdrücklich zugewiesene Materie verständigerweise nicht geregelt werden kann, ohne dass zugleich eine nicht ausdrücklich zugewiesene Materie mitgeregelt wird, wenn also ein Übergreifen in nicht ausdrücklich zugewiesene Materien unerlässliche Voraussetzung ist für die Regelung einer der Bundesgesetzgebung zugewiesenen Materie."[54]

Annexkompetenz: Vorbereitung/Durchführung einer Materie, für die der Bund ausdrücklich nach Art. 73 ff. GG zuständig ist (Verfahren wird heute aus Art. 84 Abs. 1 S. 2 GG entnommen)

Die Polizei hat gemäß § 163 StPO Straftaten zu erforschen. Häufig wird die Polizei dabei erst durch Lichtbilder und Fingerabdrücke erkennen können, ob es sich bei dem „Beschuldigten" um einen Straftäter handelt oder ob sich dieser noch nicht einer Straftat schuldig gemacht hat. Demnach kann die Polizei oftmals gar nicht zwischen präventiven und repressiven Maßnahmen unterscheiden. Somit besteht ein enger Sachzusammenhang zwischen den repressiven und den präventiven Maßnahmen i.S.d. § 81 b StPO.

Der Bund ist für die Regelung demnach insgesamt zuständig.

54 Vgl. BVerfGE 3, 407; 26, 256.

Fall 51: Gesetzgebungsverfahren – Initiative, Vorverfahren

Die Bundesregierung möchte einen Gesetzesentwurf in den Bundestag einbringen. Um die Sache zu beschleunigen, leitet das Kabinett den Entwurf direkt an den Bundestag, ohne zuvor die Stellungnahme des Bundesrates eingeholt zu haben. Der Bundesrat ist der Meinung, allein aus diesem Grunde wäre das Gesetz formell verfassungswidrig. Zu Recht?

I. Eine **Gesetzesinitiative** kann nur von den in Art. 76 Abs. 1 GG Genannten ausgehen. Die Bundesregierung ist hier als zulässiger Gesetzesinitiator genannt, Art. 76 Abs. 1 GG.

II. Fraglich ist, ob das **Vorverfahren nach Art. 76 Abs. 2 GG** ordnungsgemäß durchgeführt wurde.

1. Gesetzesvorlagen der Bundesregierung werden zunächst gemäß Art. 76 Abs. 2 S. 1 GG dem Bundesrat zur Stellungnahme zugeleitet. In der Lit. umstritten ist die Frage, ob die Bundesregierung, um das Verfahren nach Art. 76 Abs. 2 GG zu umgehen, die Gesetzesinitiative dem Bundestag überlassen darf, indem sie einen von ihr ausgearbeiteten Gesetzentwurf zu diesem Zweck den sie tragenden Regierungsfraktionen im Bundestag überlässt.

2. Der Gesetzentwurf wird dann, wenn Fraktionen des Bundestages ihn übernehmen, zu einem solchen aus der Mitte des Bundestages, für den das Verfahren des Art. 76 Abs. 2 GG nicht gilt. Das Initiativrecht des Bundestages ist unbegrenzt und daher kann sich der Bundestag bereits im Stadium der Gesetzesinitiative die Gesetzentwürfe der Bundesregierung zu eigen machen. Die Rechte des Bundesrates werden im Übrigen im zweiten Durchgang gewahrt. Seine Mitwirkung am Gesetzgebungsverfahren wird nicht beschränkt, sondern nur auf einen späteren Zeitpunkt verschoben.

3. Möglicherweise ergibt sich aber die Unzulässigkeit der Vorgehensweise aus dem Grundsatz der Organtreue. Dieser Grundsatz besagt, dass Staatsorgane untereinander zu rücksichtsvollem Umgang und einem Mindestmaß an Kooperation verpflichtet sind. Gerade für den Fall, dass die Bundesregierung durch gezielte Umgehung der Vorschrift des Art. 76 Abs. 2 S. 1 GG das Mitwirkungsrecht des Bundesrates verkürzt, könnte sie gegen den Grundsatz der Organtreue verstoßen haben. Aber auch hier gilt, dass die Bundesregierung juristisch korrekt gehandelt hat. Die sie stützende Regierungskoalition hat sich den Gesetzesentwurf zu Eigen gemacht und beim Bundestag eingebracht. Daher kann auch hier im Ergebnis nichts anderes gelten.

Politisch ergibt eine solche Vorgehensweise der Bundesregierung aus zwei Gründen Sinn. Bei eilbedürftigen Gesetzesvorlagen kann die Zeit eingespart werden, welche die Befassung des Bundesrates in Anspruch nimmt. Bei umstrittenen Gesetzesvorlagen wird verhindert, dass der Bundesrat, insbesondere ein Bundesrat, in dem die Opposition die Mehrheit hat, sich frühzeitig festlegt; auf diese Weise bleiben Kompromissmöglichkeiten im Vermittlungsverfahren erhalten.

Nach alldem wäre das Gesetz nicht allein aus diesem Grunde verfassungswidrig.

Fall 52: Gesetzgebung – Zustimmungsbedürftigkeit

Der Bundestag beschließt eine Änderung des schon vorhandenen Gentechnikgesetzes. Darin werden die Sicherheitsanforderungen an gentechnische Anlagen drastisch verschärft. Das ursprüngliche Gentechnikgesetz bedurfte der Zustimmung des Bundesrates, weil es Vorschriften über das Verfahren für die Genehmigung gentechnischer Anlagen enthält, das von Behörden der Länder durchzuführen ist (Art. 83, 84 Abs. 1 Hs. 1 GG). Das Änderungsgesetz enthält keine neuen Vorschriften, die ein Zustimmungsrecht des Bundesrates begründen. Insbesondere enthält es keine Verfahrensvorschriften. Der Bundesrat hält das Änderungsgesetz gleichwohl für zustimmungsbedürftig, weil erstens schon das geänderte Gesetz zustimmungsbedürftig gewesen sei und weil durch die Änderung die politische Aussage des ursprünglichen Gesetzes wesentlich geändert worden sei.

Bedarf das Änderungsgesetz der Zustimmung des Bundesrates?

Ein Gesetz ist nicht allein deshalb **zustimmungsbedürftig**, weil es Belange der Länder berührt. Ein Gesetz bedarf der Zustimmung des Bundesrates, wenn es sich – und sei es nur mit einer Vorschrift – unter einen der **Zustimmungsvorbehalte des Grundgesetzes** subsumieren lässt. Insofern sind die Fälle der Zustimmungsbedürftigkeit enumerativ im GG aufgezählt.

A. Für **Änderungsgesetze** gilt grundsätzlich nichts anderes. Es ist deshalb zu prüfen, ob das Änderungsgesetz **als solches zustimmungsbedürftig** ist. Aus dem Sachverhalt geht hervor, dass der Auslöser des Art. 84 Abs. 1 GG, dass nämlich Verfahrensvorschriften enthalten sind, in Bezug auf das Änderungsgesetz nicht zum Zuge kommt. Bei isolierter Betrachtung ist das Änderungsgesetz also nicht zustimmungsbedürftig.

Beachte: Während vor der „Föderalismusreform" gemäß Art. 84 Abs. 1 GG a.F. eine Zustimmungspflicht des Bundesrates immer ausgelöst wurde, wenn ein Bundesgesetz Verfahrensregelungen enthielt, kann der Bund nach Art. 84 Abs. 1 S. 2 GG Verfahrensvorschriften ohne Zustimmung des Bundesrates erlassen; in diesem Fall können die Länder davon abweichende Regelungen treffen. Nur im Ausnahmefall kann der Bund nach Art. 84 Abs. 1 S. 5 GG **mit Zustimmung des Bundesrates** (S. 6) das Verfahren ohne Abweichungsmöglichkeit regeln.

B. Fraglich ist jedoch, ob das Änderungsgesetz **im Hinblick auf die Zustimmungsbedürftigkeit des ursprünglichen Gesetzes** gemäß Art. 84 Abs. 1 GG zustimmungsbedürftig ist, obwohl es selbst keine Vorschriften enthält, die unter Art. 84 Abs. 1 GG fallen.

Ob ein Gesetz, welches ein zustimmungsbedürftiges Gesetz ändert, **generell zustimmungsbedürftig** ist, ist umstritten.

I. Teilweise wird vertreten, dass aufgrund der Mitverantwortung für das vorhandene Gesamtgesetz **jede Änderung zustimmungsbedürftig** ist.

II. Nach **h.M.** ist ein ÄnderungsG nur zustimmungsbedürftig, wenn besondere Voraussetzungen (bzw. einer von drei Fällen) vorliegen:

1. Dies ist zum einen der Fall, wenn das ÄnderungsG **selbst** neue Vorschriften enthält, die ihrerseits die Zustimmungsbedürftigkeit auslösen.

2. Gleiches gilt, wenn von der Änderung solche Regelungen des geänderten Gesetzes betroffen sind, die seine **Zustimmungsbedürftigkeit begründet** hatten.

3. Außerdem gehört dazu auch der Fall, dass ein Zustimmungsgesetz, was sowohl materiell-rechtliche Normen als auch Vorschriften über das Verfahren der Landesverwaltung (Art. 84 Abs. 1 GG) enthält, durch ein Gesetz geändert wird, das sich zwar auf die Regelung materiell-rechtlicher Fragen beschränkt, in diesem Bereich jedoch Neuerungen in Kraft setzt, die den nicht ausdrücklich geänderten Vorschriften über das Verwaltungsverfahren eine wesentlich andere Bedeutung und Tragweite verleihen.

Systemverschiebung

Hier sind im ÄnderungsG **keine zustimmungsbedürftigen Vorschriften** betroffen. Die Verschärfung der Sicherheitsanforderungen an gentechnische Anlagen führt auch zu keiner Veränderung im Verfahrensablauf bei der Genehmigung solcher Anlagen. Verfahrensregelungen ändern sich nicht in Inhalt und Tragweite dadurch, dass sie auf veränderte Genehmigungsvoraussetzungen angewandt werden. Anders wäre dies nur dann zu beurteilen, wenn durch die Änderungen der Sicherheitsanforderungen auch bei unveränderten Verfahrensvorschriften ein wesentlich aufwendigeres Prüfverfahren ausgelöst würde. Solche Umstände sind aus dem Sachverhalt allerdings nicht ersichtlich, sodass davon auszugehen ist, dass auch die Verschärfung der Sicherheitsanforderungen Inhalt und Tragweite der bestehenden verfahrensrechtlichen Regelungen nicht wesentlich verändert. Insofern liegt auch keine Systemverschiebung vor.

Das Änderungsgesetz ist mithin nicht zustimmungsbedürftig.

Fall 53: Gesetzgebungskompetenzen, -verfahren

Aufgrund der lang anhaltenden Diskussionen um die Unfallzahlen von Fahranfängern strebt die Bundesregierung im Oktober 2016 eine Novellierung des Straßenverkehrsgesetzes an. Insbesondere sollen Fahranfänger während der ersten drei Jahre nur mit einem Elternteil zusammen Auto fahren dürfen. Nach Durchführung des Vorverfahrens, Art. 76 Abs. 2 GG, bringt die Bundesregierung den Gesetzentwurf in den Bundestag ein. Der Bundestag beschließt das Gesetz mit 68 Ja-Stimmen zu 65 Nein-Stimmen. Vier Abgeordnete enthalten sich der Stimme. Daraufhin leitet der Präsident des Bundestages das Gesetz dem Bundesrat zu.

Die Vertreter der Länder im Bundesrat sind mit dem Gesetz nicht einverstanden. Die Einhaltung dieser Vorschriften wäre mit dem wenigen Personal, welches den Ländern zur Verfügung steht, nicht nachprüfbar. Die Polizei hätte wichtigere Aufgaben.

Nachdem sich Bundesrat und Bundestag im Vermittlungsausschuss nicht auf eine gemeinsame Linie einigen konnten, versagt der Bundesrat dem Gesetz die Zustimmung. Der Bundestag ist der Auffassung, es handele sich um ein „Einspruchsgesetz", sodass das Gesetz nunmehr an den Bundespräsidenten zwecks Ausfertigung weitergeleitet werden könne. Hätte der Bundesrat Einspruch erheben wollen, so hätte er dies formal vornehmen müssen.

Nach der Gegenzeichnung durch die Bundesregierung wird das Änderungsgesetz zum StVG dem Bundespräsidenten zur Ausfertigung vorgelegt. Dieser fragt sich, ob das Gesetz formell verfassungsgemäß ist.

Bearbeitervermerk: Die Prüfung ist unter **allen** in Betracht kommenden rechtlichen Gesichtspunkten vorzunehmen.

Das Gesetz ist **formell verfassungsgemäß**, wenn dem Bund die Gesetzgebungskompetenz zusteht und das Gesetzgebungsverfahren ordnungsgemäß durchgeführt wurde.

I. Zunächst müsste dem Bund die Gesetzgebungskompetenz zustehen.

1. Die Gesetzgebungskompetenz steht gemäß Art. 70 Abs. 1 GG den Ländern zu, soweit nicht das GG etwas anderes bestimmt. Die Einführung einer Bestimmung, nach der Fahranfänger in den ersten drei Jahren nur mit einem Elternteil Auto fahren dürfen, ist der Sachmaterie „Straßenverkehr" als Teil der **konkurrierenden Gesetzgebung**, Art. 74 Abs. 1 Nr. 22 GG, zuzuordnen.

2. Im Bereich der konkurrierenden Gesetzgebung hat der Bund auf bestimmten Gebieten das Recht der Gesetzgebung nur unter den **Voraussetzungen des Art. 72 Abs. 2 GG**. Danach hat der Bund u.a. auf dem Gebiet des Art. 74 Abs. 1 Nr. 22 GG das Gesetzgebungsrecht, wenn und soweit die Herstellung gleichwertiger Lebensverhältnisse im Bundesgebiet oder die Wahrung der Rechts- oder Wirtschaftseinheit im gesamtstaatlichen Interesse eine bundesgesetzliche Regelung erforderlich macht.

a) Eine bundesgesetzliche Regelung zur **Herstellung gleichwertiger Lebensverhältnisse** ist erforderlich, wenn sich die Lebensverhältnisse in den einzelnen Ländern in **erheblicher, das bundesstaatliche Sozialgefüge**

beeinträchtigender Weise auseinander entwickelt haben oder sich eine derartige Entwicklung konkret abzeichnet.[55]

Ziel des Gesetzes ist, die Zahl der Unfallbeteiligungen von Fahranfängern dadurch zu verringern, dass ein Elternteil in den ersten drei Jahren den Fahranfänger begleitet. Dieses Ziel kann jedoch auf unterschiedlichen Wegen erreicht werden. So ist z.B. auch der bereits eingeführte „Führerschein mit 17" denkbar, bei dem dann für ein Jahr eine Begleitperson bei dem Fahranfänger mitfahren muss. Unterschiedliche landesrechtliche Regelungen würden daher gleiche Ziele erreichen können. Das bundesstaatliche Sozialgefüge würde nicht soweit beeinträchtigt, dass differierende Regelungen nicht hingenommen werden könnten.

Eine bundesgesetzliche Regelung ist zur Herstellung gleichwertiger Lebensverhältnisse demnach nicht erforderlich.

b) Zur **Wahrung der Rechtseinheit** ist eine bundesgesetzliche Regelung erforderlich, wenn die Gesetzesvielfalt auf Länderebene eine **Rechtszersplitterung** mit problematischen Folgen darstellt, die sowohl im Interesse der Länder wie auch des Bundes nicht hingenommen werden kann. Dabei ist zu bedenken, dass unterschiedliche Regelungen in den Ländern eine notwendige Folge des föderalistischen Systems in der Bundesrepublik Deutschland darstellen. Einheitliche Regelungen sind dann erforderlich, wenn die unterschiedliche rechtliche Behandlung desselben Lebenssachverhaltes unter Umständen erhebliche Unsicherheiten und Behinderungen für den länderübergreifenden Rechtsverkehr erzeugen kann.[56]

Problematisch könnte an unterschiedlichen Regelungen sein, dass ein Fahranfänger dann zwar in einem Bundesland ohne Begleitung fahren dürfte, aber nicht ohne Begleitung eine Landesgrenze „überfahren" dürfte. Dies würde jungen Fahranfängern aber z.B. über die Fahrschulausbildung bekannt sein und sie könnten sich darauf einstellen. Längere Fahrten über die Grenzen eines Bundeslandes hinweg müssten von den Fahranfängern geplant werden. Dies stellt aber keine solch problematische Folge einer „Rechtszersplitterung" dar, die eine bundesgesetzliche Regelung erforderlich macht. Dabei ist zu berücksichtigen, dass andere Länder entsprechende Regelungen erlassen würden, wenn sich die Maßnahme bewährt und die Unfallzahlen mit einer Beteiligung von Fahranfängern drastisch reduzieren würde.

Damit ist eine bundesgesetzliche Regelung auch zur Wahrung der Rechtseinheit nicht erforderlich. Mangels Gesetzgebungskompetenz des Bundes ist das Gesetz formell verfassungswidrig.

II. Bedenken könnten auch hinsichtlich eines ordnungsgemäßen **Gesetzgebungsverfahrens** bestehen.

Im Rahmen der umfassenden rechtlichen Überprüfung ist gleichwohl weiter zu prüfen (vgl. Bearbeitervermerk).

1. Die **Gesetzesinitiative** (Art. 76 Abs. 1 GG) ist von der Bundesregierung eingeleitet worden.

2. Das **Vorverfahren**, welches gemäß Art. 76 Abs. 2 GG durchgeführt werden muss, hat stattgefunden.

3. Gemäß Art. 77 Abs. 1 S. 1 GG werden die Bundesgesetze vom Bundestag

55 BVerfG NJW 2003, 41.
56 BVerfG NJW 2003, 41.

beschlossen. Das Gesetz müsste im Bundestag mit der erforderlichen Mehrheit beschlossen worden sein.

a) Der Bundestag ist gemäß § 45 Abs. 1 GOBT **beschlussfähig**, wenn mehr als die Hälfte der Mitglieder im Sitzungssaal anwesend sind. Nach dem Abstimmungsergebnis waren 137 Abgeordnete anwesend. Dies ist weniger als die Hälfte (zu Beginn der 18. Wahlperiode 598 + 33 Überhang- und Ausgleichsmandate = 631). Allerdings gilt ein Gremium so lange als beschlussfähig, bis die Beschlussunfähigkeit positiv festgestellt wird. Dies wird u.a. in § 45 Abs. 2, Abs. 3 GOBT deutlich. Mangels gegenteiliger Hinweise war der Bundestag daher beschlussfähig.

b) Zu einem Gesetzesbeschluss ist gemäß Art. 42 Abs. 2 S. 1 GG die **Mehrheit** der abgegebenen Stimmen erforderlich. Dabei werden Stimmenthaltungen nicht als abgegebene Stimmen gezählt. Das Gesetz ist demnach mit 68 zu 65 Stimmen beschlossen worden.

Das Gesetz ist vom Bundestag beschlossen worden.

4. Die **Mitwirkungsbefugnisse des Bundesrates** hängen davon ab, ob es sich bei dem Gesetz um ein Zustimmungs- oder Einspruchsgesetz handelt.

a) Nach dem sogenannten „Enumerationsprinzip" liegt ein **Zustimmungsgesetz** nur dann vor, wenn das GG dies bestimmt. Alle Fälle der Zustimmungsbedürftigkeit sind im GG enumerativ aufgezählt.

Eine Zustimmungsbedürftigkeit ergibt sich vorliegend weder aus den Art. 83 ff. GG noch sonst aus dem GG. Daher handelt es sich um ein Einspruchsgesetz. Der Bundesrat hat allerdings formal keinen Einspruch eingelegt.

b) Fraglich ist, wie sich der Umstand auswirkt, dass der Bundesrat „formal" keinen Einspruch eingelegt hat. Zu überlegen ist, ob die verweigerte Zustimmung in einen Einspruch **umgedeutet** werden kann.

Angesichts der Formenstrenge im Verfassungsrecht wird eine Umdeutung allgemein abgelehnt. Gegen eine Umdeutung spricht daneben der Wortlaut des § 30 Abs. 1 GOBRat, wonach sich die Erklärungen des Bundesrates „zweifelsfrei" ergeben müssen. Um seine Rechte zu wahren, muss der Bundesrat hilfsweise Einspruch einlegen. Damit wäre das Gesetz insofern mangels Einspruch des Bundesrates zustande gekommen, Art. 78 GG.

Das Gesetz ist wegen Verstoßes gegen Art. 70 ff. GG formell verfassungswidrig.

6. Ausführung von Bundesgesetzen – Verwaltung

Fall 54: Bundesauftragsverwaltung gemäß Art. 85 GG

Die Spalt AG, ein Betreiber eines Kernkraftwerkes, hat beim zuständigen Landesminister (LMin) einen Antrag auf wesentliche Veränderung des Betriebes seines Kernkraftwerkes gestellt.

Der Landesminister verzögert die Entscheidung, weil er erst noch ein neues Gutachten einholen will zu der Frage, ob die Voraussetzungen von § 7 Abs. 2 Nr. 3 AtomG erfüllt sind.

Könnte der Bundesminister für Umwelt, Naturschutz und Reaktorsicherheit (BMU) nach vorangegangener Anhörung des LMin und nach erfolgloser Androhung auf der Grundlage des Grundgesetzes eine Weisung an den LMin erteilen, vom Vorliegen der Voraussetzungen in § 7 Abs. 2 Nr. 3 AtomG auszugehen und die Genehmigung zu erteilen?

Welche Rechtmäßigkeitsvoraussetzungen sind dabei vom BMU zu beachten und welche Folgen hätte eine rechtmäßige Weisung des BMU?

Auszug aus dem AtomG (erlassen mit Zustimmung des Bundesrates)

„§ 7: Genehmigung von Anlagen

(1) Wer eine ortsfeste Anlage zur Erzeugung, Bearbeitung oder Verarbeitung oder zur Spaltung von Kernbrennstoffen oder zur Aufarbeitung bestrahlter Kernbrennstoffe errichtet, betreibt oder sonst inne hat oder ihren Betrieb wesentlich verändert, bedarf der Genehmigung.

(2) Die Genehmigung darf nur erteilt werden, wenn ...

3. die nach dem Stand von Wissenschaft und Technik erforderliche Vorsorge gegen Schäden durch die Errichtung und den Betrieb der Anlage getroffen ist.

§ 22: Zuständigkeit der Landesbehörden

(1) Die übrigen Verwaltungsaufgaben nach dem 2. Abschnitt (Anmerkung des Verfassers: u.a. die gemäß § 7 AtomG) werden im Auftrage des Bundes durch die Länder ausgeführt ..."

A. Verfassungsmäßigkeit der Weisung vom BMU an den LMin

I. Es müsste ein **Weisungsrecht dem Grunde nach (Ermächtigungsgrundlage)** bestehen.

Gemäß Art. 30 GG ist die Ausübung der staatlichen Befugnisse und die Erfüllung der staatlichen Aufgaben Sache der Länder, soweit dieses Grundgesetz keine andere Regelung trifft oder zulässt. Diese Regelung ist eine Konkretisierung des sogenannten Trennungsprinzips aus Art. 20 Abs. 1 GG, Bundesstaatsprinzip, wonach grundsätzlich die Staatsgewalt des Bundes einerseits und die Staatsgewalt der Länder andererseits streng voneinander zu trennen sind und die Länder grundsätzlich eigenverantwortlich und ohne Einflussnahme des Bundes die ihnen zugewiesenen staatlichen Aufgaben erledigen.

Ein Eingriff in dieses Recht auf eigenverantwortliche Aufgabenwahrnehmung durch die Länder ist deshalb, vergleichbar mit Grundrechtseingriffen, nur dann zulässig, wenn dafür eine Ermächtigungsgrundlage vorhanden ist und die formellen und materiellen Voraussetzungen dieser Ermächtigungsgrundlage erfüllt sind.

Die somit erforderliche Ermächtigungsgrundlage für eine Weisung von Bundesminister an Landesminister könnte sich aus Art. 85 Abs. 3 GG ergeben.

Dafür müsste Art. 85 Abs. 3 GG im vorliegenden Fall anwendbar sein. Dies ist gemäß Art. 85 Abs. 1 GG nur dann der Fall, wenn es hier um die Ausführung von Bundesgesetzen durch die Länder **im Auftrage des Bundes** geht, also ein Fall der Bundesauftragsverwaltung vorliegt.

1. Grundsätzlich werden Bundesgesetze von den Ländern als eigene Angelegenheit im Wege der sogenannten Bundesaufsichtsverwaltung durchgeführt gemäß Art. 83 und Art. 84 GG.

Bundesauftragsverwaltung ist nur dann ausnahmsweise zulässig, wenn diese für den betreffenden Sachbereich bzw. für ein bestimmtes Gesetz ausdrücklich im Grundgesetz angeordnet ist.

Im vorliegenden Fall könnte sich eine Ausnahme ergeben aus Art. 87 c GG. Danach können Gesetze, die aufgrund des Art. 73 Abs. 1 Nr. 14 GG ergehen, mit Zustimmung des Bundesrates bestimmen, dass sie von den Ländern im Auftrage des Bundes ausgeführt werden.

a) Das AtomG ist aufgrund des Art. 73 Abs. 1 Nr. 14 GG erlassen worden.

b) Laut Sachverhaltsangaben hat der **Bundesrat** seine **Zustimmung** erteilt.

c) In § 22 Abs. 1 AtomG ist jedenfalls für den hier streitigen § 7 AtomG angeordnet, dass diese Vorschriften von den Ländern im Auftrage des Bundes ausgeführt werden.

2. Damit wird § 7 AtomG im Wege der Bundesauftragsverwaltung durch die Länder ausgeführt, sodass Art. 85 Abs. 3 GG für den hier zu entscheidenden Fall anwendbar ist.

II. Die Weisung müsste weiterhin **formell verfassungsgemäß** sein.

1. Der BMU ist als oberste Bundesbehörde **zuständiger Weisungsgeber** gemäß Art. 85 Abs. 3 S. 1 GG.

2. Der LMin ist als oberste Landesbehörde **richtiger Weisungsadressat** gemäß Art. 85 Abs. 3 S. 2 GG.

3. Als weitere **ungeschriebene formelle Rechtmäßigkeitsvoraussetzung** für eine Weisung verlangt das BVerfG, dass vor Erteilen der Weisung das Land angehört worden ist.

Diese Anforderung wird, wie alle weiteren formellen und materiellen Rechtmäßigkeitsvoraussetzungen einer Weisung, vom BVerfG hergeleitet aus Art. 20 Abs. 1 GG (Bundesstaatsprinzip, Gebot des länderfreundlichen Verhaltens als Unterfall des sogenannten Gebots des bundesfreundlichen Verhaltens im weiteren Sinne).

Laut Sachverhalt hat eine Anhörung des Landes vor Erteilung der Weisung stattgefunden.

4. Auch die gemäß Art. 20 Abs. 1 GG erforderliche **Begründung** mit hinreichender Abwägung der Interessen des Landes L ist laut Sachverhalt erfolgt.

Die Weisung des BMU an den LMin ist formell verfassungsmäßig.

III. Schließlich müssen auch die **materiellen Rechtmäßigkeitsvoraussetzungen** für eine Weisung, abgeleitet aus dem Bundesstaatsprinzip des Art. 20 Abs. 1 GG, erfüllt sein.

1. Die Weisung ist hinreichend bestimmt, sodass das Gebot der Weisungsklarheit durch die Weisung des BMU beachtet wurde.

2. Die Weisung war auch erforderlich bzw. verhältnismäßig, weil die vorher erfolgte Androhung einer Weisung erfolglos geblieben ist.

3. Schließlich ist die Weisung auch nicht rechtsmissbräuchlich erfolgt.

Ergebnis zu A: Die Weisung des BMU an den LMin gemäß Art. 85 Abs. 3 GG ist formell und materiell verfassungsmäßig.

Etwas anderes würde z.B. dann gelten, wenn der Bund die Anweisung zur Genehmigung eines Reaktortyps geben würde, der bekanntermaßen sehr störanfällig ist und damit große Gefahren für Leben und Gesundheit der Umgebung hervorrufen und zu einer evidenten Grundrechtsverletzung führen würde.

B. Rechtsfolgen der rechtmäßigen Weisung des BMU an den LMin

Die Wahrnehmungskompetenz verbleibt beim Land L. Jedoch geht die Sachkompetenz auf den anweisenden Bund im konkreten Fall über.

I. Wahrnehmungskompetenz bedeutet das Handeln und die Verantwortlichkeit nach außen, also im Verhältnis zum Bürger oder im Verhältnis zum Anlagenbetreiber.

II. Die **Sachkompetenz** betrifft die Zuständigkeit zur Sachverhaltsermittlung und rechtlichen Beurteilung zur Vorbereitung eines Verwaltungsaktes, insbesondere die Ausübung eines Wertungsspielraumes auf Tatbestandsseite und das Ausüben von Ermessen auf Rechtsfolgenseite.

Daraus ergibt sich im hier zu entscheidenden Fall, dass nach einer rechtmäßigen Weisung das Land bzw. die zuständige Landesbehörde verpflichtet ist, die Genehmigung gemäß § 7 AtomG zu erteilen und dass alle tatsächlichen und rechtlichen Fragen abschließend und verbindlich vom Bund geregelt werden. Das Land muss also die Weisung befolgen, auch wenn möglicherweise offensichtlich die Voraussetzungen von § 7 Abs. 2 Nr. 3 AtomG nicht erfüllt sind.

7. Verfahren vor dem BVerfG

Fall 55: Organstreitverfahren durch den Bundestag

Der Bundestag hat gemäß Art. 76 ff. GG ein neues Bundesgesetz unter Beteiligung des Bundesrates beschlossen. Nachdem das Gesetz zustande gekommen ist (Art. 78 GG), wird es dem Bundespräsidenten zur Ausfertigung gemäß Art. 82 Abs. 1 GG vorgelegt. Der Bundespräsident weigert sich jedoch, das Gesetz auszufertigen. Er meint, das Gesetz sei formell verfassungswidrig.

Der Bundestag ist außer sich. Er fühlt sich in seinen Rechten aus dem GG verletzt. Schließlich sei nicht der Bundespräsident der Gesetzgeber. Drei Monate nach der Weigerung ruft der Bundestag das BVerfG an, um feststellen zu lassen, dass die Weigerung verfassungswidrig gewesen ist.

Ist der Antrag beim BVerfG zulässig?

Der Antrag ist zulässig, wenn die Sachentscheidungsvoraussetzungen gegeben sind.

I. Bundestag und Bundespräsident streiten darüber, ob der Bundespräsident aus dem GG heraus das Recht hat, die Ausfertigung eines Gesetzes zu verweigern. Für ein entsprechendes **Organstreitverfahren** besteht die **Zuständigkeit** des BVerfG gemäß Art. 93 Abs. 1 Nr. 1 GG, § 13 Nr. 5 BVerfGG.

II. Der Bundestag als Antragsteller und der Bundespräsident als Antragsgegner sind ausdrücklich in § 63 BVerfGG genannte **Beteiligtenfähige**.

III. Die Weigerung des Bundespräsidenten stellt ein rechtserhebliches Unterlassen dar. Es handelt sich demnach um einen zulässigen **Antragsgegenstand**, § 64 Abs. 1 BVerfGG.

IV. Es müsste eine **Antragsbefugnis** bestehen, § 64 Abs. 1 BVerfGG. Der Bundestag müsste geltend machen, dass er durch die Unterlassung des Antragsgegners in einem durch das GG übertragenen Recht verletzt oder unmittelbar gefährdet ist. Es muss also zumindest möglich sein, dass ein Recht aus dem GG verletzt ist.

1. Als Recht des Bundestags kommt hier das **Gesetzgebungsrecht** aus Art. 77 Abs. 1 S. 1 GG in Betracht. Als Hauptgesetzgebungsorgan (demokratisch legitimiert) hat der Bundestag einen Anspruch darauf, dass die übrigen Mitwirkungsorgane ihre Mitwirkungsakte nur verfassungsgemäß ausüben, damit ein Zustandekommen des Gesetzes nicht verfassungswidrig verhindert wird. Das bedeutet nicht, dass jedes Organ (z.B. der Bundesrat) zustimmen muss, aber wohl, dass die verfassungsrechtlichen Mitwirkungspflichten erfüllt werden müssen.

2. In dieses Recht des Bundestags auf verfassungsgemäße Mitwirkung im Gesetzgebungsverfahren könnte eingegriffen worden sein durch eine Unterlassung (Weigerung der Ausfertigung) des Antragsgegners.

Damit ist eine Verletzung des Bundestages in seinen Rechten aus dem GG möglich. Der Bundestag ist antragsbefugt.

V. Die **Antragsfrist** von 6 Monaten, § 64 Abs. 3 BVerfGG, ist eingehalten.

Der Antrag des Bundestages an das BVerfG ist demzufolge zulässig.

Fall 56: Organstreitverfahren durch eine Fraktion
(Abwandlung zu Fall 55)

Wie wäre es, wenn die das Gesetz befürwortende Fraktion C die Weigerung des Bundespräsidenten für eine Verletzung ihrer Rechte hält. Könnte auch die C-Fraktion zulässigerweise ein solches Verfahren vor dem BVerfG durchführen, wenn die Mehrheit des Bundestages dagegen ist?

Der Antrag ist zulässig, wenn die Sachentscheidungsvoraussetzungen gegeben sind.

I. Die Fraktion und der Bundespräsident streiten darüber, ob der Bundespräsident aus dem GG heraus das Recht hat, die Ausfertigung eines Gesetzes zu verweigern. Für ein entsprechendes **Organstreitverfahren** besteht die **Zuständigkeit** des BVerfG gemäß Art. 93 Abs. 1 Nr. 1 GG, § 13 Nr. 5 BVerfGG.

II. Dann müssten Antragsteller und Antragsgegner auch **beteiligtenfähig** sein, § 63 BVerfGG.

1. Der **Bundespräsident** ist als Antragsgegner ausdrücklich in § 63 BVerfGG genannt und damit beteiligtenfähig.

2. Fraglich ist allerdings, ob die **Fraktion** beteiligtenfähig ist. Dann müsste die Fraktion gemäß § 63 BVerfGG ein Teil des Bundestages sein und mit eigenen Rechten aus dem GG oder aus den Geschäftsordnungen ausgestattet sein.

Bei einer Fraktion handelt es sich um einen freiwilligen Zusammenschluss von Abgeordneten (vgl. § 45 Abs. 1 AbgG i.V.m. § 10 GOBT), der zwar nicht durch das GG ausdrücklich, aber durch die GOBT mit eigenen Rechten (vgl. z.B. das Recht, Gesetzesinitiativen einzuleiten, § 76 GOBT) ausgestattet ist. Damit ist auch die C-Fraktion beteiligtenfähig im Organstreitverfahren.

III. Die Weigerung des Bundespräsidenten ist ein rechtserhebliches Unterlassen und daher ein zulässiger **Antragsgegenstand**, § 64 Abs. 1 BVerfGG.

IV. Es müsste auch die **Antragsbefugnis** gemäß § 64 Abs. 1 BVerfGG vorliegen.

Die Fraktion müsste geltend machen, dass sie oder das Organ, dem sie angehört, durch eine Maßnahme oder Unterlassung des Antragsgegners in einem durch das GG übertragenen Recht oder einer Pflicht verletzt oder unmittelbar gefährdet ist. Nach der geltenden Möglichkeitstheorie darf es nicht ausgeschlossen sein, dass ein Recht aus dem GG verletzt ist.

1. Zunächst könnten **eigene Rechte der Fraktion** als Antragsteller beeinträchtigt sein. Insoweit ist zunächst festzustellen, dass Fraktionen aus dem GG keine ausdrücklich geregelten Rechte haben. Es könnten sich aber aus den Staatsprinzipien und einigen Artikeln durch **Auslegung** einzelne Mitwirkungsbefugnisse im Bundestag ableiten lassen. Nach Art. 76 Abs. 1 GG werden Gesetzesinitiativen aus der Mitte des Bundestages eingebracht. Unter Zuhilfenahme des § 76 GOBT ergibt die Auslegung der Norm, dass damit zumindest auch eine Fraktion gemeint ist. Damit ergibt die Auslegung des Art. 76 Abs. 1 GG ein Gesetzesinitiativrecht der Fraktion aus dem GG.

Fraglich ist aber, ob durch die Weigerung des Bundespräsidenten solche verfassungsrechtlichen Fraktionsrechte tangiert werden. Die Fraktion kann ihre Mitwirkungsbefugnisse ungehindert ausüben, obwohl sich der Bundespräsident weigert, das Gesetz auszufertigen. Auch steht der Fraktion kein Recht auf vollständigen Abschluss eines Gesetzgebungsverfahrens zu, da die Fraktion selbst kein Gesetzgebungsorgan ist. Eine Verletzung eigener (Fraktions-)Rechte kann sie hier daher nicht geltend machen.

2. Die Fraktion als Teil des Bundestags könnte aber im Wege der **Prozessstandschaft** Rechte des Bundestags als verletzt geltend machen.

Prozessstandschaft: Befugnis, ein fremdes Recht im eigenen Namen geltend zu machen (während der Vertreter im fremden Namen handelt). Bei ihr fallen Rechtsinhaberschaft und Prozessführungsbefugnis auseinander.

a) Als Recht des Bundestages kommt hier das Gesetzgebungsrecht aus Art. 77 GG in Betracht (s.o. Fall 55).

b) Fraglich ist, ob eine Fraktion das Recht des Bundestags geltend machen kann.

aa) Zunächst ist anerkannt, dass eine Fraktion als ständig vorhandene Gliederung (funktionsähnlich) Rechte des Bundestags geltend machen kann.

bb) Problematisch ist jedoch, dass die C-Fraktion dieses Recht **gegen den Willen der Mehrheit des Bundestages** wahrnehmen will. Die Prozessstandschaft wurde vom Gesetzgeber auch zur **Wahrung von Oppositionsrechten** in das BVerfGG aufgenommen. Geschützt werden sollte die oppositionelle Minderheit. Aus diesem Grunde muss die Wahrnehmung von Rechten daher auch gegen den Willen der Mehrheit des Bundestags möglich sein.

3. In das Recht des Bundestags auf verfassungsgemäße Mitwirkung im Gesetzgebungsverfahren könnte durch eine Unterlassung (Weigerung der Ausfertigung) des Antragsgegners eingegriffen worden sein.

Die C-Fraktion ist somit antragsbefugt.

V. Die 6-monatige **Antragsfrist** des § 64 Abs. 3 BVerfGG ist eingehalten.

Der Antrag der C-Fraktion an das BVerfG ist demzufolge zulässig.

Fall 57: Organstreitverfahren eines Abgeordneten
(2. Abwandlung zu Fall 55)

Wie wäre es, wenn der das Gesetz befürwortende Abgeordnete A die Weigerung des Bundespräsidenten für eine Verletzung seiner Rechte hält. Könnte auch der A zulässigerweise ein solches Verfahren durchführen, wenn die Mehrheit des Bundestages dagegen ist?

Der Antrag ist zulässig, wenn die Sachentscheidungsvoraussetzungen gegeben sind.

I. Der Abgeordnete A und der Bundespräsident streiten darüber, ob der Bundespräsident aus dem GG heraus das Recht hat, die Ausfertigung eines Gesetzes zu verweigern. Für ein entsprechendes **Organstreitverfahren** besteht die **Zuständigkeit** des BVerfG gemäß Art. 93 Abs. 1 Nr. 1 GG, § 13 Nr. 5 BVerfGG.

II. Sowohl der Abgeordnete als Antragsteller, als auch der Bundespräsident als Antragsgegner müsste **beteiligtenfähig** sein, § 63 BVerfGG.

1. Der **Bundespräsident** als Antragsgegner ist gemäß § 63 BVerfGG beteiligtenfähig.

2. Fraglich ist allerdings, ob der **Abgeordnete A** als Antragsteller beteiligtenfähig ist. Dann müsste er gemäß § 63 BVerfGG ein Teil des Bundestages sein und mit eigenen Rechten aus dem GG oder aus den Geschäftsordnungen ausgestattet sein.

Zu dem Streit, ob ein einzelner Abgeordneter aus § 63 BVerfGG oder direkt aus Art. 93 Abs. 1 Nr. 1 GG als „anderer Beteiligter am GG" beteiligtenfähig ist vgl. AS-Skript Staatsorganisationsrecht (2017), Rn. 506, 511.

Der Abgeordnete ist Teil des Bundestages und hat eigene Rechte aus dem GG, wie z.B. das freie Mandat aus Art. 38 Abs. 1 S. 2 GG. Damit ist auch der Abgeordnete A beteiligtenfähig im Organstreitverfahren.

III. Die Weigerung des Bundespräsidenten stellt einen zulässigen **Antragsgegenstand** i.S.v. § 64 Abs. 1 BVerfGG dar.

IV. Problematisch könnte die **Antragsbefugnis** des einzelnen Abgeordneten aus § 64 Abs. 1 BVerfGG sein.

A müsste geltend machen, dass er oder das Organ, dem er angehört, durch eine Maßnahme oder Unterlassung des Antragsgegners in einem durch das GG übertragenen Recht oder einer Pflicht verletzt oder unmittelbar gefährdet ist. Nach der geltenden Möglichkeitstheorie darf es nicht ausgeschlossen sein, dass ein Recht aus dem GG verletzt ist.

1. In Betracht käme zunächst eine mögliche Verletzung des Abgeordneten A in **eigenen Rechten** aus dem GG.

Durch die Weigerung des Bundespräsidenten, ein Gesetz auszufertigen, sind eigene Rechte des Abgeordneten A (Rede-, Antrags-, Abstimmungsrechte) nicht tangiert worden, sodass A insoweit nicht antragsbefugt ist.

2. Im Organstreitverfahren ist gemäß § 64 Abs. 1 BVerfGG daneben ausnahmsweise eine **Prozessstandschaft** vorgesehen.

Fraglich ist daher, ob ein Abgeordneter Rechte des Bundestags (hier aus Art. 77 GG, s.o.) im Wege der Prozessstandschaft geltend machen kann.

Die Prozessstandschaft ist eine Ausnahme von dem allgemeinen verfahrensrechtlichen Grundsatz, dass Verfahrensbeteiligte nur eigene Rechte geltend machen können; sie bedarf daher einer ausdrücklichen gesetzlichen Zulassung. Eine solche findet sich in §§ 63, 64 Abs. 1 BVerfGG; sie bezieht sich jedoch nur auf die Prozessstandschaft eines Organteils für das Gesamtorgan, berechtigt aber nicht den einzelnen Abgeordneten.[57]

Als **Organteile** in diesem Sinne sind nur die nach der Geschäftsordnung ständig vorhandenen Gliederungen des Bundestages, wie z.B. die Fraktionen, berufen, Rechte des Bundestages geltend zu machen. Der einzelne Abgeordnete ist keine solche „Gliederung" des Bundestages, wohl aber erfüllen die Fraktionen diese Voraussetzungen, weil der Bundestag als Gesamtheit durch sie und das in ihnen verkörperte politische Gliederungsprinzip erst kontinuierlich arbeitsfähig wird. Der Minderheitenschutz zielte auch bei Erlass des GG auf den Schutz der **organisierten** parlamentarischen Minderheit ab. Man wollte nicht „ganz kleinen Gruppen", sondern dem parlamentarischen Gegenspieler der Regierungsmehrheit den Rechtsweg zum BVerfG eröffnen.

Ein Abgeordneter kann folglich nicht im Wege der Prozessstandschaft Rechte des Bundestages geltend machen.

Der Antrag des Abgeordneten A an das BVerfG ist demzufolge unzulässig.

57 BVerfGE 90, 286, 343; vgl. auch BVerfG JuS 2008, 74.

Fall 58: Organstreitverfahren – Antragsgegenstand
(nach BVerfG, Beschl. v. 04.12.2014 – 2 BvE 3/14, RÜ 2015, 179)

Im Juni 2013 wurde in den USA Anklage gegen den ehemaligen Geheimdienstmitarbeiter Edward Snowden wegen Geheimnisverrats erhoben und gleichzeitig Haftbefehl erlassen. Snowden hält sich bereits seit Anfang Juni 2013 in Moskau auf.

Am 20.03.2014 setzte der 18. Deutsche Bundestag den „NSA-Untersuchungsausschuss" ein, der im Wesentlichen aufklären soll, ob und in welchem Umfang durch Nachrichtendienste der USA Daten über Kommunikationsvorgänge in Deutschland erfasst werden, und inwieweit Stellen des Bundes von derartigen Praktiken Kenntnis hatten oder sogar daran beteiligt waren. Die Bundestagsabgeordneten X und Y sind Mitglieder des UA und beantragten die Vernehmung Edward Snowdens in Berlin durch den UA. Die Bundesregierung nahm hierzu mit Schreiben vom 02.05.2014 Stellung. Sie vertrat die Ansicht, dass im Fall einer Vernehmung in Deutschland mit erheblichen negativen Auswirkungen auf die deutsch-amerikanischen Beziehungen und einer Beeinträchtigung der Kooperation mit den US-Sicherheitsbehörden zu rechnen sei, die für die Sicherheit Deutschlands von grundlegender Bedeutung sei. Snowden könne auch im Ausland vernommen werden. Die Einschätzung sei jedoch aufgrund fehlender Erkenntnisse zum tatsächlichen Sachverhalt vorläufig und habe insofern keine bindende Wirkung. Es sei möglich, dass Snowden im Fall einer Einreise nach Deutschland an die USA auszuliefern wäre.

Alle 127 Bundestagsabgeordnete der Opposition rufen das BVerfG an und beantragen die Feststellung, sie seien durch die Stellungnahme und die Weigerung der Bundesregierung, die tatsächlichen und rechtlichen Voraussetzungen für eine Zeugenvernehmung Edward Snowdens in Berlin zu schaffen in ihrem Recht aus Art. 44 Abs. 1 GG verletzt. Wäre ein Organstreitverfahren vor dem BVerfG zulässig?

Der Antrag ist zulässig, wenn die Sachentscheidungsvoraussetzungen der Art. 93 Abs. 1 Nr. 1 GG, § 13 Nr. 5, §§ 63 ff. BVerfGG gegeben sind.

I. Das BVerfG entscheidet gemäß Art. 93 Abs. 1 Nr. 1 GG, § 13 Nr. 5 BVerfGG im **Organstreitverfahren** über die Auslegung des Grundgesetzes aus Anlass von Streitigkeiten über den Umfang der Rechte und Pflichten eines obersten Bundesorgans oder anderer Beteiligter. Die Antragsteller streiten sich mit der Bundesregierung über den Umfang von Mitwirkungspflichten der Bundesregierung im Rahmen der Beweiserhebung durch den UA gemäß Art. 44 GG, sodass das BVerfG **zuständig** ist.

II. Die **Beteiligtenfähigkeit** richtet sich nach Art. 93 Abs. 1 Nr. 1 GG, § 63 BVerfGG.

1. Gemäß § 63 BVerfGG muss der **Antragsteller** entweder ein dort genanntes Verfassungsorgan oder als dessen **Teil** im Grundgesetz oder in den GeschO BT/BR **mit eigenen Rechten** ausgestattet sein. Die 127 Abgeordneten des Bundestages sind, anders als eine Fraktion, kein organisatorischer Teil des Bundestages und weder Organteil i.S.d. § 63 Hs. 2 BVerfGG noch andere Beteiligte i.S.d. Art. 93 Abs. 1 Nr. 1 GG. Eine bloße Gruppierung von Abgeordneten (z.B. die Opposition) ist im Organstreitverfahren grundsätzlich nicht beteiligtenfähig.

Etwas anderes gilt nur für die sogenannte **Einsetzungsminderheit** i.S.d. Art. 44 Abs. 1 GG, der eigene Rechte zustehen (vgl. auch § 1 Abs. 1 PUAG). Dies ist bei den 127 Abgeordneten an sich nicht der Fall, da sie nicht 1/4 der (631 zu Beginn der 18. Wahlperiode) Mitglieder des Bundestages ausmachen. Für die Dauer der 18. Wahlperiode bestimmt § 126 a Abs. 1 Nr. 1 GeschO BT jedoch, dass der Bundestag einen UA bereits auf Antrag von 120 Abgeordneten einsetzen muss. Die 127 Abgeordneten sind daher als Einsetzungsminderheit durch § 126 a Abs. 1 Nr. 1 GeschO BT mit eigenen Rechten ausgestattet und daher nach § 63 Hs. 2 BVerfGG beteiligtenfähig.

2. Als **Antragsgegnerin** ist die Bundesregierung als oberstes Bundesorgan (Verfassungsorgan) nach § 63 Hs. 1 BVerfGG beteiligtenfähig.

III. Tauglicher **Antragsgegenstand** eines Organstreitverfahrens kann gemäß § 64 Abs. 1 BVerfGG jede **rechtserhebliche Maßnahme oder Unterlassung** des Antragsgegners sein. Als rechtserhebliche Maßnahme kommt jedes Verhalten des Antragsgegners in Betracht, das geeignet ist, die Rechtsstellung des Antragstellers zu beeinträchtigen. Erforderlich ist dafür, dass der Antragsteller durch die angegriffene Maßnahme in seinem Rechtskreis **konkret** betroffen wird, sodass Handlungen, die nur vorbereitenden oder bloß vollziehenden Charakter haben, als Angriffsgegenstand im Organstreit ausscheiden.

1. Bei der **Stellungnahme der Bundesregierung** könnte es an der Rechtserheblichkeit fehlen, wenn diese (noch) keine rechtlichen Wirkungen entfaltet. Dafür spricht schon, dass das Schreiben vom 02.05.2014 als Stellungnahme bezeichnet ist. Stellungnahme meint das (unverbindliche) Äußern einer Ansicht. Erkennbar wollte die Bundesregierung durch die Stellungnahme keine verbindlichen Vorgaben an die zuständigen Behörden oder Gerichte hinsichtlich der Gewährung eines Aufenthaltstitels für Edward Snowden machen. Zudem hat die Bundesregierung in dem Schreiben ausdrücklich darauf hingewiesen, die Einschätzung sei **vorläufig** und habe keine bindende Wirkung. Damit fehlt es an einer rechtlich relevanten Erklärung. Die Stellungnahme ist kein zulässiger Antragsgegenstand.

2. Zulässiger Antragsgegenstand könnte jedoch die **Weigerung** der Bundesregierung **als rechtserhebliches Unterlassen** sein. Solange allerdings weder eine Ladung Edward Snowdens zur Zeugenvernehmung nach Deutschland vorliegt noch ein konkretes Amtshilfeersuchen abgelehnt wurde, verdichten sich Stellungnahmen der Bundesregierung mit dem Ziel einer bloßen Unterrichtung noch nicht zu einem rechtserheblichen Unterlassen.[58]

Die Stellungnahme und die Weigerung sind keine tauglichen Antragsgegenstände. Ein Organstreitverfahren ist unzulässig.

---

58 BVerfG, Beschl. v. 04.12.2014 – 2 BvE 3/14, Rn. 33.

Fall 59: Organstreitverfahren durch Parteien
(Abwandlung von Fall 32)

Die derzeit in der Opposition befindliche A-Partei fragt, ob sie im Rahmen eines Organstreitverfahrens vor dem BVerfG erfolgreich klären lassen kann, ob die Maßnahme der Bundesregierung (s. Fall 32) gegen die Chancengleichheit der Parteien verstößt.

Die A-Partei kann im Rahmen eines Organstreitverfahrens vor dem BVerfG erfolgreich klären lassen, ob die Maßnahme der Bundesregierung gegen die Chancengleichheit der Parteien verstößt, wenn der entsprechende Antrag zulässig und begründet ist.

A. Zulässigkeit eines Antrages der A-Partei an das BVerfG im Organstreitverfahren gemäß § 93 Abs. 1 Nr. 1 GG, §§ 13 Nr. 5, 63 ff. BVerfGG

I. Das BVerfG ist für Organstreitverfahren gemäß Art. 93 Abs. 1 Nr. 1 GG i.V.m. § 13 Nr. 5 BVerfGG **zuständig**.

II. Antragsteller und -gegner müssten auch **beteiligtenfähig** sein.

1. Die **Bundesregierung** ist beteiligtenfähig als Antragsgegnerin gemäß § 63 Hs. 1 BVerfGG, weil sie dort ausdrücklich benannt ist.

2. Daneben müsste auch die A-Partei eine zulässige **Antragstellerin** i.S.d. § 63 BVerfGG sein.

a) Parteien sind nicht beteiligtenfähig gemäß § 63 BVerfGG, weil sie nicht ausdrücklich benannte Verfassungsorgane sind (Hs. 1) und auch nicht teilrechtsfähige Teile dieser Organe (Hs. 2).

b) Die Beteiligtenfähigkeit der A-Partei ergibt sich auch nicht aus Art. 93 Abs. 1 Nr. 1 Hs. 1 GG, weil sie **nicht oberstes Bundesorgan** ist.

c) Die Beteiligtenfähigkeit könnte sich jedoch aus Art. 93 Abs. 1 Nr. 1 Hs. 2 GG ergeben, wenn die A-Partei „andere Beteiligte, die durch dieses Grundgesetz mit eigenen Rechten ausgestattet" ist.

Diese Voraussetzung ist bei Parteien nur dann erfüllt, sofern sie gerade um ihren **verfassungsrechtlichen Status** i.S.v. Art. 21 Abs. 1 S. 1 GG streiten, also um die Teilhabe an der politischen Willensbildung, welche in § 1 Abs. 2 ParteienG näher konkretisiert ist.

Durch die unzulässige Öffentlichkeitsarbeit der Bundesregierung wird die A-Partei bei ihren Wahlkampfaktivitäten benachteiligt und damit im Rahmen des Prozesses der staatlichen Willensbildung i.S.v. Art. 21 Abs. 1 S. 1 GG i.V.m. § 1 Abs. 2 ParteienG; damit ist sie beteiligtenfähig.

III. Es müsste auch eine **Antragsbefugnis** der A-Partei gemäß § 64 Abs. 1 BVerfGG gegeben sein.

Die A-Partei ist nur dann antragsbefugt, wenn sie geltend machen kann, durch die unzulässige Wahlwerbung der Bundesregierung in einem ihr durch das Grundgesetz verliehenen Recht verletzt worden zu sein.

Hier ist eine Verletzung der Chancengleichheit der Parteien aus Art. 21 Abs. 1 GG i.V.m. Art. 38 Abs. 1 S. 1 GG möglich. Damit ist die A-Partei antragsbefugt.

Klausurhinweis: Im Organstreitverfahren ist zunächst die Beteiligtenfähigkeit nach § 63 Hs. 1 und 2 BVerfGG zu prüfen. Sofern danach eine Beteiligtenfähigkeit nicht besteht (wie z.B. bei Parteien), ist Art. 93 Abs. 1 Nr. 1 GG zu prüfen!

Anmerkung: Ein Organstreit von Parteien ist nicht möglich, wenn die Partei gerade nicht im Rahmen der Mitwirkung an der staatlichen Willensbildung betroffen wird, sondern vergleichbar dem Bürger als Grundrechtsträger.

IV. Letztlich muss die **Antragsfrist** gemäß § 64 Abs. 3 BVerfGG eingehalten sein.

Der Antrag der A-Partei im Organstreitverfahren muss danach binnen 6 Monaten nach Bekanntwerden der beanstandeten Maßnahme, also hier der unzulässigen Wahlwerbung der Bundesregierung, gestellt werden. Von der Fristwahrung ist auszugehen.

Der Antrag der A-Partei im Organstreitverfahren beim BVerfG ist damit zulässig.

B. Begründetheit des Antrags

Der Antrag ist begründet, wenn die Maßnahme des Antragsgegners (hier die unzulässige Wahlwerbung der Bundesregierung) gegen eine Bestimmung des Grundgesetzes verstößt, vgl. § 67 BVerfGG.

Wie oben im Fall 31 bereits ausführlich geprüft, verstößt die unzulässige Wahlwerbung der Bundesregierung gegen das Recht auf Chancengleichheit aus Art. 21 Abs. 1 i.V.m. Art. 38 Abs. 1 S. 1 GG, sodass der Antrag der A-Partei zulässig und begründet ist.

Damit kann die A-Partei die Maßnahme der Bundesregierung erfolgreich durch das BVerfG überprüfen lassen.

Fall 60: Abstrakte Normenkontrolle – Beteiligtenfähigkeit
(nach BVerfG DVBl. 2004, 705)

Der Bundestag hat nach einem ordnungsgemäßen Gesetzgebungsverfahren ein Gesetz zur „weiteren Umsetzung des Einstiegs in die ökologische Steuerreform" verabschiedet und zum 01.04.2014 in Kraft gesetzt. Das Gesetz sieht eine weitere Besteuerung von Strom bei Versorgungsunternehmen sowie eine Erhöhung der Mineralölsteuer vor. Durch die Verteuerung des Energieverbrauchs sollen Anreize gesetzt werden, um alternative Energien zu entwickeln und vermehrt einzusetzen. Mit den dadurch erhöhten Steuereinnahmen soll eine Gesundheitsreform im Jahre 2014 gegenfinanziert werden.

Die gesetzlichen Bestimmungen sind so ausgestaltet, dass Unternehmen des „produzierenden Gewerbes" sowie der „Land- und Forstwirtschaft" Rückzahlungen bzw. Nachlässe erhalten, um die Konjunktur nicht stärker zu belasten bzw. um Härten zu vermeiden.

152 Abgeordnete sind davon überzeugt, dass das Gesetz gegen Art. 12, 14 und 3 GG verstößt. Wäre ein Verfahren vor dem BVerfG zulässig?

Hinweis: Der Bundestag besteht zurzeit aus 631 Abgeordneten (aufgrund von Überhang- und Ausgleichsmandaten).

Das Verfahren vor dem BVerfG wäre zulässig, wenn die Sachentscheidungsvoraussetzungen gegeben sind.

I. Die Abgeordneten des Bundestages wollen beim BVerfG das Gesetz auf seine Verfassungsmäßigkeit überprüfen lassen. Die Zuständigkeit des BVerfG ist für eine solche **abstrakte Normenkontrolle** gemäß Art. 93 Abs. 1 Nr. 2 GG, § 13 Nr. 6 BVerfGG gegeben.

II. Der Antrag ist nur zulässig, wenn die 152 Abgeordneten des Bundestages **beteiligtenfähig** sind. Gemäß § 76 Abs. 1 BVerfGG können den Antrag die Bundesregierung, eine Landesregierung oder ein Viertel der Mitglieder des Bundestages stellen. Der Bundestag besteht aus 631 Abgeordneten (zu Beginn der 18. Wahlperiode). Die 152 Abgeordneten erreichen daher nicht die Mindestzahl des erforderlichen Viertels der Mitglieder des Bundestages (zurzeit 158 Abgeordnete erforderlich). Sie sind somit nicht beteiligtenfähig.

Eine abstrakte Normenkontrolle vor dem BVerfG ist demzufolge unzulässig.

Fall 61: Abstrakte Normenkontrolle – Antragsgegenstand
(Abwandlung zu Fall 60)

Wie wäre es, wenn 300 Abgeordnete des Bundestages den Antrag an das BVerfG stellen, während der Bundespräsident noch überlegt, ob er das Gesetz ausfertigen soll?

Der Antrag ist zulässig, wenn die Sachentscheidungsvoraussetzungen gegeben sind.

I. Die **Zuständigkeit des BVerfG** für eine abstrakte Normenkontrolle ergibt sich aus Art. 93 Abs. 1 Nr. 2 GG, § 13 Nr. 6 BVerfGG.

II. 300 Abgeordnete sind mehr als 1/4 der Mitglieder des Bundestages. Die **Beteiligtenfähigkeit** ist somit gegeben, § 76 Abs. 1 BVerfGG.

III. Das Gesetz müsste auch ein **zulässiger Antragsgegenstand** gemäß § 76 Abs. 1 BVerfGG sein. Danach kann Bundes- oder Landesrecht überprüft werden.

Beachte: Recht ist weit zu verstehen; anders bei Art. 100 GG (vgl. dort).

1. Erfasst werden davon alle Normen der Rechtsordnungen des Bundes und der Länder. Dazu gehören Verfassungsvorschriften ebenso wie formelle Gesetze (Parlamentsgesetze) und materielle Gesetze (auch Rechtsverordnungen, Satzungen).

Ausnahme: die Haushaltsgesetze von Bund und Ländern

Ausnahme: Zustimmungsgesetz zu völkerrechtlichen Verträgen, Art. 59 GG

2. Einschränkend gilt aber, dass es sich um Normen mit **Außenwirkung** handeln muss. Daher muss das Gesetz bereits „mit Geltungsanspruch" auftreten, d.h., es muss bereits verkündet sein. Eine **vorbeugende Normenkontrolle** ist daher unzulässig. Die 300 Abgeordneten des Bundestages möchten den Antrag an das BVerfG stellen, während der Bundespräsident noch überlegt, ob er das Gesetz ausfertigen soll. Das Gesetz ist folglich noch nicht verkündet, sodass das Gesetz noch nicht mit Geltungsanspruch auftritt.

Eine abstrakte Normenkontrolle ist zu diesem Zeitpunkt also noch unzulässig.

Fall 62: Abstrakte Normenkontrolle – Antragsbefugnis (Abwandlung zu Fall 60)

Wie wäre es, wenn die 300 Abgeordneten des Bundestages den Antrag nach Verkündung stellen, aber nunmehr lediglich bezweifeln, dass das Gesetz verfassungsgemäß ist?

Der Antrag ist zulässig, wenn die Sachentscheidungsvoraussetzungen gegeben sind.

I. Die **Zuständigkeit des BVerfG** für eine abstrakte Normenkontrolle ergibt sich aus Art. 93 Abs. 1 Nr. 2 GG, § 13 Nr. 6 BVerfGG.

II. 300 Abgeordnete sind mehr als 1/4 der Mitglieder des Bundestages. Die **Beteiligtenfähigkeit** ist damit gegeben, § 76 Abs. 1 BVerfGG.

III. Das Gesetz müsste ein **zulässiger Antragsgegenstand** gemäß § 76 Abs. 1 BVerfGG sein. Danach kann Bundes- oder Landesrecht überprüft werden. Zudem muss das Gesetz bereits „mit Geltungsanspruch" auftreten, d.h., es muss bereits verkündet sein. Dies ist hier bereits geschehen, sodass ein zulässiger Antragsgegenstand für eine abstrakte Normenkontrolle gegeben ist.

IV. Es müsste auch die **Antragsbefugnis**, § 76 Abs. 1 Nr. 1 BVerfGG, gegeben sein. Nach § 76 Abs. 1 Nr. 1 BVerfGG muss der Antragsteller das Bundesrecht wegen seiner förmlichen oder sachlichen Unvereinbarkeit mit dem GG **für nichtig halten**. Dies bedeutet, dass der Antragsteller von der Verfassungswidrigkeit überzeugt sein muss. Die Abgeordneten **bezweifeln** indes lediglich die Verfassungsmäßigkeit, sind aber nicht davon überzeugt.

Allerdings ist der **Wortlaut des Art. 93 Abs. 1 Nr. 2 GG** weiter gefasst als der des § 76 Abs. 1 Nr. 1 BVerfGG. Nach Art. 93 Abs. 1 Nr. 2 GG reichen Meinungsverschiedenheiten oder **Zweifel** aus. Während die h.Lit. § 76 Abs. 1 Nr. 1 BVerfGG aus diesem Grunde für teilnichtig hält bzw. § 76 Abs. 1 Nr. 1 BVerfGG verfassungskonform erweiternd auslegt, geht eine Mindermeinung davon aus, dass § 76 Abs. 1 Nr. 1 BVerfGG den Art. 93 Abs. 1 Nr. 2 GG in verfassungskonformer Weise einenge. Der Gesetzgeber besitze gemäß Art. 94 Abs. 2 S. 1 GG die Befugnis, die Verfassung und das Verfahren entgegen den Vorgaben des Art. 93 GG enger festzulegen. Vertreter dieser Auffassung beziehen sich dabei auf eine Entscheidung des BVerfG.[59] In dieser Entscheidung hat das BVerfG aber lediglich ausgedrückt, dass die Antragsbefugnis „**schon dann vorliegt**, wenn der Antragsteller von der Verfassungswidrigkeit überzeugt ist". Daraus kann nicht abgeleitet werden, dass der Antragsteller auch überzeugt sein **muss**.

Für die h.Lit. spricht, dass das BVerfG diesen Gedanken auf kein anderes Verfahren überträgt, sondern z.B. im Organstreitverfahren den (engeren) § 63 BVerfGG wegen des weiteren Art. 93 Abs. 1 Nr. 1 GG ebenfalls weiter versteht. Damit reichen die Zweifel der Abgeordneten aus.

V. Von der Einhaltung der **Form**, § 23 Abs. 1 BVerfGG, ist auszugehen.

Das abstrakte Normenkontrollverfahren ist mithin zulässig.

59 BVerfG, Beschl. v. 24.06.1997 – 2 BvF 1/93, NJW 1998, 589.

Fall 63: Bund-Länder-Streitverfahren gemäß Art. 93 Abs. 1 Nr. 3 GG

In Fall 54 (Bundesauftragsverwaltung gemäß Art. 85 GG) fragt das betroffene Bundesland L, mit welchen gerichtlichen Verfahren und mit welchem Erfolg festgestellt werden kann, ob die Weisung des BMU rechtmäßig ist.

In Betracht kommt ein Antrag des Landes L im **Bund-Länder-Streitverfahren** beim Bundesverfassungsgericht.

A. Zulässigkeit des Antrags

I. Die **Zuständigkeit des BVerfG** für ein Bund-Länder-Streitverfahren ergibt sich aus Art. 93 Abs. 1 Nr. 3 GG i.V.m. § 13 Nr. 7 BVerfGG.

II. Es müsste die **Beteiligtenfähigkeit** gemäß § 68 BVerfGG gegeben sein.

1. Beteiligtenfähig als **Antragsteller** ist hier die Landesregierung bzw. für diese der Landesminister.

Klausurhinweis: Anders als bei der Verfassungsbeschwerde oder Anträgen im Normenkontrollverfahren ist nicht nur die Beteiligtenfähigkeit des Antragstellers zu prüfen, sondern auch die Beteiligtenfähigkeit des Antragsgegners!

2. Beteiligtenfähig als **Antragsgegner** ist die Bundesregierung bzw. für diese der BMU.

III. Gemäß §§ 69, 64 Abs. 1 BVerfGG muss der Antragsteller **antragsbefugt** sein, also geltend machen, dass er durch eine Maßnahme des Antragsgegners in seinen ihm durch das Grundgesetz übertragenen Rechten verletzt oder unmittelbar gefährdet ist.

Bei einer rechtswidrigen Weisung des BMU sind möglicherweise Rechte des Landes L aus Art. 30, 84 und 20 Abs. 1 GG (Bundesstaatsprinzip, Gebot des länderfreundlichen Verhaltens) verletzt.

Damit ist die Antragsbefugnis des L gegeben.

IV. Die gemäß §§ 69, 64 Abs. 3 BVerfGG zu beachtende **Antragsfrist** (6 Monate) kann noch eingehalten werden.

Beachte: Die Anfechtungsfrist gemäß § 70 BVerfGG gilt nur in Fällen der sogenannten staatsrechtlichen Mängelrüge gemäß Art. 84 Abs. 4 GG, die hier nicht vorliegt!

Der Antrag des Landes L im Bund-Länder-Streitverfahren beim BVerfG ist zulässig.

B. Begründetheit des Antrages

Der Antrag des Landes L ist begründet, wenn die Weisung des Bundes (tatsächlich) die Rechte des Landes L aus Art. 30, 84 und 20 Abs. 1 GG verletzt hat (vgl. §§ 69, 67 Abs. 1 BVerfGG).

Die o.g. Rechte des Landes sind dann durch eine Weisung des Bundes gemäß Art. 85 Abs. 3 GG verletzt, wenn im konkreten Fall entweder überhaupt kein Weisungsrecht besteht oder wenn die Weisung aus formellen oder materiellen Gründen verfassungswidrig war.

Wie oben in Fall 51 festgestellt, hatte der Bund ein Weisungsrecht gemäß Art. 85 Abs. 3 GG und hat dieses auch formell und materiell **verfassungsgemäß** ausgeübt, sodass der zulässige Antrag des Landes L im Bund-Länder-Streitverfahren unbegründet ist.

Fall 64: Konkrete Normenkontrolle
(Abwandlung zu Fall 21: Wohnungsverweisung nach PolG)

Stellen Sie sich vor, dass sich M gegen eine Wohnungsverweisung mit Rückkehrverbot, welche auf § 34 a PolG beruht, vor dem Verwaltungsgericht mit einer Klage zur Wehr setzt. Richter R, der über die Klage zu entscheiden hat, hält die Klage für begründet, da schon § 34 a PolG völlig verfassungswidrig sei. Die Wohnungsverweisung und das Rückkehrverbot verstoßen seiner Ansicht nach gegen Art. 11 und 14 GG.

Kann R eine Überprüfung durch das BVerfG herbeiführen?

R kann eine Überprüfung des § 34 a PolG durch das BVerfG herbeiführen, wenn eine **konkrete Normenkontrolle** zulässig ist.

I. Das BVerfG ist gemäß **Art. 100 Abs. 1 GG** zuständig für die Entscheidung über eine konkrete Normenkontrolle.

II. Ein **ordnungsgemäßer Antrag** gemäß §§ 23, 80 Abs. 2 BVerfGG kann unterstellt werden.

III. Nach § 80 Abs. 1 BVerfGG ist eine konkrete Normenkontrolle unter den Voraussetzungen des Art. 100 Abs. 1 GG zulässig. **Vorlageberechtigt** ist danach ein Gericht. Gemeint ist damit der zuständige Spruchkörper. Richter R hat als Einzelrichter über die Klage des M zu entscheiden und ist damit vorlageberechtigt.

IV. Zulässiger **Vorlagegegenstand** ist gemäß Art. 100 Abs. 1 GG ein Gesetz. Dies ist jedes **förmliche, nachkonstitutionelle Gesetz** und damit auch § 34 a PolG als Landesparlamentsgesetz.

V. Schließlich müssten die **weiteren Vorlagevoraussetzungen** des Art. 100 Abs. 1 GG gegeben sein.

1. Nach Art. 100 Abs. 1 GG muss das Gericht das Gesetz **„für verfassungswidrig" halten**. Richter R hält § 34 a PolG für unvereinbar mit den Grundrechten und ist somit von der Verfassungswidrigkeit des Gesetzes überzeugt.

2. Das Gesetz müsste auch **entscheidungserheblich** für den konkret zu entscheidenden Fall sein. Dies ist der Fall, wenn das Gericht bei einer Gültigkeit der Norm **anders entscheiden würde** als bei einer Ungültigkeit der Norm. Dafür ist die **Auffassung des vorlegenden Gerichts** grundsätzlich maßgeblich, es sei denn, dass die rechtliche Würdigung offensichtlich unhaltbar ist.

§ 34 a PolG stellt die **Ermächtigungsgrundlage** für die Wohnungsverweisung dar. Sollte diese Norm verfassungswidrig sein, fehlt es an einer gesetzlichen Ermächtigungsgrundlage für die Verweisung. Wegen Verstoßes gegen den Grundsatz vom Vorbehalt des Gesetzes aus Art. 20 Abs. 3 GG wäre die Wohnungsverweisung damit rechtswidrig. Die Verfassungsmäßigkeit des § 34 a PolG ist demnach **entscheidungserheblich** im konkreten Fall.

Die konkrete Normenkontrolle ist zulässig. R kann eine Entscheidung des BVerfG herbeiführen.

STICHWORTVERZEICHNIS

Die Zahlen verweisen auf die Seiten.